“十四五”高等职业教育财经商贸类新形态一体化系列教材

企业财务会计

业财融合版

王捷敏　周会林　姚　晖◎主　编
张苗苗　徐　赟　薛　芳◎副主编
高　霞◎主　审

中国铁道出版社有限公司
CHINA RAILWAY PUBLISHING HOUSE CO., LTD.

内 容 简 介

本书在高等职业院校大数据与会计专业教学标准的指导下，结合财经数智化转型的社会需求，按照供应链流程重新整合了财务会计原有内容，并在供应链流程各环节增加了业财融合决策内容，兼顾对学生核算能力和辅助决策能力的培养。全书分为融资、投资、采购与付款、生产与库存、销售与收款、企业费用、期末业务和数据呈现八个项目。

本书是关于企业业务与财务融合的应用型教材，内容按项目任务设计。各个项目从项目场景切入，以任务描述作为目标引领，以知识准备作为铺垫，以任务实施进行实践巩固。

本书适合作为高等职业院校会计及相关专业财务会计课程或业财融合会计实务课程的教材，也可供从事会计、财务管理和其他经济管理的人员参考。

图书在版编目（CIP）数据

企业财务会计：业财融合版/王捷敏，周会林，姚晖主编.—北京：中国铁道出版社有限公司，2024.3

“十四五”高等职业教育财经商贸类新形态一体化系列教材

ISBN 978-7-113-30761-5

Ⅰ.①企… Ⅱ.①王… ②周… ③姚… Ⅲ.①企业管理-财务会计-高等职业教育-教材 Ⅳ.①F275.2

中国国家版本馆CIP数据核字（2023）第234207号

书　　名：**企业财务会计**（业财融合版）
QIYE CAIWU KUAIJI（YE-CAI RONGHE BAN）
作　　者：王捷敏　周会林　姚　晖

策　　划：秦绪好　贾　星　　　**编辑部电话**：（010）63549501
责任编辑：贾　星　贾淑媛
封面设计：高博越
责任校对：苗　丹
责任印制：樊启鹏

出版发行：中国铁道出版社有限公司（100054，北京市西城区右安门西街8号）
网　　址：http://www.tdpress.com/51eds/
印　　刷：天津嘉恒印务有限公司
版　　次：2024年3月第1版　2024年3月第1次印刷
开　　本：787 mm×1 092 mm 1/16　**印张**：15　**字数**：361千
书　　号：ISBN 978-7-113-30761-5
定　　价：48.00元

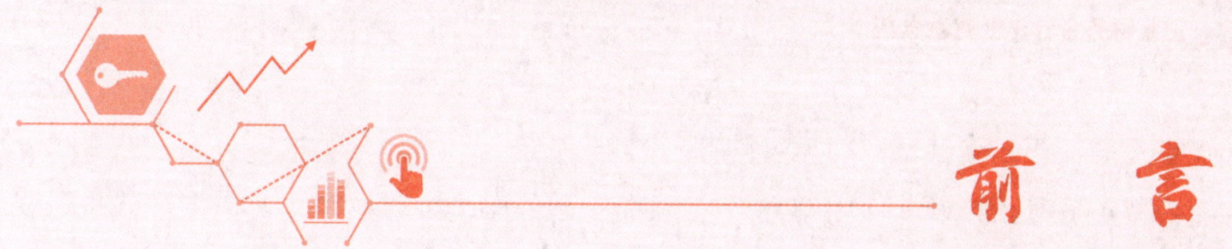

前　言

本教材是在财务数智化转型背景下，在高等职业院校大数据与会计专业教学标准的指导下，依据《国家职业教育改革实施方案》、“三教”改革文件精神和《管理会计基本指引》提出的“单位应准确分析和把握价值创造模式，推动财务与业务等有机融合”要求，结合新时期会计职业发展趋势，秉承传承创新、立德树人的观念，在校企“双元”合作基础上编写而成。

业财融合是当前财务转型的方向之一。《企业财务会计（业财融合版）》教材契合这一发展趋势，在文献研究和企业调研的基础上，领会业财融合内涵，梳理其对知识、能力和素质的要求，最终确定以供应链全过程为主线，设置八个项目，每个项目下再按供应链业务流程细分为若干个任务，系统、完整地讲述了财务人员在供应链不同环节应该参与的活动和应具备的知识、能力和素养要求，培养学生将财务与企业业务结合、辅助业务部门管理决策的能力。

本教材具有以下特点：

（1）思政元素丰富。本教材坚持正确的政治方向，以立德树人为根本遵循。在各项目的学习目标中增设了对素养的要求，各项目的情境引例、二维码在线资源和部分业务操作中也蕴含大量思政元素，以帮助实现知识传授、能力培养和价值引领的融合。

（2）校企深度协同。教材编写的前期基础包括对大型咨询公司面向企业财务人员的业财融合、经营分析、财税实战等系列培训课程的学习和研究，再由职业院校技能大赛指导教师和正保集团江苏财税邦科技有限公司财务高管共同开发完成，教材体现财务转型需求，实战性强。

（3）体例模式新。教材采用项目任务的模式，各项目按照场景描述、价值链流程图、学习目标、任务描述、引导问题、知识准备、任务实施、评价反馈的结构进行编写，理实结合，循序渐进，符合学生认知规律。

（4）教材内容新。教材引入企业业务场景，模拟真实的职业环境，并适当结合全国职业技能大赛“业财税融合大数据应用”赛项的考核标准，对接截至2023年最新的企业会计准则和税法等规范性文件，同时体现数电发票、数据分析等新技术和新要求，体现教材内容的先进性和创新性。

（5）教材形态新。教材以学习者为中心，借助二维码技术，配套重难点微课视频、任务案例、知识链接、拓展阅读等数字化资源，并提供课程标准、教案、课件等课程教学的整体解决方案（可到中国铁道出版社教育资源平台 http://www.tdpress.com/51eds/ 下载），最大限度地满足教师教学和学生自学的需要。

（6）评价方式新。每个项目后都设有评价与反馈表，采用过程性多主体考核，由学生个人、学生和教师分别对学习目标达成度进行评价，以便于教师掌握学情，并进行教学总结，及时做出必要的教学调整。

本教材由江苏海事职业技术学院王捷敏、江苏联合职业技术学院南京财经分院周会林、南京信息工程大学商学院姚晖担任主编，正保集团江苏财税邦科技有限公司张苗苗、江苏海事职业技术学院徐赟和薛芳担任副主编，江苏海事职业技术学院吴悦、罗琼参与编写，正保集团江苏财税邦科技有限公司高霞总经理担任主审。此外，正保集团江苏财税邦科技有限公司财务人员参与了课程微课的录制。本教材场景描述及其他案例中涉及的企业信息均为虚拟，特此声明。

教材中原始凭证得以顺利制作，要感谢浙江衡信科技有限公司提供仿真票据生成器，感谢江苏财税邦科技有限公司、中兴华会计师事务所提供企业案例。此外，对全国职业技能大赛业财税融合大数据应用赛项、会计实务赛项、越享财税的系列企业培训资源、优秀公众号和网络资源的创作者们一并表示诚挚的谢意！

本教材历经两年教改和一年整理编写终于完稿，限于编者学识水平，书中难免有不足之处，敬请各位专家同仁和广大读者批评指正。（主编电子邮箱为 3957129@qq.com）

编　者

2023 年 10 月

目录

项目一　融资

【情境引例】大学生创业融资 2
　任务一　确定融资需求 3
　任务二　选择融资方式 6
　任务三　协助尽职调查 10
　任务四　到账资金及后续财税处理 11
评价反馈 22

项目二　投资

【情境引例】中国证券市场的发展 24
　任务一　项目立项与评估 24
　任务二　投入资金 27
　任务三　投资业务财税处理 28
评价反馈 46

项目三　采购与付款

【情境引例】海尔的 JIT 采购策略 48
　任务一　确定采购需求 48
　任务二　选择供应商 50
　任务三　签审采购合同 53
　任务四　验收入库 56
　任务五　查验发票 58
　任务六　支付货款及其财税处理 60
评价反馈 66

项目四　生产与库存

【情境引例】一颗“中国芯”助力华为打破全球科技巨头垄断 68
　任务一　制订生产计划 68

任务二　制订物料需求计划……69
任务三　生产领料及其财税处理……70
任务四　人工成本及其财税处理……79
任务五　固定资产使用及其财税处理……97
任务六　无形资产使用及其财税处理……105
任务七　产品完工验收入库……106
评价反馈……110

项目五　销售与收款

【情境引例】从收入增长数据看我国“十三五”期间国民经济增长……112
任务一　制订销售预测……112
任务二　客户信用管理……114
任务三　商务谈判……116
任务四　签审销售合同……117
任务五　开具发票……120
任务六　发货……123
任务七　销售业务财税处理……125
任务八　编制销售报表……144
任务九　收款及应收款项管理……146
任务十　处理销售退回及销售折让……149
任务十一　售后质量保证及其财税处理……151
评价反馈……155

项目六　企业费用

【情境引例】2022 年我国研发经费投入突破 3 万亿元……156
任务一　认识费用……157
任务二　制订费用预算……159
任务三　申请费用……161
任务四　审核费用……162
任务五　分析费用……168
评价反馈……172

项目七 期末业务

【情境引例】税收数据带你回眸“十三五”经济社会发展（节选部分）...174
任务一 组织财产清查......174
任务二 处理期末税费......181
任务三 结转损益与利润分配......197
评价反馈......205

项目八 数据呈现

【情境引例】上市公司年报披露......206
任务一 编制财务报告......207
任务二 简要经营分析......221
评价反馈......227

参考文献

资源导航

序　号	项目名称	资源名称	页　码
1	项目一　融资	微课：确定融资需求	3
2		微课：选择融资方式	7
3		知识链接：公开发行股票的条件	7
4		知识链接：对债权出质人的信用要求	7
5		知识链接：公开发行债券的条件	7
6		任务案例：跨境融资骗局及其防范	9
7		微课：核算资本化利息	13
8	项目二　投资	微课：核算交易性金融资产	29
9		微课：核算债权投资	29
10	项目三　采购与付款	微课：选择供应商	50
11		任务案例：采购供应链贪腐	53
12		微课：签审采购合同	53
13		知识链接：合同履行期需要关注的风险及其防范措施	55
14		任务案例：虚开发票的后果	58
15		任务案例：未能识别假票之风险	59
16		微课：核算不合理损耗	62
17	项目四　生产与库存	知识链接：BOM（物料清单）	69
18		微课：生产领料（计划成本法）	74
19		微课：核算职工工资	80
20		微课：核算社会保险	84
21		拓展阅读：2023年住房公积金新政策	86

续表

序 号	项目名称	资源名称	页 码
22	项目五　销售与收款	微课：制订销售预测	113
23		微课：客户信用管理	114
24		微课：蓝字数电发票开具流程	122
25		知识链接：发票备注栏的填写内容	122
26		任务案例：Haier的存货周转	123
27		微课：合同资产与合同负债	127
28		微课：核算现金折扣	133
29		微课：核算不具有融资性质的分期收款销售	134
30		微课：核算具有融资性质的分期收款销售	135
31		任务案例：老客户也有信用风险	146
32		知识链接：全额确认坏账的情形	147
33		微课：红字数电发票开具流程	149
34		微课：售后质保的辨识并核算	151
35	项目六　企业费用	任务案例：会议用餐费属于会议费还是业务招待费	157
36		拓展阅读：业务招待费你都弄明白了吗	158
37		微课：审核费用	163
38	项目七　期末业务	任务案例：财产清查守好企业资产	174
39		知识链接：会计中的视同销售	182
40		知识链接：印花税纳税义务人	192
41		任务案例：依法纳税才能走得更远	194
42		任务案例：滥用税收洼地被严查	194
43		拓展阅读：2023 年小微企业优惠政策一览表	194
44	项目八　数据呈现	拓展阅读：华为一报一会制度	207
45		微课：编制资产负债表	208
46		微课：编制利润表	210

项目一 融 资

场景描述

宁佳婴童服饰有限公司是一家生产与销售婴童服饰及周边产品的一般纳税人企业，主要面向国内及亚洲市场。

注册资本：人民币 5 000 万元。

法人代表：邓有桦。

统一社会信用代码：123200004660142866。

地址、电话：南京市江宁区开源路 1 号，025-57226666。

基本存款账户、账号：中国工商银行江宁支行 6222081111110000111137（公司购销业务的款项均通过该账户结算）。

一般存款账户、账号：中国工商银行江宁支行 6222081111000012203。

工会专用账户、账号：中国银行江宁支行 6216470038484938447733。

在融资项目中，财务部门需要与各业务部门建立良好协作，统筹未来一段时期内的资金流入和流出，确定资金缺口，评估融资需求，制订融资计划，分析和选择适合的融资方式，并与潜在出资人沟通，协助尽职调查，资金到账后完成相关资金的管理、记录及反馈。

价值链流程图

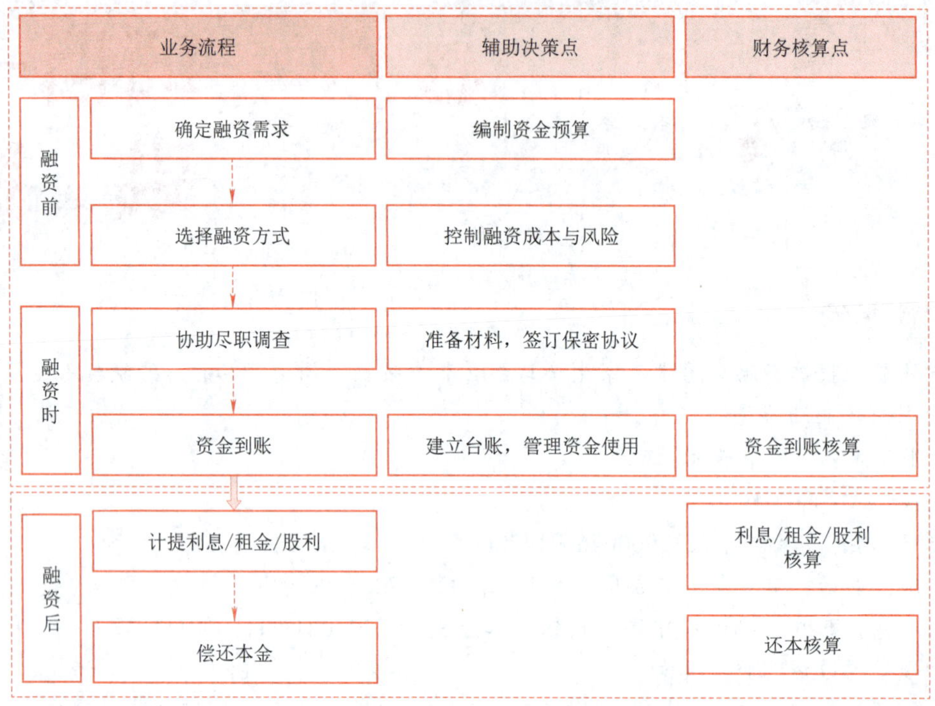

学习目标

• 能够描述融资业务流程，熟悉融资各环节的辅助决策点和财务核算点。

• 能够通过预算的方法确定融资需求。

• 熟悉各种融资方式的成本、风险、便捷性等特点，能够根据具体情境选择合适的融资方式。

• 能够与潜在出资人沟通，并协助尽职调查。

• 能够准确核算资金到账、计提利息、租金或股利，以及偿还本金等相关业务。

• 建立爱国、公正、诚信、敬业的社会主义核心价值观，培养遵守准则、强化服务的职业道德，具备创新意识、成本控制及风险防范意识。

【情境引例】大学生创业融资

党的二十大报告指出，必须坚持科技是第一生产力、人才是第一资源、创新是第一动力。大学生创业是“大众创业、万众创新”的一个重要组成部分。成立一家企业需要注册资本、需要厂房设备、需要招聘人员、需要支付材料等费用，这些离不开资金的支持；而创业之后的企业运营更需要有源源不断的资金支持。资金是企业的“血液”，是企业最基本的要素之一，资金链断裂会直接导致创业失败。

思考

大学生创业的“第一桶金”从哪里来呢？融资前需要做哪些准备？融到资金后又该如何有效地使用和管理呢？

任务一 确定融资需求

任务描述

根据企业所处特定情境，确定资金需求量。

引导问题：筹集资金的规模是否越大越好？

知识准备

一、融资的概念

融资就是筹集资金，即公司根据生产经营状况、资金拥有的状况，以及公司未来经营发展的需要，通过科学的预测和决策，采用一定的方式，从一定的渠道面向投资者和债权人筹集资金，组织资金的供应，以保证公司正常运营。

二、融资需求的概念

融资需求是指在特定时期内，为了满足特定需求，如流动性资金需求、偿债性资金需求、长期资产投资需求、资本经营需求等，而需要筹集的资金总额。

三、确定融资需求的方法

1. 全面预算法

全面预算法是预测现金需求的一种综合性方法，将所有收入和支出项目对应的现金收支进行详细规划和预测，包括销售收入、成本、税、费、资本支出、利润分配等。通过比较现金收入和现金支出的差异，确定可能存在的资金缺口，进而预测融资需求。该方法需要通过“现金预算表”测算资金余缺，而现金预算表的基础又是各项基于业务驱动的收入和费用预算。预算是管理会计的一项重要知识。现金预算表模板见表 1-1-1。

微课

确定融资需求

表 1-1-1 现金预算表

编制单位：　　　　单位：

项　目		第一季度	第二季度	……
可使用现金	期初现金余额			
	销货现金收入			

续表

项　目		第一季度	第二季度	……
可使用现金	其他现金收入			
	小计			
减：生产经营资金支出	直接材料支出			
	直接人工支出			
	制造费用现金支出			
	销售费用现金支出			
	管理费用现金支出			
	研发费用支出			
	支付税金及附加			
	支付所得税费用			
	小计			
减：投资支出	项目支出			
	小计			
减：筹资活动支出	利息支出			
	支付股利 / 分配利润			
	其他筹资费用			
	小计			
现金多余或不足（+/–）				
现金安全存量				
资金筹集				
期末现金余额				

说明

当“现金多余或不足”为正且大于现金安全存量时，不存在“资金筹集”，“期末现金余额”就是当前的现金余额；其他情形“资金筹集”为“现金安全存量”减“现金多余或不足”，筹集资金时，通常取整百或整千的倍数，“期末现金余额”为当期余额加上资金筹集金额。

2. 销售收入百分比法

该方法假设某些资产和负债（经营性或敏感性）与销售额存在稳定的同比增长关系，根据这个假设预计外部资金需求量，公式为

外部融资需求量 = 总资金需求增长额 – 增加的留存收益
= (增加的敏感性资产 – 增加的敏感性负债) – 增加的留存收益
= 增加的销售额 × (敏感性资产销售百分比 – 敏感性负债销售百分比) – 预计销售额 × 销售净利率 × 利润留存率

敏感性资产（经营性资产）指随销售额变动而同比例变动的流动资产，通常包括货币资金、应收票据、应收账款和存货。

敏感性负债（经营性负债）指随销售额变动而同比例变动的流动负债,通常包括应付票据、应付账款、应付职工薪酬和应交税费。

利润留存率 =1– 股利支付率

3. 高低点法

高低点法是根据企业一定期间资金占用的历史资料，根据最高销量和最低销量对应的资金占用量数据，构建二元一次方程 $y=a+bx$，y 为资金需求量，x 为销售量，根据已有高点和低点数据计算出 a 和 b，从而估计出预计销量下的资金需求量。高低点法简便易算，但该方法只利用了两个业务量的对应数据进行推测，结果往往不够精确。

4. 线性回归法

线性回归法也是基于销售量与资金占用的线性关系进行分析和预测的方法。根据企业一定期间资金占用和销售量的历史数据，通过 Excel 中的回归函数，测算出资金占用量和销售量的回归方程 $y=a+bx$，以此来预测某一销售量水平下的资金需求。

上述方法可以用于预测未来的资金需求，并帮助确定资金缺口。其中后三种方法，在实际应用时需要仔细考虑数据的准确性、模型的合理性以及其他因素的影响，以得出可靠的结果。

任务实施

业务 1-1-1 宁佳公司 2023 年 12 月末现金余额为 12 718 180 元，预计的下一年度各项预算数据如下：销货现金收入 98 015 266 元，直接材料现金支出 41 625 698 元，直接人工支出 18 067 525 元，车间水电费 1 062 380 元，车间管理人员薪资 3 049 660 元，车间固定资产折旧费 6 897 654 元，销售费用预计 5 783 203 元，管理费用预计 5 601 266 元，税金及附加预计 1 541 893 元，新购厂房现金支出 23 006 670 元。现有银行借款利息支出 6 760 000 元，所得税费用 6 703 860 元，公司将三个月的刚性支出 9 893 260 元作为现金的安全存量。

要求：用全面预算法测算下一年度融资需求量，筹集资金额取整千的倍数。

【业务操作】融资需求量列表计算过程见表 1-1-2。

表 1-1-2　宁佳公司 2024 年度现金预算表

单位：元

项　目		金　额
可使用现金	期初现金余额	12 718 180
	销货现金收入	98 015 266

续表

项　目		金　额
可使用现金	其他现金收入	0
	小计	110 733 446
减：生产经营资金支出	直接材料支出	41 625 698
	直接人工支出	18 067 525
	制造费用现金支出	4 112 040
	销售费用现金支出	5 783 203
	管理费用现金支出	5 601 266
	研发费用支出	0
	支付税金及附加	1 541 893
	支付所得税费用	6 703 860
	小计	83 435 485
减：投资支出	项目支出	23 006 670
	小计	23 006 670
减：筹资活动支出	利息支出	6 760 000
	支付股利 / 分配利润	0
	其他筹资费用	0
	小计	6 760 000
现金多余或不足		–2 468 709
现金安全存量		9 893 260
资金筹集		12 362 000 （12 361 969 取整千）
期末现金余额		9 893 291

任务二　选择融资方式

任务描述

宁佳公司现阶段有稳定的市场占有率，连续三年盈利，且呈增长趋势，企业已建立良好的信用记录。根据任务一的测算，融资需求量为 12 362 000 元，请为宁佳公司选择合适的融资方式。

引导问题： 你知道有哪些融资方式？在选择融资方式时应考虑哪些因素？

知识准备

微课

选择融资方式

一、融资方式的分类

融资方式是企业筹集资金的具体形式。

按照出资人享有的权利和承担的义务，划分为股权融资和债权融资两类。

1. 股权融资

股权融资是指通过向投资者出售公司股份来筹集资金的融资方式。投资者出资后获得公司股权，成为公司所有者（股东）之一，原有股东的控制权将被稀释。新股东有权参与企业管理，并分享公司的风险与收益。通常股权融资获得的资金无须偿还，属于长期资本或永久性资本。股权融资的常见方式有吸收投资[如天使资金、风险投资（venture capital，VC）、私募股权投资（private equity，PE）]、发行股票等。

知识链接

公开发行股票的条件

（1）吸收投资。天使资金是一种专门投资于企业种子期、初创期的风险投资，通常金额不大，出资人看重项目创意和创业团队。VC 资金一般投资于中早期项目，偏好经营模式相对成熟且可复制的项目，金额较大。PE 私募基金一般投资给经营模式成熟、盈利稳定，基本达到上市标准的公司，可融资金的规模很大。

（2）发行股票。发行股票是在符合发行条件的情况下，将自己的股份拆分为若干等额的股票，并向公众或特定投资者出售这些股票以获取资金。发行股票需要经过申请、预选、申报、复审、批准、募股等复杂程序。其中申请环节需向国务院证券监督管理机构报送募股申请和下列文件：公司营业执照及公司章程、股东大会决议、招股说明书或其他公开发行募集文件、财务会计报告、代收股款银行的名称及地址、承销机构名称及有关协议。依照《中华人民共和国证券法》规定聘请保荐人的，还应当报送保荐人出具的发行保荐书。

知识链接

对债权出质人的信用要求

2. 债权融资

债权融资是指企业通过向债权人举债的方式筹集资金，并承诺偿还本金和利息的融资方式。债权融资的常见方式有向金融机构借款、发行债券、票据贴现、融资租赁等。

（1）向金融机构借款是常见的债权融资方式，包括抵押贷款、质押贷款、担保贷款、信用贷款等。不同类型的贷款需要企业提供不同形式的资源作为还款保证，比如房产等固定资产、专利技术、债权、担保人、良好的信用记录等。根据还款期限长短，向金融机构借款还可分为短期借款和长期借款，二者的区别主要体现为：一是短期借款还款期限短，企业短期还款压力大，长期借款短期偿债压力较小；二是短期借款主要作为临时性周转使用，长期借款通常用于购建长期资产或长期经营性资金；三是短期借款利率较低，长期借款利率较高；四是短期借款通常需要通过有价证券或债权质押，或凭信用借

知识链接

公开发行债券的条件

款，长期借款通常需要长期资产抵押，或者有担保人担保。

（2）发行债券是企业在满足发行条件时，以借贷资金为目的，依照法律规定的程序向投资人要约发行代表一定债权和兑付条件的债券以获得资金。申请公开发行公司债券，应当向国务院授权的部门或者国务院证券监督管理机构报送下列文件：公司营业执照、公司章程、公司债券募集办法、国务院授权的部门或者国务院证券监督管理机构规定的其他文件。依照《中华人民共和国证券法》规定聘请保荐人的，还应当报送保荐人出具的发行保荐书。

（3）票据贴现是在企业持有商业汇票时，可以在商业汇票到期之前，将票据背书后上交银行贴现，在银行扣除贴现利息后提前获得票据款项。票据贴现可以盘活资金，手续较为简单，但是银行对付款人的信用要求较高。

（4）融资租赁是较为常见的一种非银行金融形式，承租人因缺少支付设备全款的资金，请出租人出资向供应商购买指定设备，出租给承租人，承租人按期支付租金，租赁期满，承租人可以选择留购、续租或退还。融资租赁形式上表现为租赁，而实质为债权融资。融资租赁的门槛较低，手续简便，但融资成本在债权融资方式中较高。

3. 股权融资和债权融资的区别

股权融资和债权融资是两种不同的融资方式，站在筹集资金的角度来看，二者的区别见表 1-2-1。

表 1-2-1　股权融资和债权融资的区别

区　别	股权融资	债权融资
财务风险	吸收投资的资金没有固定还本付息压力，财务风险较小	有固定到期日，存在到期无力偿还的可能性，财务风险较大
回报方式	分配利润	支付利息
融资成本	需要向股东分配利润，且向股东分配利润没有节税效应，融资成本较高	需要向债权人支付约定的利息，债权人预期收益率低于股东，且利息费用可税前扣除，具有节税效应，融资成本较低
控制权	影响控制权	不影响控制权

二、选择融资方式考虑的主要因素

1. 融资规模

融资规模是企业在融资活动中所筹集的资金总额。融资规模通常根据企业的融资需求来确定。不同融资方式所能筹集到的资金规模存在差异，如发行股票、发行债券所能筹集到的资金量通常较大，而信用借款的资金量则非常有限。企业需要根据融资的实际需求选择合适的融资方式。

2. 融资成本

融资成本（资本成本）为获得资金所付出的对价，包括资金占用费和资金筹集费。资金占用费指使用资金过程中向出资人支付的费用，如借款利息、债券利息、普通股红利等。资金筹集费指资金筹集过程中发生的费用，如律师费、发行手续费、证券印刷费等。资本成本应该控制在合理的范围内，如果综合资本成本高于净资产收益率，则不利于增加企业价值。

3. 财务风险

此处财务风险主要指企业可能丧失偿债能力。通常来讲，股权融资获得的资金无须偿还本金，也没有固定分红日期，因此，不存在到期不能偿还而产生财务风险的可能性。而债权融资获得的资金有固定的还本付息日，也就存在到期无法偿还的风险。企业在选择融资方式时，需要考量现有的资本结构，如果负债占比过高，则偿债压力较大，可能会增加企业的财务风险，限制未来的融资能力。

4. 是否分散控制权

股权融资方式获得的资金，通常以股份或股权作为对价，原有股东对公司的控制权将被稀释，甚至可能会丧失控制权。企业在选择融资方式时需要关注股权比例问题。

5. 融资的便捷性

不同的融资方式门槛有较大差异，比如融资租赁、票据贴现等方式的手续相对简便，审批流程灵活，可以更快地满足企业的资金需求。而发行股票、发行债券等方式则有较高的门槛，手续复杂，审批过程漫长。企业在选择融资方式时需要根据实际情况考虑融资的便捷性。

6. 企业自身发展阶段及条件

融资业务是筹资方和出资人的双向选择，企业在不同发展阶段的财务能力、信用积累等均会发生变化，出资人会视企业当前情况作出出资与否、出资多少的决策。一般来讲，在初创阶段，企业需要资金来启动业务、进行产品开发和市场推广。常见的融资方式包括创业投资、天使投资和创业孵化器等。在成长阶段，企业已经拥有一定的市场份额和盈利能力。融资方式有了更多的选择性，比如私募股权融资、银行借款、融资租赁、票据贴现等。在成熟阶段，企业已经建立了稳定的盈利模式和市场地位，但出于并购、上市等目的，仍然对资金有需求。此时，企业可以考虑发行债券、发行股票或银行借款等成熟企业常用的融资方式。

任务案例

跨境融资骗局及其防范

此外，融资方式的选择还需要适应企业的长期发展战略，并与企业形象和品牌价值相关联，比如通过股权融资能够提升企业知名度与声誉。

任务实施

业务1-2-1 请为情境引例中大学生创业选择合适的融资方式。

【业务操作】大学生创业处于企业发展阶段，即初创期。初创期企业因经营风险大、实物资产少、管理基础薄弱，又缺少企业信用记录等因素，融资方式的选择受到较大限制。主要融资方式除了自有资金外，还可以通过天使资金、VC、知识产权质押贷款等渠道融资。此外，对于大学生创业、海外高层次人才创业和高新技术创新创业等，国家还推出政府基金、政策性贷款等，为他们提供创业启动资金。

业务1-2-2 宁佳公司的关联方CF公司是一家成长期的中小企业，从事代加工服务，并与多个大企业有稳定的配套加工业务合作（有合同），由于业务量增加，需再购置一台130万元车床扩大加工能力，但自己只有30万元现金。CF公司与银行沟通未果，主要原因是该企业规模不大，之前在银行没有信用记录，企业本身信用等级低、授信额度小、又不具备抵押担保资格，因而不具备贷款的基本条件。请为CF公司选择合适的融资方式完成设备购置。

【业务操作】CF公司本次为设备筹集资金。案例显示其不具备贷款资格，很显然也不具备发行股票或发行债券的条件。由于租赁公司拥有租赁设备的物权，因此租赁公司对企业的资信和抵押担保要求相对较低，更看重项目本身的市场前景和设备产生的效益。因此融资租赁是购置设备的首选方式。这种方式虽然成本相对较高，但是门槛低，手续简便，能很快形成生产力。

任务三　协助尽职调查

任务描述

在选定合适的融资方式后，财务部门需要与潜在出资人沟通融资金额、利率或回报率、期限、资金用途等，并协助对方对公司进行尽职调查。

引导问题：协助尽职调查需要提供哪些资料？

知识准备

一、尽职调查的概念

尽职调查又称谨慎性调查，是指出资人在与目标企业达成初步合作意向后，经协商一致，出资人对目标企业一切与本次出资有关的事项进行现场调查、资料分析的一系列活动，主要包括企业基本信息调查（如注册信息、经营历史、管理团队）、财务尽职调查（如财务报表、审计报告、业务数据）、法律尽职调查（如合同、许可证、诉讼风险等）等。

二、协助尽职调查需提供的资料

不同的融资方式下出资人需要核查的资料不完全相同，如向金融机构借款或吸收投资通常需准备如下资料：公司简介，“营业执照”正、副本复印件，“公司征信查询授权书”，行业所需资质证书或特殊经营许可证复印件，基本结算账户开户许可证复印件，机构信用代码证，公司章程，公司股东资料，管理层资料，法定代表人身份证复印件，最近三年经审计的财务报表，最近月份的财务报表月报，主要对公账户近半年银行流水，最近半年销售合同（订单）、销售发票、出库凭证，最近半年采购合同、采购发票、收料单，担保人资料（如需），质押物资料（如需）、抵押物资料（如需）等。而发行股票和债券通常还需要另外提交证监会所要求提交的其他资料，如募股申请、发起人协议、招股说明书、承销协议等。无论哪一种融资方式，出资人需要提供的资料多少，本质上来说还是需要企业诚信经营，能够创造价值，所谓世上没有免费的午餐，“打铁还需自身硬”。

任务实施

业务1-3-1　宁佳公司向中国工商银行江宁支行申请了一笔金额为2 000万元的三年期抵押

贷款，用于新建项目。请列出公司需准备的资料清单，供银行尽职调查查阅。

【业务操作】金融机构主要关注贷出资金的安全性，即借款人是否有足够的财务能力及时偿还本金及利息。因此宁佳公司需要提供的资料除了公司基本信息、抵押物信息外，还需要提供能够证明财务能力的资料。资料清单见表 1-3-1。

表 1-3-1 银行借款资料准备清单

资料类型	资料名称
基本信息	企业简介
	《营业执照》正、副本复印件
	《公司征信查询授权书》
	基本结算账户开户许可证复印件
	机构信用代码证
	公司章程
	法定代表人身份证复印件
	公司股东资料
财务能力资料	近三年经审计的财务报表
	近三月财务报表
	近半年销售合同（订单）、发票、出库凭证
	近半年采购合同、购货发票、收料单
	近半年银行流水
保证资料	抵押物资料
资金用途资料	与申请借款相关的项目资料

任务四 到账资金及后续财税处理

任务描述

企业在筹集的资金到账后，需要建立融资资金台账，做好融资后资金管理，并对到账资金及后续业务进行准确核算。

引导问题：企业如何加强对到账资金的管理？

知识准备

企业筹集的资金应当分类管理，建立资金台账。融资资金台账是一种记录公司融资活动的表格，尤其是债务融资获得的资金，因存在固定还款日，因此更需要以台账的形式准确、详细记录各项资金的筹集、运用和本息归还情况，以便做好资金计划安排。向金融机构借款资金台账模板见表 1-4-1。

表 1-4-1 金融机构借款资金台账

编号	借款银行	借款种类	资金用途	担保人	抵质押物	本金	年利率	起始日期	到期日期	20××年			……
										已还本金	已还利息	是否结清	……

任务实施

一、核算向金融机构借款业务

业务 1-4-1 宁佳公司 2023 年 6 月 20 日向中国工商银行江宁支行申请一笔金额为 400 万元的三年期抵押贷款，用于新厂房项目建设，借款年利率 6%，次月初付息，到期还本。7 月 1 日该笔资金到账。

要求：核算与该笔借款有关的业务。

【业务操作】该笔借款为长期借款，相关的经济业务主要包括：资金到账、计提利息、支付利息和到期还本。

（1）7 月 1 日，收到银行借款借据（见图 1-4-1）：

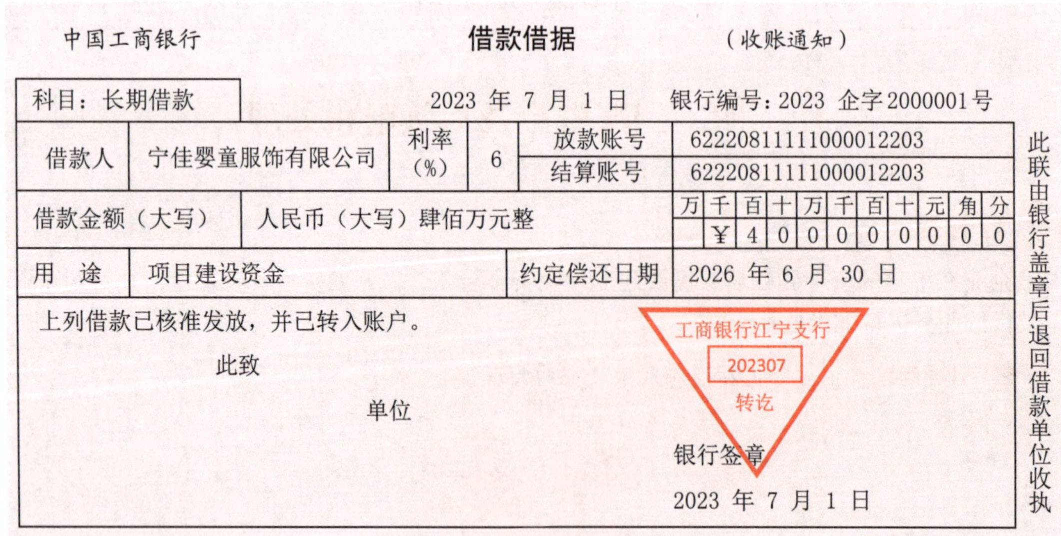

中国工商银行　　借款借据　　（收账通知）

科目：长期借款		2023 年 7 月 1 日		银行编号：2023 企字 2000001 号	
借款人	宁佳婴童服饰有限公司	利率（%）	6	放款账号	6222081111111000012203
				结算账号	6222081111111000012203
借款金额（大写）	人民币（大写）肆佰万元整			万千百十万千百十元角分	¥400000000
用　途	项目建设资金			约定偿还日期	2026 年 6 月 30 日

上列借款已核准发放，并已转入账户。

此致

单位

工商银行江宁支行 202307 转讫

银行签章

2023 年 7 月 1 日

此联由银行盖章后退回借款单位收执

图 1-4-1 银行借款借据

分析：借款借据表明所借资金已转入本公司借款账户，银行存款增加，同时对银行的负债正式产生，同日为起息日。根据借款借据做如下会计分录：

借：银行存款——中国工商银行　　4 000 000
　贷：长期借款——中国工商银行　　4 000 000

（2）2023年7月31日计提当月利息（见表1-4-2）：

表 1-4-2　借款利息费用计算表

2023年7月31日　　单位：元

贷款银行	贷款种类	累计积数	月利率	利息额
中国工商银行江宁支行	项目贷款	4 000 000	5‰	20 000
合计				20 000

分析：企业正常运营期间长期借款的利息有资本化和费用化两种情况。当借款资金用于长期资产购建，则在长期资产达到可使用状态前，产生的利息费用应该资本化计入在建工程成本或研发支出资本化，其他情况则计入财务费用。本业务中的资金用于新厂房项目建设，假设2023年7月利息费用已符合资本化条件，则该期间利息费用计入在建工程成本，在此期间闲置资金产生利息收入或其他无风险收益冲减"在建工程"，本业务假设7月闲置资金产生存款利息收入600元。

微课

核算资本化利息

借：在建工程——资本化利息费用　　19 400
　　银行存款——中国工商银行江宁支行　　600
　贷：应付利息——长期借款　　20 000

（3）8月1日支付7月份利息费用（见图1-4-2）：

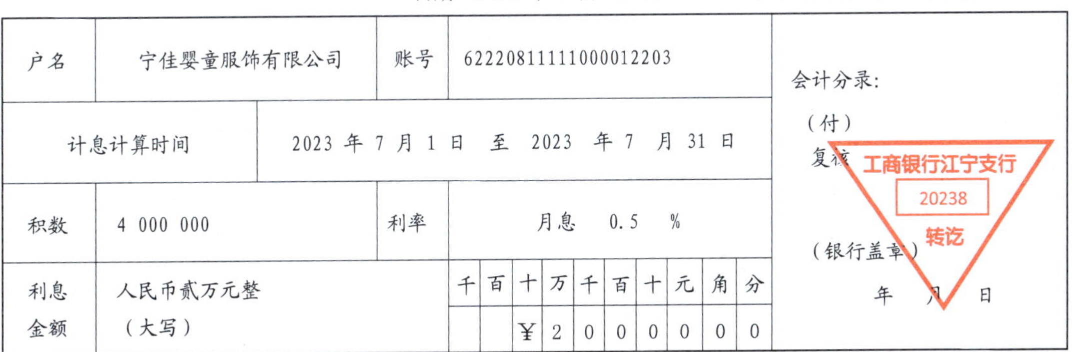

中国工商银行 计（付）利息清单

日期：2023 年 7 月 31 日　　总字第 106 号　专字第 5 号

户名	宁佳婴童服饰有限公司	账号	622208111111000012203	会计分录：
计息计算时间	2023 年 7 月 1 日 至 2023 年 7 月 31 日			（付）
积数	4 000 000	利率	月息 0.5 %	复核
利息金额	人民币贰万元整（大写）		千 百 十 万 千 百 十 元 角 分 ¥ 2 0 0 0 0 0 0	（银行盖章） 年 月 日

图 1-4-2　银行计息清单

借：应付利息——长期借款　　20 000
　贷：银行存款——中国工商银行江宁支行　　20 000

说明

在新厂房达到预定可使用状态前，各月计提利息、支付利息的会计处理方法均与7月相同，过程略。存在差异的可能是闲置资金变化带来的存款利息收入金额会有所变化。

（4）2024年4月31日厂房达到预定可使用状态：

厂房达到预定可使用状态后，即从2024年5月至2026年6月，各月利息费用将费用化，计入财务费用，假设此时该笔借款资金已全部使用完毕，不存在闲置资金利息收入。

借：财务费用——利息费用　　20 000

　　贷：应付利息——长期借款　　20 000

（5）2026年6月30日，借款到期，偿还本金：

借：长期借款——本金　　4 000 000

　　贷：银行存款——中国工商银行江宁支行　　4 000 000

二、核算吸收投资业务

业务1-4-2　宁佳公司2023年7月10日与浙江万合商贸有限公司（下称万合商贸）签订投资协议（见图1-4-3）。万合商贸在6个月内对宁佳公司投入6 000 000元（见图1-4-4），占公司融资后资本的8%。

要求：核算该笔吸收投资的业务。

投资协议

投资方（以下简称甲方）：浙江万合商贸有限公司

地址：浙江省杭州市上城区正方大道900号

电话：021-38281588

法人代表：丰树恺

受资方（以下简称乙方）：宁佳婴童服饰有限公司

地址：南京市江宁区开源路1号

电话：025-57226666

法人代表：邓有桦

甲乙双方经过友好协商，本着互惠互利、优势互补的合作原则，甲方向乙方投资，投资情况如下：

出资方式	品名	计量单位	数量	市场参考单价	协议单价	投资金额	出资期限
货币资金						6 000 000元	6个月

甲方缴清出资后，占乙方总资本的8％。

一、双方的权利与义务

……

甲方：浙江万合商贸有限公司
法定代表（授权代表）：丰树恺
日期：2023年7月10日

乙方：宁佳婴童服饰有限公司
法定代表（授权代表）：邓有桦
日期：2023年7月10日

图1-4-3　投资协议

凭证

ICBC 中国工商银行 业务回单（收款）

回单编号：1525700001

日期：2023 年 10 月 20 日

付款人户名：浙江万合商贸有限公司 付款人开户行：中国工商银行上城支行

付款人账号：622210178996543220020

收款人户名：宁佳婴童服饰有限公司 收款人开户行：中国工商银行江宁支行

收款人账号：201001170473608

金额合计（大写）：人民币陆佰万元整 小写：RMB6 000 000.00

业务（产品）种类：转账 凭证种类：0000031 凭证号码：000000000010

摘要：投资款 用途： 币种：人民币

交易机构：0190010180 记账柜员：00132 交易代码：52139 渠道：网上银行

银行业务受理章 01 工商银行江宁支行 1 20231020 受理凭证 3 （不妥抵押收入）

附言：

支付交易序号：56123078 报文种类：小额客户发起普通借记业务 委托日期：2023-10-20

业务类型（种类）：普通汇兑 指令编号：HQP10700013780 提交人：0920101905200002，c.1901

最终授权人：

本回单为第 1 次打印，注意重复 打印日期：2023 年 10 月 21 日 打印柜员：9 验证码：249F6AERFB001

图 1-4-4 银行转账凭证

【业务操作】本业务为股权融资的一种形式，在 2023 年 10 月 20 日投资方缴清出资后，银行存款增加，同时所有者权益中的实收资本也增加，新增的实收资本金额等于原注册资本除以被稀释后的原股东占资本的比例，再减去原注册资本，即新增实收资本 =5 000 万元 /（1-8%）-5 000 万元 =434.782 6 万元，投资人出资额超出实收资本增加额的部分作为资本溢价，计入“资本公积”账户。

借：银行存款——中国工商银行江宁支行 6 000 000

贷：实收资本——万合商贸 4 347 826

资本公积——资本溢价 1 652 174

三、核算发行股票筹资业务

业务 1-4-3 甲股份有限公司经批准委托证券公司在二级市场发行 800 万股普通股股票，每股面值 1 元，发行价格为 5 元 / 股。经双方协定，按发行收入的 5% 收取手续费。

要求：核算该笔发行股票的业务。

【业务操作】在我国股票发行有平价发行和溢价发行两种形式，在获得股票发行款时，按照发行价扣除手续费后的金额计入“银行存款”账户，按股票面值记入“股本”账户，二者差额在贷方则记入“资本公积——股本溢价”账户，若二者差额在借方，则冲减“资本公积——资本溢价”账户，资本公积不足以冲减的，再依次冲减盈余公积和未分配利润。本业务中获得的银行存款金额 =800 万股 ×5 元 / 股 ×（1-5%）=3 800 万元，股本金额 =800 万股 ×1 元 / 股 =800 万元，二者差额为 3 000 万元，在贷方，记入“资本公积——股本溢价”账户。

借：银行存款——工商银行江宁支行　　38 000 000
　贷：股本——面值　　8 000 000
　　资本公积——股本溢价　　30 000 000

四、核算发行债券筹资业务

业务1-4-4 甲股份有限公司经批准于2023年1月1日溢价发行3年期一次还本按年付息的企业债券，面值为50 000 000元，发行价52 672 000元，款项已收存银行，债券票面年利率为8%，市场年利率为6%。

要求：核算该笔发行债券的业务。

【业务操作】发行债券是债权融资的一种方式，企业可以溢价、平价或折价发行债券。溢价发行时债券发行价格大于面值，相应的票面利率大于市场利率，即通过债券存续期多付利息的方式弥补出资人。相反，折价发行时债券发行价格小于面值，票面利率小于市场利率，存续期可以少付利息。平价发行时债券发行价格等于面值，票面利率等于市场利率。发行债券核算的主要经济业务包括收到发行款、计提利息、支付利息、到期偿还面值。

（1）收到债券发行款时：按实际收到的发行价款记入“银行存款”账户，按债券面值贷记“应付债券——面值”账户，二者差额记入“应付债券——利息调整”账户。

借：银行存款——中国工商银行江宁支行　　52 672 000
　贷：应付债券——面值　　50 000 000
　　——利息调整　　2 672 000

（2）每年计提利息时：因发行时存在利息调整，因此真实的利息费用和应计利息的金额有差异，公式如下：

当期利息费用 = 每期期初债券的摊余成本 × 债券发行时的市场利率
当期应计利息 = 应付债券面值 × 债券的票面利率
本期利息调整摊销额 = 应计利息 − 当期利息费用

说明

每期期初债券的摊余成本也就是应付债券的账面价值，可以通过查询“应付债券”总账期初余额得出，也可以通过列表的方式计算得出（见表1-4-3）。

表1-4-3　债券实际利息及利息调整摊销计算表

日　期	应计利息（1）= 面值 × 票面利率	实际利息（2）= 期初（4）× 实际利率	利息调整摊销（3）=（1）−（2）	债券账面价值（4）= 期初（4）−（3）
2023.1.1				52 672 000.00
2023.12.31	4 000 000.00	3 160 320.00	839 680.00	51 832 320.00
2024.12.31	4 000 000.00	3 109 939.20	890 060.80	50 942 259.20
2025.12.31	4 000 000.00	3 057 740.80	942 259.20*	50 000 000.00
合　计	12 000 000.00	9 328 000.00	2 672 000.00	—

说明：* 第三年利息调整摊销额 = 总的利息调整摊销额 − 前两年已摊销的利息调整

2023 年 12 月 31 日计提和支付利息的分录如下：

分录	借方	贷方
借：财务费用——利息费用	3 160 320	
应付债券——利息调整	839 680	
贷：应付利息		4 000 000
借：应付利息	4 000 000	
贷：银行存款——中国工商银行江宁支行		4 000 000

2024 年 12 月 31 日计提和支付利息的分录如下：

分录	借方	贷方
借：财务费用——利息费用	3 109 939.20	
应付债券——利息调整	890 060.80	
贷：应付利息		4 000 000
借：应付利息	4 000 000	
贷：银行存款——中国工商银行江宁支行		4 000 000

2025 年 12 月 31 日计提和支付利息的分录如下：

分录	借方	贷方
借：财务费用——利息费用	3 057 740.80	
应付债券——利息调整	942 259.20	
贷：应付利息		4 000 000
借：应付利息	4 000 000	
贷：银行存款——中国工商银行江宁支行		4 000 000

（3）2025 年 12 月 31 日债券到期，按面值偿付本金：

分录	借方	贷方
借：应付债券——面值	50 000 000	
贷：银行存款——中国工商银行江宁支行		50 000 000

五、核算商业汇票贴现融资业务

业务 1-4-5　2023 年 12 月 20 日，宁佳公司将持有的一张 2023 年 10 月 25 日子衿商贸有限责任公司签发的 3 个月期限的不带息商业汇票转让给银行进行贴现，票据面值 100 000 元，月贴现率 6‰，不附追索权（贴现凭证见图 1-4-5）。

要求：核算票据贴现融资的相关业务。

【业务操作】商业汇票贴现指票据持有人将未到期的票据经过背书后送交银行，由银行从票据到期值中扣除贴现利息后，将余额付给企业的融资行为。

贴现净得额 = 票据到期值 − 贴现利息

票据到期值 = 出票金额 ×（1+ 年利率 /360 × 票据到期天数）

　　　　　 = 出票金额 ×（1+ 年利率 /12 × 票据到期月数）

贴现利息 = 到期值 × 月贴现率 × 贴现月数 = 到期值 ×（月贴现率 /30）× 贴现天数

本业务中商业汇票为不带息票据，到期值等于出票金额，贴现天数为自贴现日至票据到期日的天数，即 2023 年 12 月 20 日至 2024 年 1 月 25 日，根据算头不算尾的原则计算出贴现天数为 36 天，则贴现利息 =100 000 × 6‰ ÷ 130 × 36=720（元），贴现净得额 =100 000−720=99 280（元），即银行存款增加 99 280 元。该票据贴现不附追索权，意味着贴现时商业汇票的收益与风险完全转让给贴现银行，对应的应收票据需要转销，应收票据金额与贴现净得额之差记入“财务费用”账户。

贴现凭证（收账通知）　5

日期：2023 年 12 月 20 日　　　　第 056 号

贴现汇票	种类	银行承兑汇票	号码	98007682	申请人	全称	宁佳婴童服饰有限责任公司
	出票日	2023 年 10 月 25 日				账号	6222081111110000111137
	到期日	2024 年 1 月 25 日				开户银行	中国工商银行湖滨分理处
汇票承兑人（或银行）	名称	中国银行中山东路支行	账号			开户银行	
汇票金额		人民币（大写）壹拾万元整					千 百 十 万 千 百 十 元 角 分 ¥ 1 0 0 0 0 0 0 0
月贴现率	6‰	贴现利息	千 百 十 万 千 百 十 元 角 分 ¥ 7 2 0 0 0			实付贴现金额	千 百 十 万 千 百 十 元 角 分 ¥ 9 9 2 8 0 0 0
上述款项已入你单位账户。 此致 银行盖章 年　月　日			备注：				

银行业务受理章 0
工商银行江宁支行 1
20231220
受理凭证 3
收妥抵用（03）

复核：　　　　记账：

此联银行给贴现申请人的收账通知

图 1-4-5　贴现凭证

借：银行存款——中国工商银行江宁支行　　99 280

　　财务费用——贴现利息　　720

　　贷：应收票据——银行承兑汇票（子衿商贸有限责任公司）　　100 000

提示

附有追索权的商业汇票贴现

商业汇票贴现附有追索权是指汇票到期，贴现企业承担连带偿付责任，即如果到期后银行不能从承兑人处获得票款，则可以向贴现企业追索。这种情形下贴现后商业汇票的风险与收益并未转移，实质为企业通过商业汇票进行质押贷款，取得的贴现款记入“银行存款”账户，贴现利息记入“财务费用”账户，贷记“短期借款”账户。票据到期时，承兑人有能力支付，则用“应收票据”冲减“短期借款”；若承兑人无力支付，则贴现企业需先用银行存款偿还短期借款，再将应收票据账面余额转入应收账款账户。

六、核算融资租赁业务

《企业会计准则第 21 号——租赁》中，租赁是指在一定期间内，出租人将资产的使用权让与承租人以获取对价的合同。要求能够识别承租资产，承租人在租赁期内可以主导该资产使用，并获得因使用产生的全部经济利益。

从承租人角度，租赁被划分为短期租赁（或低价值租赁）和长期租赁两种。本业务所讲的融资租赁属于长期租赁的一种。

业务 1-4-6 2023 年 12 月 28 日，宁佳婴童服饰有限公司与辉银租赁有限责任公司签订一份租赁合同。合同主要条款如下：

（1）租赁标的物：十台数控印花机。

（2）租赁开始日：租赁物运抵宁佳公司生产车间之日，2024 年 1 月 1 日。

（3）租赁期：从租赁开始日起 36 个月，即 2024 年 1 月 1 日 ~2026 年 12 月 31 日。

（4）租金支付方式：自租赁开始日的次年起每年年末支付租金 900 000 元。

（5）十台数控印花机在 2024 年 1 月 1 日的公允价值为 2 500 000 元。

（6）租赁合同规定的利率为 8%。

（7）宁佳公司承担租赁过程中发生的手续费等直接费用 9 800 元。

（8）公司采用直线法计提折旧，假定预计净残值为零。

数控印花机为全新设备，不需要安装调试，估计使用年限为 5 年，采用年限平均法计提折旧。可以抵扣的租赁服务增值税借记“应交税费——应交增值税（进项税额）”，贷记“银行存款”，本业务暂时不考虑。要求：核算该笔融资租赁相关的业务。

【业务操作】根据《企业会计准则第 21 号——租赁》中，长期租赁获得的资产使用权利通过“使用权资产”核算，以租赁开始日租赁资产公允价值与最低租赁付款额现值两者中较低者，加上初始直接费用作为计量金额。应付的各期租金之和加有关的第三方担保的资产余值或者承租人行使优惠购买权而支付的款项就是最低租赁付款额，通过“租赁负债——租赁付款额”账户核算。使用权资产和租赁负债二者的差额倒挤记入“租赁负债——未确认融资费用”账户。

本业务中：

最低租赁付款额 = 各期租金之和 + 担保余值 =900 000 × 3+0=2 700 000（元）

最低租赁付款额的现值 =900 000 ×（P/A,8%,3）=900 000 × 2.577 1

=2 319 390（元）

最低租赁付款额现值小于租赁资产公允价值 2 500 000 元，则选择最低租赁付款额现值加上直接费用，作为使用权资产的初始入账金额，即使用权资产的价值等于 2 319 390 + 9 800= 2 329 190（元）。

（1）融资租赁开始日：

借：使用权资产——数控印花机　　2 329 190

　　租赁负债——未确认融资费用　　380 610

　　贷：租赁负债——租赁付款额（辉银）　　2 700 000

　　　　银行存款——中国工商银行江宁支行　　9 800

（2）每年末支付租金时：

借：租赁负债——租赁付款额　　900 000

　　贷：银行存款——中国工商银行江宁支行　　900 000

（3）每年末计提折旧时：

借：制造费用——折旧费　　776 396.67

　　贷：使用权资产累计折旧　　776 396.67

说明

承租人能够合理确定租赁期届满时取得租赁资产所有权的，应当在租赁资产剩余使用寿命内计提折旧；承租人无法合理确定租赁期届满时能够取得租赁资产所有权的，应当在租赁期与租赁资产剩余使用寿命两者孰短的期间内计提折旧。该租赁合同中没有约定租赁期满宁佳公司获得资产所有权，因此使用权资产的折旧年限按照租赁期三年计算。

（4）每年末摊销未确认融资费用时：

未确认融资费用每年摊销额 = 期初剩余本金金额 × 实际利率

对于各年应分摊的融资费用，可以通过未确认融资费用摊销表列表计算，见表 1-4-4。表中“确认的融资费用”一列数据即为各年应确认的融资费用。

表 1-4-4　未确认融资费用摊销表

日　期	分期付款额（1）	确认的融资费用（2）= 期初（4）× 实际利率	应付本金减少额（3）=（1）-（2）	应付本金余额（4）= 期初（4）-（3）
2023.12.28				2 319 390.00
2024.12.31	900 000.00	185 551.20	714 448.80	1 604 941.20
2025.12.31	900 000.00	128 395.30	771 604.70	833 336.50
2026.12.31	900 000.00	66 663.50*	833 336.50	0
合　计	2 700 000.00	380 610.00	2 319 390.00	—

说明

最后一年应确认的融资费用可以用未确认融资费用总额扣除前两年已确认的融资费用计算得到。

根据表格计算结果，2024 年末分摊融资费用：

借：财务费用　　185 551.20

　　贷：租赁负债——未确认融资费用　　185 551.20

2025 年末分摊融资费用：

借：财务费用　　128 395.30

　　贷：租赁负债——未确认融资费用　　128 395.30

2026 年末分摊融资费用：

借：财务费用　　66 663.50

　　贷：租赁负债——未确认融资费用　　66 663.50

除了列表计算外，企业还可以通过查询账户余额的方式获取期初应付本金的数据。期初应付本金金额是“租赁负债——租赁付款额”账户的期初余额减去“租赁负债——未确认融资费用”账户的期初余额。实际就是“租赁负债”一级账户的期初余额，用该账户的期初余额乘以实际利率也可以计算出各期应确认的融资费用。

笔记与思考

评价反馈

序号	任务	评分标准	分值	评价			平均得分
				自评	互评	师评	
1	确定融资需求	能够通过预算等方法编制融资需求预测	10				
2	选择融资方式	熟悉不同融资方式的特点及条件，能够结合企业实际情况选择合适的融资方式	20				
3	协助尽职调查	熟悉尽职调查需要提供的材料类型	10				
4	资金到账业务处理	会建立资金台账，能够准确核算各类融资方式下资金到账业务	30				
5	融资后业务处理	能够准确核算偿还本息业务	30				
合　计							

项目二 投资

场景描述

在投资项目中，财务部门需要对投资项目进行立项评估，从收益与风险的角度确定投资方案，控制投资风险，创造投资价值，并对投入资金及后续收回资金及获得的回报进行记录及反馈。

价值链流程图

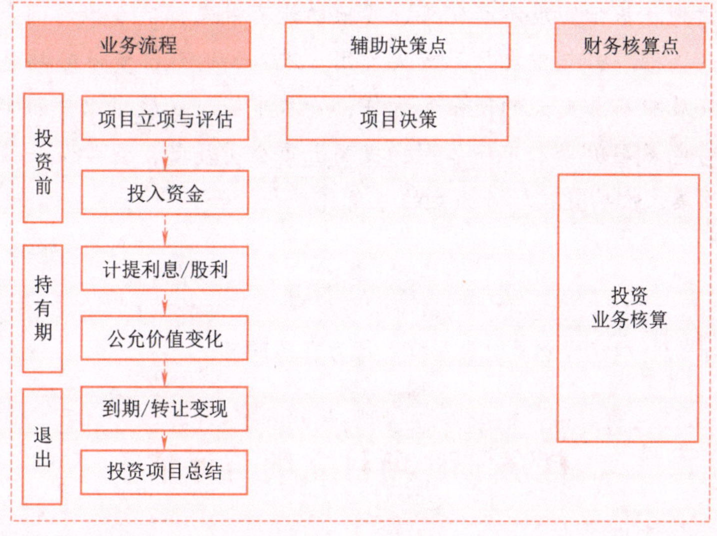

学习目标

- 能够描述投资流程，熟悉投资各环节的辅助决策点和财务核算点。
- 能够通过财务管理方法进行项目决策。
- 能够准确核算与金融资产投资、长期股权投资相关的业务。
- 坚定“四个自信”，建立爱国、敬业、诚信的社会主义核心价值观，培养遵守准则、强化服务的职业道德，树立风险防控意识。

【情境引例】中国证券市场的发展

20 世纪 90 年代初，我国在进行股份制改造以及改革经济体制的前提下，开始逐步创建自己的证券市场，其中沪、深证券交易所分别于 1990 年 12 月和 1991 年 7 月成立，这标志着我国证券交易市场开始走上正规化的发展道路。随后历经扩张、规范发展、改革和开拓创新等不同阶段的发展。2023 年 3 月，《党和国家机构改革方案》（下称《改革方案》）发布，我国金融监管架构将从原先的“一行两会”变为“一行一总局一会”（人民银行、国家金融监督管理总局、证监会），使金融监管职能更集中、明确和强化，促进金融监管的一致性、统一性、有效性。根据《改革方案》：人民银行将进一步聚焦于货币政策和宏观审慎监管；国家金融监督管理总局将专注于微观审慎监管和行为监管，有效协调混业经营与分业监管；证监会将致力于强化资本市场监管，有效促进资本市场持续健康发展。

经过 30 余年的发展，2023 年沪深两市上市公司数量已突破 5 000 家，总市值达到 96.92 万亿元（截至 2023 年 5 月），我国资本市场已跃升为全球第二大市场，多层次资本市场体系逐渐清晰、基础制度不断完善、各项功能有效发挥，在推动国企民企发展、金融体系改革和我国经济崛起中发挥了重要作用。进入新时代，资本市场将持续在服务我国经济高质量发展中肩负更大的使命和责任，资本市场新发展应以全面实行注册制为引领，健全中国特色多层次资本市场体系，提高上市公司质量，逐步统一债券市场，持续深化资本市场改革，吹响直接融资为主的号角。

（来源：根据相关资料编写）

思考

我国证券市场持续健康发展对企业投资行为有何影响？

任务一　项目立项与评估

任务描述

根据宁佳公司的投资决策，遵循公司章程、投资管理办法及相应的法律法规等，推动公司投资项目按规划有序进行，首先完成投资业务的立项评估工作。

引导问题：如果你主导一项投资业务，你最关心什么？

知识准备

一、投资相关概念

1. 投资

投资是经济主体为获得经济效益而垫付货币或其他资源用于某项事业的经济活动。按照投资对象不同，投资可以分为对内直接投资（比如购建固定资产、无形资产），对外直接投资（如收购公司、海外实业投资）、对外间接投资（如购买其他公司股票、债券等有价证券）。

说明

因对内直接投资，如固定资产更新决策等，是财务管理课程的重要内容，本书不再赘述，而重点阐述对外有价证券投资和股权投资。

2. 投资收益

投资收益是指企业对外投资所得的收益，如企业对外投资取得股利收入、债券利息收入、买卖差价收入以及从其他单位所分得的利润等。某一时期的投资收益有可能为负，说明该时期投资有损失。

3. 投资风险

投资风险是指对未来投资收益的不确定性，在投资中可能会遭受收益损失甚至本金损失的可能性。投资风险形成的因素包括：政治风险、市场风险、法律 / 政策风险、文化风险、技术风险及其他风险。通常债权类投资风险低于股权类投资风险。降低投资风险的方法之一就是在投资前对投资项目的预期收益和风险进行充分评估。

二、投资立项与评估

1. 对拟投资的公司进行充分调研

调研内容包括公司基本情况、行业政策环境、行业增长情况、行业竞争结构、公司在该行业的地位、品牌经营策略、未来增长模式、核心估值指标、主要财务指标及盈利预测等，并运用 SWOT 分析或者 PEST 分析工具进行定性评价。

2. 撰写股权（证券）投资可行性研究报告

股权（证券）投资可行性研究报告结构如下：

（1）项目概述：介绍拟投资公司基本情况、行业政策环境、行业增长情况、公司在该行业的地位、品牌经营策略等内容。

（2）财务效益分析：对投资成本和预计股权投资收益或债权投资利息进行预测，估算各年现金流量，并计算净现值、内含报酬率等投资决策指标，为投资可行性提供量化依据。

（3）项目风险及对策分析：重点分析行业风险、市场风险和企业经营风险。

3. 撰写投资立项申请表（见表 2-1-1）

表 2-1-1　×× 公司项目投资立项申请表

项目负责人＿＿＿＿＿＿　　　　　　　　　　　　　　　　　　　　　　日期：＿＿＿＿＿＿

<table>
<tr><td colspan="2">项目名称</td><td colspan="4"></td></tr>
<tr><td colspan="2">投资方式</td><td colspan="4">□债权　　　　　□股权</td></tr>
<tr><td colspan="6">项目基本情况</td></tr>
<tr><td rowspan="5">项目企业基本情况</td><td colspan="2">注册地址</td><td colspan="3"></td></tr>
<tr><td colspan="2">成立时间</td><td colspan="3"></td></tr>
<tr><td colspan="2">注册资本</td><td colspan="3"></td></tr>
<tr><td colspan="2">股权结构</td><td colspan="3"></td></tr>
<tr><td colspan="2">主营业务</td><td colspan="3"></td></tr>
<tr><td colspan="6">项目企业近三年主要财务数据（单位：万元）</td></tr>
<tr><td colspan="2">财务指标</td><td>年</td><td>年</td><td colspan="2">年</td></tr>
<tr><td colspan="2">资产负债率</td><td></td><td></td><td colspan="2"></td></tr>
<tr><td colspan="2">营业收入</td><td></td><td></td><td colspan="2"></td></tr>
<tr><td colspan="2">营业成本</td><td></td><td></td><td colspan="2"></td></tr>
<tr><td colspan="2">净利润</td><td></td><td></td><td colspan="2"></td></tr>
<tr><td colspan="2">净资产收益率</td><td></td><td></td><td colspan="2"></td></tr>
<tr><td colspan="2">净利润现金含量</td><td></td><td></td><td colspan="2"></td></tr>
<tr><td colspan="2">投入资本回报率</td><td></td><td></td><td colspan="2"></td></tr>
<tr><td colspan="6">投资退出方案</td></tr>
<tr><td colspan="2">计划退出时间</td><td colspan="4"></td></tr>
<tr><td colspan="2">投资退出方式</td><td colspan="4"></td></tr>
<tr><td colspan="2">预期回报率</td><td colspan="4"></td></tr>
<tr><td colspan="6">项目企业 SWOT 分析</td></tr>
<tr><td colspan="3">优势（strength）：</td><td colspan="3">劣势（weakness）：</td></tr>
<tr><td colspan="3">机会（opportunity）：</td><td colspan="3">威胁（threat）：</td></tr>
<tr><td colspan="6">项目立项审查意见</td></tr>
<tr><td colspan="2">成员姓名</td><td colspan="4"></td></tr>
<tr><td colspan="6">成员意见：
□同意立项　　□不同意立项　（请在空格里打“√”）</td></tr>
<tr><td colspan="6">审查意见理由：</td></tr>
</table>

注：项目需经审查小组全体成员三分之一以上通过方可立项，公司法人代表有一票否决权。

4. 专家论证

邀请相关领域的专家参加论证会，专家们提出问题、分享观点、提供建议，并对项目的可行性进行评估。

5. 董事会或管理层决议

董事会或管理层以项目可行性研究报告和专家论证结果作为依据，召开会议决定是否投资。

任务实施

业务 2-1-1　请以小组为单位，通过新浪财经网站或其他投资类平台，查询一家上市公司的相关信息，可以包括宏观政策、行业前景、行业地位、公司各项财务指标等，适当运用SWOT、PEST 分析法判断该公司是否具有投资价值，完成表 2-1-2。

表 2-1-2　公司投资价值分析任务分组

班级		组号	
组长		组员	
选择的公司			
投资价值评估依据			
投资决策			

任务二　投入资金

任务描述

根据宁佳公司管理层决议，提交付款申请并投入资金。

引导问题：你知道有价证券投资的付款方式吗？

知识准备

一、付款申请

为确保资金规范化流转，企业在付款前需要经过申请和审批流程。付款申请书（见图 2-1-1）一般由申请人填写付款基本信息、用途、金额、收款单位信息等，并附上必要的支付凭证（如董事会或管理层决议，或合同与发票等），然后提交给相关部门审批，最终财务再进行付款。此流程不仅能够保证资金的安全与合规，还能够统一管理企业内部的资金流向，便于监督和管理。

付款申请书

年　月　日

<table>
<tr><td>用途及情况</td><td colspan="11">金　额</td><td colspan="3">收款单位（人）：</td></tr>
<tr><td rowspan="2"></td><td>万</td><td>千</td><td>百</td><td>十</td><td>万</td><td>千</td><td>百</td><td>十</td><td>元</td><td>角</td><td>分</td><td colspan="3">账号：</td></tr>
<tr><td></td><td></td><td></td><td></td><td></td><td></td><td></td><td></td><td></td><td></td><td></td><td colspan="3">开户行：</td></tr>
<tr><td>金额（大写）合计</td><td colspan="10"></td><td></td><td>电汇：■</td><td>汇票：■</td><td>转账：■</td></tr>
<tr><td rowspan="2">总经理</td><td colspan="3" rowspan="2"></td><td colspan="4" rowspan="2">财务部门</td><td colspan="3">经理</td><td></td><td rowspan="2">申请部门</td><td>经理</td><td></td></tr>
<tr><td colspan="3">会计</td><td></td><td>经办人</td><td></td></tr>
</table>

图 2-2-1　付款申请书

二、支付投资款

出纳人员根据审核无误的付款申请书，按规定办理资金支付手续。如果是投资有价证券，企业还需按有关规定将资金先存入在证券公司指定银行开立的投资款专户，再从该投资专户转出资金办理有价证券的清算和交割。

任务实施

业务 2-2-1　请以小组为单位，讨论付款申请及审批流程的意义，完成表 2-2-1。

表 2-2-1　付款申请及审批流程的价值讨论

<table>
<tr><td>班级</td><td></td><td>组号</td><td></td></tr>
<tr><td>组长</td><td></td><td>组员</td><td></td></tr>
<tr><td>付款申请及审批的价值</td><td colspan="3"></td></tr>
</table>

任务三　投资业务财税处理

任务描述

对宁佳公司各类投资资产进行分类，并对各类投资类资产的买入、持有及退出等业务进行职业判断和会计处理。

知识准备

对外投资按照所投金额是否能够对被投资单位产生重大影响甚至控制为标准，分为金融资产和长期股权投资。一般来讲，如果没有特别约定，投资获得的持股比例小于20%的，则认为不会对被投资单位产生重大影响，也不存在共同控制或控制，这种投资就被确认为金融资产，否则为长期股权投资。

微课

核算交易性金融资产

一、金融资产

1. 金融资产的概念

金融资产，是指企业持有的现金（广义现金）、其他方的权益工具，以及符合下列条件之一的资产：

（1）从其他方收取现金或其他金融资产的合同权利。如企业的银行存款、应收账款、应收票据和贷款等均属于金融资产。预付账款因其产生的经济利益是商品或者服务，不是收取现金或其他金融资产的权利，因而预付账款不是金融资产。

（2）在潜在有利条件下，与其他方交换金融资产或金融负债的合同权利。如企业持有的其他公司的看涨或看跌期权等。

微课

核算债权投资

（3）将来须用或可用企业自身权益工具进行结算的非衍生工具合同，且企业根据该合同将收到可变数量的自身权益工具。

（4）将来须用或可用企业自身权益工具进行结算的衍生工具合同，但以固定数量的自身权益工具交换固定金额的现金或其他金融资产的衍生工具合同除外。

由此可见，金融资产范围广泛。本书中的金融资产不包括货币资金、应收款项、长期股权投资，而是特指企业持有的一切可以在有组织的金融市场上进行交易、具有现实价格和未来估价的金融工具（产品），主要包括持有的股票和债券。

2. 金融资产的分类

企业根据管理金融资产的业务模式、金融资产的合同现金流量特征两个方面，将金融资产划分为以下三类（见表2-3-1）。

表2-3-1　金融资产的分类

金融资产类型	管理金融资产的业务模式	合同现金流量特征	核算账户
以摊余成本计量的金融资产	以收取合同现金流量为目标	在特定日期产生的现金流量仅为对本金和以未偿付本金金额为基础的利息的回收	债权投资
以公允价值计量且其变动计入其他综合收益的金融资产	以收取合同现金流量和出售金融资产为目标	在特定日期产生的现金流量仅为对本金和以未偿付本金金额为基础的利息的回收	其他债权投资 其他权益工具投资
以公允价值计量且其变动计入当期损益的金融资产	除上述两种业务模式外的其他模式	其他类型的现金流量	交易性金融资产

3. 金融资产的核算

企业持有的不同类型的金融资产在会计处理上存在较大差异，包括初始入账成本的计量、公允价值变动和减值业务的核算、计提利息费用的方法及处置业务的核算等，具体会计处理过程见表2-3-2。

表 2-3-2　金融资产的核算

金融资产	初始成本	投资买入时	公允价值变动业务	减值业务	计提持有期利息 / 股利	出售（到期）业务
以公允价值计量且其变动计入当期损益的金融资产（股票或债券）	买入价	借：交易性金融资产——成本 投资收益（交易费用） 应交税费——应交增值税（进项税额） 应收股利 / 应收利息（已宣告 / 已到付息期但尚未领取） 贷：其他货币资金——存出投资款	借或贷：交易性金融资产——公允价值变动 贷或借：公允价值变动损益	无	借：应收利息 / 应收股利 贷：投资收益	借：其他货币资金——存出投资款 贷：交易性金融资产——成本 借或贷：交易性金融资产——公允价值变动 借或贷：投资收益 借：投资收益 贷：应交税费——转让金融商品应交增值税 应交税费 =（卖出价 - 买入价）/（1+6%）× 6%
以摊余成本计量的金融资产（债券）	买入价 + 交易费用	借：债权投资——成本（面值） 应收利息（已到付息期但尚未领取） 应交税费——应交增值税（进项税额） 贷：其他货币资金——存出投资款 借或贷：债权投资——利息调整（倒挤差额）	无	借：信用减值损失 贷：债权投资减值准备	借：应收利息或债权投资——应计利息 贷：投资收益 应交税费——增（销项税额） 应交税费——增（待转销项税额） 借或贷：债权投资——利息调整 说明： ①应收利息 = 面值 $\times i_{票}$， 投资收益 = 摊余成本 $\times i_{实}$， 其中，每一期摊余成本可以查询"债权投资"账户的期初余额，或编制利息调整计算表计算。 ②保本收益增值税的计算 销项税额 = $\dfrac{应收利息}{1+6\%} \times 6\%$ 待转销项税额 = $\dfrac{投资收益}{1+6\%} \times 6\% - \dfrac{应收利息}{1+6\%} \times 6\%$	借：其他货币资金——存出投资款 贷：债权投资——成本（按面值） ——应计利息（按已计提利息）

续表

金融资产		初始成本	投资买入时	公允价值变动业务	减值业务	计提持有期利息 / 股利	出售（到期）业务
以公允价值计量且其变动计入其他综合收益的金融资产	其他债权投资（债券）	买入价 + 交易费用	借：其他债权投资——成本 应交税费——应交增值税（进项税额） 应收利息（已到付息期但尚未领取） 贷：其他货币资金——存出投资款 借或贷：其他债权投资——利息调整	借或贷：其他债权投资——公允价值变动 贷或借：其他综合收益	借：信用减值损失 贷：其他综合收益	借：应收利息 贷：投资收益 借或贷：其他债权投资——利息调整 （说明：应收利息 = 面值 $\times i_{票}$， 投资收益 = 摊余成本 $\times i_{实}$， 其中每一期摊余成本可以查询“债权投资”账户不考虑公允价值变化部分的的期初余额）	借：其他货币资金——存出投资款 贷：其他债权投资——成本 借或贷：其他债权投资——公允价值变动 借或贷：其他债权投资——利息调整 借或贷：投资收益 同时： 借或贷：其他综合收益——公允价值变动 贷或借：投资收益 借：投资收益 贷：应交税费——转让金融商品应交增值税 应交税费 =（卖出价 - 买入价）/（1+6%）× 6%
	其他权益工具投资（股票）	买入价 + 交易费用	借：其他权益工具投资——成本 应收股利（已宣告发放但尚未领取） 应交税费——应交增值税（进项税额） 贷：其他货币资金——存出投资款	借或贷：其他权益工具投资——公允价值变动 贷或借：其他综合收益	无	借：应收股利 贷：投资收益	借：其他货币资金——存出投资款 贷：其他权益工具投资——成本 借或贷：其他权益工具投资——公允价值变动 借或贷：盈余公积（按实收价款与账面价值差额的 10% 部分） 借或贷：利润分配——未分配利润

二、长期股权投资

1. 长期股权投资的概念

长期股权投资，是指投资方打算长期持有的能够对被投资单位实施控制、重大影响的权益性投资，以及对其合营企业的权益性投资。

（1）控制：投资企业拥有对被投资企业的权利，通过参与被投资企业的相关活动而享有可变回报，并且有能力运用对被投资企业的权力影响其回报金额。企业能够对被投资单位实施控制的权益性投资，一般是对子公司的投资，通常投资企业持有被投资企业 50% 以上的表决权，或者投资企业持有被投资企业 50% 或以下的表决权，但通过与其他表决权持有人之间的协议能够控制 50% 以上表决权的就表明投资企业对被投资方拥有控制权。

（2）共同控制：按照相关约定对某项安排所共有的控制，并且该安排的相关活动必须经过分享控制权的参与方一致同意后才能决策。企业与其他合营方一同对被投资单位实施共同控制的权益性投资，即对合营企业的投资。

（3）重大影响：投资企业对被投资单位的财务和经营政策有参与决策的权力，但并不能够控制或者与其他方一起共同控制这些政策的制定。企业对被投资单位具有重大影响的权益性投资，一般是对联营企业的投资，持股比例通常在 20%~50% 之间，或者持股比例虽然小于 20%，但是有下列情形之一的也可以表明投资方对被投资方具有重大影响：

①在被投资单位董事会或类似权力机构派有代表。

②参与被投资单位财务和经营政策制定过程。

③与被投资单位之间发生重要交易。

④向被投资单位派出管理人员。

⑤向被投资单位提供关键技术资料等。

2. 长期股权投资的核算方法

长期股权投资的核算方法分为成本法和权益法，二者的适用范围及概念见表 2-3-3。成本法和权益法下长期股权投资的核算过程见表 2-3-4。

表 2-3-3　长期股权投资的核算方法

对被投资方影响程度	持股比例	核算方法	说　明
控制（子公司）	大于 50%	成本法	成本法下，企业取得长期股权投资按初始投资成本计价，持有期间，除了本企业追加或收回投资外，长期股权投资账面价值保持不变。被投资单位宣告分派的现金股利或利润，应当确认为当期投资收益
共同控制（合营企业）	50%	权益法	权益法下，投资企业以初始投资成本计量后，“长期股权投资”账户的金额要随被投资企业的盈亏状况以及其他原因引起的所有者权益变动状况进行相应调整，以完整反映投资企业在被投资企业中的实际权益
重大影响（联营企业）	20%~50%		

表 2-3-4 长期股权投资成本法和权益法核算过程

业务	取得时	持有期被投资方实现净损益	被投资单位宣告发放现金股利或利润	持有期间被投资单位其他综合收益变动	持有期间被投资单位其他所有者权益变动	发生减值时	处置时
成本法	借：长期股权投资 贷：银行存款	无	借：应收股利 贷：投资收益 收到股利时： 借：银行存款 贷：应收股利	无	无	借：资产减值损失 贷：长期股权投资减值准备	借：银行存款 长期股权投资减值准备 贷：长期股权投资 投资收益
权益法	①投资成本大于投资时应享有被投资单位可辨认净资产公允价值的份额时： 借：长期股权投资——成本 贷：银行存款 ②投资成本小于投资时应享有被投资单位可辨认净资产公允价值的份额时： 借：长期股权投资——成本 贷：银行存款 营业外收入	借或贷：长期股权投资——损益调整 贷或借：投资收益	借：应收股利 贷：长期股权投资——损益调整	借或贷：长期股权投资——其他综合收益 贷或借：其他综合收益	借或贷：长期股权投资——其他权益变动 贷或借：资本公积——其他资本公积	借：资产减值损失 贷：长期股权投资减值准备	借：银行存款 长期股权投资减值准备 贷：长期股权投资——成本 借或贷：长期股权投资——损益调整 借或贷：长期股权投资——其他综合收益 借或贷：长期股权投资——其他权益变动 借或贷：投资收益（倒挤）

说明

如果长期股权投资是持有的上市公司的股票，那么购买时已经宣告但尚未发放的现金股利的处理方法，交易费用及其增值税，投资收益涉及的增值税处理办法同金融资产，本表总结的是取得非上市公司长期股权的核算过程。

任务实施

一、核算以公允价值计量且其变动计入当期损益的金融资产

业务2-3-1　2023 年 10 月 10 日宁佳公司经前期投资可行性研究，决定购入三孚科技股份有限公司发行的普通股 120 000 股，用于临时性投资，公司将视股价波动情况适时出售，证券交易交割凭单见图 2-3-1。要求：对投资三孚科技这一业务进行会计处理。

上海证券交易所交割凭单

流水明细：　　　　　　　　　　　　　　　　　　　　　　　　　　单位：元

交易时间	证券名称	证券代码	买卖方向	成交数量	成交均价	成交金额	手续费	印花税	其他费	发生金额	资金余额
2023-10-10 10:36:27	三孚科技	622119	买入	120 000	22.66	2 719 200.00	2 719.20			−2 721 919.20	1 278 080.80

图 2-3-1　证券交易交割凭单

【业务操作】根据宁佳公司持有三孚科技公司股票的目的可知，该项投资应该确认为以公允价值计量且其变动计入当期损益的金融资产，通过“交易性金融资产”科目核算。

（1）购入时股票公允价值计入资产成本，发生的手续费冲减投资收益，支付的资金贷记其他货币资金。

借：交易性金融资产——三孚科技　　　　2 719 200.00
　　投资收益　　　　2 719.20
　　贷：其他货币资金——存出投资款　　　　2 721 919.20

提示

如果支付的手续费取得增值税专用发票，可以抵扣增值税进项税额。

（2）2023 年 10 月 31 日三孚科技股份有限公司股票收盘价为 23.87 元 / 股。要求：对持有的三孚科技股票价格上涨作出会计处理。

分析：三孚科技公司股票每股价格上涨 1.21 元，那么宁佳公司持有的 120 000 股三孚科技公司的股票公允价值上升了 145 200 元，借记交易性金融资产科目，贷记公允价值变动损益科目。

借：交易性金融资产——公允价值变动　　　　145 200
　　贷：公允价值变动损益　　　　145 200

（3）2023 年 11 月 30 日三孚科技股份有限公司股票收盘价为 23.07 元 / 股。要求：对持有的三孚科技股票价格下跌作出会计处理。

分析：三孚科技公司股票每股价格下降 0.8 元，那么宁佳公司持有的 120 000 股三孚科技公司的股票公允价值减少 96 000 元，借记公允价值变动损益。

借：公允价值变动损益　　96 000

　　贷：交易性金融资产——公允价值变动　　96 000

此时，“交易性金融资产——公允价值变动”账户的余额为借方 49 200 元。

（4）2023 年 12 月 5 日，宁佳公司将持有的三孚科技股份有限公司股票卖出一半，交割记录见图 2-3-2。要求：对宁佳公司处置三孚科技股票作出会计处理。

上海证券交易所交割凭单

流水明细：　　　　单位：元

交易时间	证券名称	证券代码	买卖方向	成交数量	成交均价	成交金额	手续费	印花税	其他费	发生金额	资金余额
2023-10-10 10:36:27	三孚科技	622119	买入	120 000	22.66	2 719 200.00	2 719.20			−2 721 919.20	1 278 080.80
2023-12-15 09:26:50	三孚科技	622119	卖出	60 000	23.00	1 380 000.00	1 380.00	1 380.00		1 377 240.00	2 655 320.80

图 2-3-2　证券交易交割凭单

分析：处置交易性金融资产，一方面把实际收到的资金和相应交易性金融资产账面价值的差额记作投资收益，此业务仅出售一半，因此账面价值也只需转出一半；另一方面要对投资收益计算缴纳转让金融商品应交增值税，应交增值税 =（卖出价 − 买入价）/（1+6%）×6%=（1 380 000−1 359 600）/（1+6%）×6%=1 154.72（元），借记投资收益科目，贷记应交税费科目。如果卖出价低于买入价，则作相反分录，不用缴纳增值税，且可留到后续期间继续抵扣，但年末“应交税费——转让金融商品应交增值税”科目仍为负数，不得结转至下一个会计年度，需冲回。

借：其他货币资金——存出投资款　　1 377 240

　　投资收益　　6 960

　　贷：交易性金融资产——成本　　1 359 600

　　　　　　　　　　　——公允价值变动　　24 600

借：投资收益　　1 154.72

　　贷：应交税费——转让金融商品应交增值税　　1 154.72

思考

宁佳公司投资的三孚科技股票盈利了吗？这项投资业务的收益是多少？

二、核算以摊余成本计量的金融资产

业务 2-3-2　2023 年 12 月 25 日宁佳公司根据前期投资可行性研究报告，决定购入 2 万份 Sh010609[06 国债（09）] 债券，并以取得合同现金流量为目的。债券概况和证券交割凭单分别见图 2-3-3 和图 2-3-4。

债券概况

债券类型	国债	发行价格（元）	100
计息方式	固定利率	发行规模（亿元）	310.9
付息方式	周期性付息	债券面值（元）	100
票面利率（%）	3.70	债券年限（年）	20
每年付息日	06-26,12-26	到期日期	2026-06-26

图 2-3-3　Sh010609 国债基本信息

上海证券交易所交割凭单

流水明细：　　　　单位：元

交易时间	证券名称	证券代码	买卖方向	成交数量	成交均价	成交金额	手续费	印花税	其他费	发生金额	资金余额
2023-10-10 10:36:27	三孚科技	622119	买入	120 000	22.66	2 719 200.00	2 719.20			−2 721 919.20	1 278 080.80
2023-12-15 09:26:50	三孚科技	622119	卖出	60 000	23.00	1 380 000.00	1 380.00	1 380.00		1 377 240.00	2 655 320.80
2023-12-25 13:36:27	06 国债（09）	Sh010609	买入	20 000	100	2 000 000.00	2 000.00		37 000.00	−2 039 000.00	616 320.80

图 2-3-4　证券交易交割凭单

【业务操作】宁佳公司购入国债以取得合同现金流量为目的，因此属于以摊余成本计量的金融资产，通过“债权投资”账户核算。以摊余成本计量的金融资产主要业务包括购入债券、计提利息、可能的减值、到期赎回。

（1）按照发行价与面值的关系，债券发行分为溢价、折价和平价三种方式，溢价发行时，购买价款高于未来能够赎回的面值，因此票面利率一般比实际利率高，以此来弥补投资人的溢价出资；相反，折价发行的债券，票面利率会比实际利率低，弥补资金筹集人折价融资。目前，从证券市场公开发行的债券看，大部分债券属于平价发行，但由于存在交易费用，因此实际支付的款项和债券面值仍然存在差额，从而产生利息调整。购入债券时，按面值借记“债权投资——成本”，已到付息期但尚未支付的利息记入“应收利息”账户，本业务中的债券为半年付息一次，分别为 6 月 26 日和 12 月 26 日，因此宁佳公司作为付息日的在册投资人，将会在 2023 年 12 月 26 日收到下半年利息，但下半年因为宁佳公司并未持有该债券，因此需要在购买时垫付这笔利息，同时会在付息日收到利息，利息金额为“面值 × 票面利率 ×6/12”。同时，按实际支付金额贷记“其他货币资金”，差额记入“债权投资——利息调整”账户。

借：债权投资——成本　　2 000 000
　　应收利息　　37 000
　　债权投资——利息调整　　2 000
　　贷：其他货币资金——存出投资款　　2 039 000

（2）2023 年 12 月 26 日收到购买债券时垫付的已到付息期但尚未支付的利息，交割凭单见图 2-3-5。

上海证券交易所交割凭单

流水明细：　　　　单位：元

交易时间	证券名称	证券代码	买卖方向	成交数量	成交均价	成交金额	手续费	印花税	其他费	发生金额	资金余额
2023-10-10 10:36:27	三孚科技	622119	买入	120 000	22.66	2 719 200.00	2 719.20			–2 721 919.20	1 278 080.80
2023-12-15 09:26:50	三孚科技	622119	卖出	60 000	23.00	1 380 000.00	1 380.00	1 380.00		1 377 240.00	2 655 320.80
2023-12-25 13:36:27	06 国债（09）	Sh010609	买入	20 000	100	2 000 000.00	2 000.00		37 000.00	–2 039 000.00	616 320.80
2023-12-26 14:36:27	06 国债（09）	Sh010609	卖出	0		37 000.00				37 000.00	653 320.80

图 2-3-5　证券交易交割凭单

借：其他货币资金——存出投资款　　37 000

　贷：应收利息　　37 000

（3）债券持有期每半年计提债券利息。根据债权投资未来现金流量，利用 Excel 中 IRR 函数（见图 2-3-6），计算出该债券半年实际利率为 1.83%。然后根据债权投资利息调整摊销表（见表 2-3-5）得到每一期投资收益的金额和利息调整的摊销额（注意计息期为半年，半年期票面利率 =3.7%/2=1.85%）。

	A	B
1	债权投资实际利率计算表	
2	时间	现金流量
3	20x3-12-25	-2002000
4	20x4-06-26	37000
5	20x4-12-26	37000
6	20x5-06-26	37000
7	20x5-12-26	37000
8	20x6-06-26	2037000
9	实际利率	1.83%
10		
11		IRR(B3:B8)

图 2-3-6　Excel 求实际利率

表 2-3-5　债权投资利息调整摊销表

日　期	期初摊余成本 ①＝上期⑤	应收利息 ②＝面值 × 票面利率	投资收益 ③＝① × 实际利率	利息调整摊销额 ④＝③－②	期末摊余成本 ⑤＝①＋④
2023-12-25					2 002 000
2024-06-26	2 002 000.00	37 000.00	36 636.60	–363.40	2 001 636.60
2024-12-26	2 001 636.60	37 000.00	36 629.95	–370.05	2 001 266.55
2025-06-26	2 001 266.55	37 000.00	36 623.18	–376.82	2 000 889.73
2025-12-26	2 000 889.73	37 000.00	36 616.28	–383.72	2 000 506.01
2026-06-26	2 000 506.01	37 000.00	36 493.99	–506.01 *	2 000 000.00

说明：最后一期利息调整摊销额（*）可以采用倒挤的方式计算得出，即总的利息调整金额扣除前四期摊销累计数。当期投资收益金额也是倒挤得出。

以 2024 年上半年计息为例：

借：应收利息　　37 000.00

　贷：投资收益　　36 636.60

　　债权投资——利息调整　　363.40

（4）持有期每次收到利息时：

借：其他货币资金——存出投资款　37 000.00

　贷：应收利息　37 000.00

（5）到期赎回本金时：

借：其他货币资金——存出投资款　2 000 000.00

　贷：债权投资——成本　2 000 000.00

提示

债券尤其是国债发生减值的概率较小，因此本业务没有涉及债权投资减值业务。此外，国债的利息收入免征增值税和所得税。

三、核算以公允价值计量且其变动计入其他综合收益的金融资产（债券类）

业务 2-3-3 沿用业务 2-3-2 的资料，但公司持有该债券是以收取合同现金流量和出售金融资产为目标。

【业务操作】根据债券持有目的可以判断，持有该债券应确认为以公允价值计量且其变动计入其他综合收益的金融资产，通过“其他债权投资”账户核算。主要业务包括购入债券、公允价值变动、计提利息、可能的减值和转让。

（1）购入债券时与确认债权投资的方法相同：

借：其他债权投资——成本　2 000 000

　应收利息　37 000

　其他债权投资——利息调整　2 000

　贷：其他货币资金——存出投资款　2 039 000

（2）2023 年 12 月 26 日收到购买债券时垫付的已到付息期但尚未支付的利息：

借：其他货币资金——存出投资款　37 000

　贷：应收利息　37 000

（3）2023 年 12 月 31 日，该国债收盘价格为 101 元 / 份，公允价值上升了 1 元 / 份，借记其他债权投资，贷记其他综合收益。每一次公允价值变动额的计算都是用最新公允价值减去最近一次公允价值。

借：其他债权投资——公允价值变动　20 000

　贷：其他综合收益——其他权益投资公允价值变动　20 000

（4）债券持有期每半年计提债券利息，方法与债权投资相同，注意：摊余成本不受公允价值变动的影响，因此各期应收利息和投资收益的计算结果也与业务 2-3-2 中债权投资下的计算结果一致。

以 2024 年下半年计息为例：

借：应收利息　37 000.00

　贷：投资收益　36 629.95

　　其他债权投资——利息调整　370.05

（5）2025 年 10 月 18 日，宁佳公司因业务发展需要资金，将 2 万份 Sh010609[06 国债（09）]

债券以 100.50 元 / 份的价格转让，交割凭单见图 2-3-7。转让债券时，将其他债权投资各所属明细账的账面余额从反方向转销，与实际收款的差额计入“投资收益”账户。

上海证券交易所交割凭单

流水明细：　　　　单位：元

交易时间	证券名称	证券代码	买卖方向	成交数量	成交均价	成交金额	手续费	印花税	其他费	发生金额	资金余额
	……	……									
2023-12-25 13:36:20	06 国债（09）	Sh010609	买入	20 000	100	2 000 000.00	2 000.00		37 000.00	-2 039 000.00	616 320.80
2023-12-26 14:36:40	06 国债（09）	Sh010609	卖出	0		37 000.00				37 000.00	653 320.80
2025-10-18 11:13:21	06 国债（09）	Sh010609	卖出	20 000	100.50	2 010 000.00	2 010.00			2 007 990.00	2 661 310.80

图 2-3-7　证券交易交割凭单

借：其他货币资金——存出投资款　　2 007 990.00

　　其他债权投资——利息调整　　889.73

　　投资收益　　11 120.27

　　贷：其他债权投资——成本　　2 000 000

　　　　　　　　　——公允价值变动　　20 000

同时，将公允价值变动计入其他综合收益的部分转入投资收益。

借：其他综合收益——其他债权投资公允价值变动　　20 000

　　贷：投资收益　　20 000

四、核算以公允价值计量且其变动计入其他综合收益的金融资产（股票类）

业务 2-3-4 沿用业务 2-3-1 的资料，但公司持有三孚科技股票不具有交易性目的，是以收取合同现金流量和出售金融资产为目标。

【业务操作】根据股票持有目的可以判断，它不属于交易性金融资产，但也达不到长期股权投资的影响程度，会计上作为以公允价值计量且其变动计入其他综合收益的金融资产，一般通过“其他权益工具投资”进行核算。主要业务包括购入股票、公允价值变动、获得现金股利或利润、转让。

（1）购入时股票公允价值和手续费均计入资产成本，支付的资金贷记其他货币资金科目，具体会计处理为：

借：其他权益工具投资——成本（三孚科技）　　2 721 919.20

　　贷：其他货币资金——存出投资款　　2 721 919.20

说明

如果支付的手续费取得增值税专用发票，同样也可以抵扣增值税进项税额。

（2）2023 年 10 月 31 日三孚科技股份有限公司股票价格上涨。

分析：三孚科技公司股票每股价格上涨 1.21 元，那么宁佳公司持有的 120 000 股三孚科技公司的股票公允价值上升了 145 200 元，借记其他权益工具投资科目，贷记其他综合收益科目，不计入当期损益，目的是避免投资方操纵利润。

借：其他权益工具投资——公允价值变动 145 200

贷：其他综合收益——其他权益工具投资公允价值变动 145 200

（3）2023 年 11 月 30 日三孚科技股份有限公司股票价格下跌。

分析：三孚科技公司股票每股价格下降 0.8 元，那么宁佳公司持有的 120 000 股三孚科技公司的股票公允价值减少 96 000 元，借记公允价值变动损益科目。

借：其他综合收益——其他权益工具投资公允价值变动 96 000

贷：其他权益工具投资——公允价值变动 96 000

此时，“其他权益工具投资——公允价值变动”账户的余额为借方 49 200 元。

（4）2024 年 2 月 20 日三孚科技股份有限公司宣布按每股 0.4 元为当年 2 月 25 日在册的股东分配现金股利，2 月 29 日收到三孚科技分配的现金股利，交割凭单见图 2-3-8。

确认三孚科技宣告分派的现金股利时：

借：应收股利 48 000

贷：投资收益 48 000

上海证券交易所交割凭单

流水明细： 单位：元

交易时间	证券名称	证券代码	买卖方向	成交数量	成交均价	成交金额	手续费	印花税	其他费	发生金额	资金余额
……											
2024-2-29 13:36:50	三孚科技	622119	卖出	0		48 000.00				48 000.00	1 326 080.80

图 2-3-8　证券交易交割凭单

收到现金股利时：

借：其他货币资金——存出投资款 48 000

贷：应收股利 48 000

（5）2025 年 12 月 5 日宁佳公司将持有的三孚科技股份有限公司股票卖出一半，交割凭单见图 2-3-9。要求：对宁佳公司处置三孚科技股票进行会计处理。

分析：处置其他权益工具投资，按实际收到的资金借记其他货币资金科目，同时冲减其他权益工具投资账面价值，注意二者差额转入留存收益而不是当期损益。本业务仅出售一半，因此账面价值也只需转出一半；同时将原公允价值变动计入其他综合收益的部分也一并转入留存收益；另一方面要对投资收益计算缴纳转让金融商品应交增值税，计算方法和核算过程与交易性金融资产相同。

上海证券交易所交割凭单

流水明细： 单位：元

交易时间	证券名称	证券代码	买卖方向	成交数量	成交均价	成交金额	手续费	印花税	其他费	发生金额	资金余额
……											
2025-12-05 9:26:50	三孚科技	622119	卖出	60 000	24.00	1 440 000.00	1 440.00	1 440.00		1 437 120.00	2 955 320.80

图 2-3-9 证券交易交割凭单

借：其他货币资金——存出投资款 1 437 120

贷：其他权益工具投资——成本 1 359 600

——公允价值变动 24 600

盈余公积——法定盈余公积 5 292

利润分配——未分配利润 47 628

借：投资收益 4 550.94

贷：应交税费——转让金融商品应交增值税 4 550.94

同时将原计入其他综合收益的公允价值变动转入留存收益：

借：其他综合收益——其他权益工具投资公允价值变动 24 600

贷：盈余公积——法定盈余公积 2 460

利润分配——未分配利润 22 140

五、核算长期股权投资业务

业务2-3-5 2023 年 10 月 10 日，宁佳公司与新辉染料有限公司达成股权投资协议，由宁佳公司于 2023 年 10 月 31 日前一次性全额出资 5 000 万元购入新辉公司 60% 的股权，另发生咨询、验资等费用含税金额为 106 万元，均取得增值税专用发票。2024 年 3 月 20 日，新辉染料有限公司决定向投资人分配 50 万元利润。2024 年 3 月 30 日宁佳公司按持股比例收到新辉染料有限公司分配的利润。2026 年 3 月 15 日，宁佳公司将持有的新辉染料有限公司的全部股权转让给东盛公司，收到股权转让款 5 760 万元。

【业务操作】宁佳公司持有新辉公司 60% 的股权，应该作为一项长期股权投资，且利用成本法进行核算。

（1）取得投资时：

借：长期股权投资——新辉染料有限公司 51 000 000

应交税费——应交增值税（进项税额） 60 000

贷：银行存款——中国工商银行江宁支行 51 060 000

（2）2024 年 3 月 20 日，新辉染料有限公司决定分配利润时，宁佳公司的长期股权投资收益情况见表 2-3-6。

借：应收利润——新辉染料有限公司　　300 000
　　贷：投资收益　　300 000

（3）2024 年 3 月 30 日收到新辉染料有限公司分配的利润时：

借：银行存款——中国工商银行江宁支行　　300 000
　　贷：应收利润——新辉染料有限公司　　300 000

表 2-3-6　长期股权投资收益计算表（成本法）

编制单位：宁佳公司　　2024 年 3 月 20 日　　单位：元

被投资单位	被投资单位分配的利润	投资比例	投资收益
新辉染料有限公司	500 000	60%	300 000
…	…		…
合计	500 000		300 000

会计：　　复核：　　制单：

（4）2026 年 3 月 15 日收到股权转让款时：

借：银行存款——中国工商银行江宁支行　　57 600 000
　　贷：长期股权投资——新辉染料有限公司　　51 000 000
　　　　投资收益　　6 600 000

业务 2-3-6　2023 年 11 月 12 日，宁佳公司与日鑫科技股份有限公司达成股权投资协议，由宁佳公司通过公开市场购入日鑫公司 1 000 万股股票，成交均价 2.5 元 / 股，获得日鑫公司 25% 的股权，对日鑫公司有重大影响，此时日鑫公司可辨认净资产公允价值为 8 800 万元，另发生交易费用 2.5 万元，均从投资账户转出。2024 年日鑫公司实现净利润 4 000 万元，其他综合收益变动额为 600 万元。2025 年 3 月 2 日，日鑫公司宣告按每股 0.1 元分派现金股利。2027 年 12 月 15 日，宁佳公司出售日鑫公司所有股票。

【业务操作】宁佳公司取得日鑫公司 25% 的股权，对日鑫公司有重大影响，会计上通过“长期股权投资”且按权益法核算。按照 25% 的持股比例，股票实际成交金额 2 500 万元，高于其占日鑫公司可辨认净资产公允价值的份额为 2 200 万元，此时按实际投资成本确认长期股权投资，发生的交易费用也一并计入投资成本。

（1）公司通过公开市场购入股票，交割凭单见图 2-3-10。

上海证券交易所交割凭单

流水明细：　　单位：元

交易时间	证券名称	证券代码	买卖方向	成交数量	成交均价	成交金额	手续费	印花税	其他费	发生金额	资金余额
…											
2023-11-12 13:36:50	日鑫科技	622191	买入	10 000 000	2.50	25 000 000.00	25 000.00			25 025 000.00	6 326 000.00

图 2-3-10　证券交易交割凭单

借：长期股权投资——日鑫公司（成本） 25 025 000
　　贷：其他货币资金——存出投资款 25 025 000

思考

假设宁佳公司的实际出资额为 2 000 万元，该如何处理呢？

（2）2024 年日鑫公司实现净利润，使得其所有者权益增加，按照权益法的要求，宁佳公司需要按持股比例调整长期股权投资的账面价值，同时确认投资收益。

借：长期股权投资——日鑫公司（损益调整） 10 000 000
　　贷：投资收益 10 000 000

思考

如果日鑫公司当年净利润金额为负数，该怎么处理呢？

（3）2024 年日鑫公司其他综合收益增加，使得其所有者权益增加，按照权益法的要求，宁佳公司需要按持股比例调整长期股权投资的账面价值，同时确认其他综合收益。

借：长期股权投资——日鑫公司（其他权益变动） 1 500 000
　　贷：其他综合收益 1 500 000

（4）2025 年 3 月 2 日日鑫公司宣告分派现金股利时，其所有者权益会减少，按照权益法的要求，宁佳公司也要调减长期股权投资的账面价值。

借：应收股利 1 000 000
　　贷：长期股权投资——日鑫公司（损益调整） 1 000 000

实际收到现金股利时：

借：其他货币资金——存出投资款 1 000 000
　　贷：应收股利 1 000 000

（5）出售股票时，交割凭单见图 2-3-11，此时应冲减长期股权投资各明细账户的账面余额，同时将原计入其他综合收益和资本公积的部分转入投资收益，此外，对于转让上市公司股票等有价证券所取得的增值额应该缴纳增值税，计算方法与金融资产相同。

上海证券交易所交割凭单

流水明细： 单位：元

交易时间	证券名称	证券代码	买卖方向	成交数量	成交均价	成交金额	手续费	印花税	其他费	发生金额	资金余额
…											
2023-11-12 13:36:50	日鑫科技	622191	买入	10 000 000	2.50	25 000 000.00	25 000.00			25 025 000.00	6 326 000.00
2027-12-15 14:30:20	日鑫科技	622191	卖出	10 000 000	3.10	31 000 000.00	31 000.00	31 000.00		30 938 000.00	37 264 000.00

图 2-3-11　证券交易交割凭单

借：其他货币资金——存出投资款　30 938 000

　　投资收益　4 587 000

　　贷：长期股权投——日鑫公司（成本）　25 025 000

　　　　长期股权投——日鑫公司（损益调整）　9 000 000

　　　　长期股权投——日鑫公司（其他权益变动）　1 500 000

将其他综合收益转入投资收益：

借：其他综合收益　1 500 000

　　贷：投资收益　1 500 000

计算增值税：（3 100−2500）÷（1+6%）×6%=33.96（万元）

借：投资收益　339 600

　　贷：应交税费——转让金融商品应交增值税　339 600

思考

宁佳公司对日鑫公司的股权投资最终获得的投资收益是多少？从投资到处置全过程的现金净流量如何？

笔记与思考

评价反馈

序号	任务	评分标准	分值	评价			平均得分
				自评	互评	师评	
1	项目立项与评估	熟悉项目立项与评估的前期工作	10				
2	交易性金融资产业务	能够看懂交割凭单，会核算交易性金融资产业务	20				
3	债权投资业务	能够看懂交割凭单，会核算债权投资业务	20				
4	其他债权投资业务	能够看懂交割凭单，会核算其他债权投资业务	15				
5	其他权益工具投资	知道其他权益工具概念、入账成本、各期利息费用的计算	5				
6	长期股权投资	能够辨别成本法和权益法，并准确核算长期股权投资相关业务	30				
合　计							

项目三 采购与付款

场景描述

在采购与付款项目中，财务部门需要同物资需求部门、采购部门建立良好协作，确定采购需求、选择供应商、商业谈判、签审合同、验收入库及查验发票等相关业务的运营、记录及反馈，确保采购需求的科学性及采购与付款过程的透明度、准确性和合规性。

价值链流程图

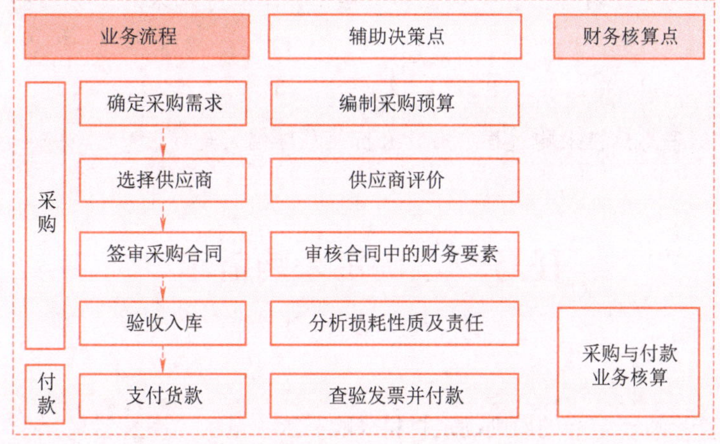

学习目标

- 能够描述采购与付款流程，熟悉采购与付款各环节的辅助决策点和财务核算点。
- 能够通过预算的方法辅助业务部门确定采购需求。
- 能够根据具体情境对供应商进行评价。
- 能够审核采购合同。
- 能够查验发票。
- 能够分析入库材料的损耗类型并明确责任主体。
- 能够准确核算采购与付款相关业务。
- 能够诚信守法、廉洁自律、遵守准则、强化服务，具备契约精神和参与管理的主体责任意识。

【情境引例】海尔的 JIT 采购策略

采购是生产过程的前段，目前很多企业仍在困惑用什么办法可以快速、高效地组织采购，很多企业也引入了一些采购系统，但作用甚小。而海尔的 JIT 采购策略则是一个经典的案例。JIT 采购又称为准时化采购，它是由准时化生产(just in time)管理思想演变而来的。它的基本思想是：把合适的数量和质量的物品、在合适的时间供应到合适的地点。海尔是怎么实现 JIT 采购的呢?

（1）为订单而采购，而不是为库存而采购。海尔以订单信息流为中心，根据客户订单的需求进行采购活动，避免过度库存，有助于减少库存积压及由此产生的成本和风险，从而提高企业运营效率。

（2）优选全球供应商。海尔产品所需的万种以上材料在全球范围内进行统一采购，并与优质供应商建立战略合作伙伴关系，不仅有助于实现规模经济，使采购成本得到最大程度的控制，同时还能增加供应链的弹性，帮助企业更好地适应市场变化和需求波动。

（3）以 ERP 系统为基础，搭建 BBP 采购平台，生产计划及库存信息能够向采购部门和供应商开放权限，实现采购与生产计划的协同，使得订单处理时间大大缩短。

海尔的 JIT 采购通过网络化、全球化和规模化，不断寻求采购业务的高效和稳定。

（来源：根据网络资源编写）

思考

JIT 精益化管理思想在采购过程中有什么价值？弊端又是什么？

任务一　确定采购需求

任务描述

按照以销定产、以产定购的原则确定材料采购需求（量）。

引导问题：采购需求由采购部门决定吗？材料的库存数量过大或者过小分别会产生什么后果?

知识准备

一、采购需求的概念

采购需求是采购标的的技术、规格、功能、质量、服务、时间、数量等要求的具体细化，是确定采购预算、编制采购文件、实施采购活动的基础和依据，应遵循合理规范、有序高效、公开透明的原则。对财务而言，采购需求属狭义范畴，主要是协助业务部门对采购需求数量进行预测。

二、确定采购需求量应考虑的因素

（1）生产用量，即产品产量与材料单耗之积。而产品产量又由销售订单决定。

（2）已有库存量。考虑已有库存,以避免过度采购。采购材料前可以对现有库存进行盘点，确定可以使用的材料数量，再根据生产需求进行补充采购。

（3）供应链可靠性。评估供应链的可靠性和交货时间，以确保采购的材料能够及时供应，如果供应链存在不确定因素，需要增加一定的安全库存，以避免潜在的供应短缺而影响生产进度。

（4）成本控制需求。在确定采购量时，还需要考虑成本因素。根据材料价格和预算限制，对采购量进行合理控制，以实现成本效益的最大化。

任务实施

业务3-1-1 根据当年 11 月 Y-WIN2 婴儿睡袋的订单数据及生产周期，宁佳公司 10 月份该睡袋的产量定为 10 200 件。ZD08 织带是其中的一种原材料，其单耗为每件睡袋消耗 2 条，该织带现有库存为 900 条，期末需保留 500 条安全库存。

要求：计算 10 月份 ZD08 织带的采购需求量，并编制物料申请单。

【业务操作】根据以产定购，考虑库存的原则，采购需求量 = 生产需要量 – 期初库存 + 期末安全库存，列表计算过程见表 3-1-1，采购申请单见表 3-1-2。

表 3-1-1　ZD08 织带采购需求预算表

项　目	…	10 月	…
预计 Y-WIN2 睡袋产量（件）		10 200	
产品 ZD08 织带单耗（条）		2	
预计 ZD08 织带耗用量		20 400	
加：期末 ZD08 织带安全库存		500	
减：期初 ZD08 织带库存		900	
预计 ZD08 织带采购量		20 000	
ZD08 织带计划单价（元 / 件）		11	
预计 ZD08 织带采购金额（元）		220 000	

表 3-1-2　采购申请单

请购部门	生产部			请购日期	20×× 年 10 月 8 日		
名称	规格	单位	请购数量	预算金额	需用日期	质量要求	所属类别
ZD08 织带	2 cm	条	20 000	220 000	20××-10-16	GB/ISO	原材料

请购经办人：　　　　部门经理：　　　　财务经理：　　　　分管副总：

任务二　选择供应商

任务描述

市场上能够供应 ZD08 织带的供应商较多，宁佳公司在收到物料请购需求后，需要通过一定的方法对意向合作供应商进行评价和筛选。

引导问题：你在选择供应商时会考虑哪些因素？可以只看报价吗？

知识准备

微课

选择供应商

选择供应商应考虑的因素如下：

1. 价格

材料采购价格对产品生产成本有直接且重大的影响，材料采购价格的控制将有助于产品生产成本的控制。因此在选择供应商时通常会优先考虑价格合理且符合预算的供应商。值得注意的是，此处的价格不仅仅是供应商的报价，而应该从 TCO（total cost of ownership），即总拥有成本的角度加以衡量，即价格应包含从采购到后期使用、维护的成本，比如运输费用、关税、易损件成本等。

2. 质量与技术

材料质量与技术性能将直接影响所生产的产品合格率或品质，因此质量也是评价供应商的重要指标。供应商的产品或服务质量是否可靠、技术性能是否达标，可以查看供应商的历史记录、客户评价、产品样本、产品质量认证情况等来评估。

3. 交付周期

供应商是否有稳定的供应能力、交货周期有多长、是否能提供良好的客户支持和响应速度，这些也是影响供应商评价的因素，可以通过与供应商的沟通、参考客户反馈等方式进行评估。

4. 付款方式

根据付款时间与到货时间的对比，采购付款方式主要包括预付款、现付、信用应付、长期应付等。不同的付款方式对企业当期现金流会产生不同的影响。通常来讲，在双方谈判能力相当的条件下，采购方会选择后付款的方式，以保障本公司的现金流，从而获得更多的市场可能性。

5. 售后服务

售后服务可以帮助客户在使用产品或服务过程中解决遇到的问题，提供技术支持、故障排除和维修等服务。供应商完善的售后服务，可以减少客户额外的成本，比如维修费用、不必要的产品更换等，减少潜在的风险和损失。因此售后服务同样也是评价供应商的指标之一。

此外，供应商的资质与安全也比较重要，比如供应商规模、可开票类型、财务能力、生产事故、诉讼记录、纳税记录等，以上信息通常也能从总体上对一家公司进行画像。

供应商评分表（见表 3-2-1）可以将上述影响因素集合，通过对各影响因素赋予权重，并通过多人打分求平均的方式进行赋分，最终测算出各供应商的综合得分，在不考虑非市场因素的情况下，选择得分高的供应商供货。需要注意的是，所有影响因素中有质性因素，也有可量化的因素，比如价格、开票类型、支付方式，对于可量化的因素通常需要借助计算，对比不同供应商的报价、开票类型等对公司净利润和净现金流量的影响进行评价。

表 3-2-1　供应商评分表

评估指标	说　明	评分	权重	得分
企业资质与安全	供应商规模、纳税人资质、财务能力、生产事故、诉讼记录、纳税记录			
产品质量与技术	产品认证、过往使用感受、工艺技术			
价格（含运费）	考虑运费、不可转嫁税费等成本因素			
交付周期	响应效率、交货周期、紧急订单处理能力			
付款方式	预付、现付、后付			
服务水平	售后服务			
合　计				

说明：各指标的权重随公司在不同阶段的侧重不同而有所变化。

任务实施

业务 3-2-1　宁佳公司对初步筛选的能够提供 ZD08 织带的三家供应商进行对比，三家供应商的相关信息见表 3-2-2。

表 3-2-2　ZD08 织带甲、乙、丙供应商基本信息

条　件	甲供应商	乙供应商	丙供应商
纳税人资质	一般纳税人	小规模纳税人	小规模纳税人
安全	纳税正常 无诉讼记录	纳税正常 无诉讼记录	两次税收滞纳 无诉讼记录
可开票类型	13% 专票	3% 普票	不开发票
注册资本	1 000 万元	500 万元	200 万元
质量认证	GB/T0630	GB/T0630	GB/T0630
供货周期	2 周	1 周	1 周
不含税价格（包运费）	2 100 000 元	2 068 000 元	1 700 000 元
付款方式	30 日付	30 日付	30 日付
售后服务	三个月质保	三个月质保	三个月质保

要求： 因销项税额与供应商无关，因此为便于计算，假设宁佳公司当期相关商品的销售额为 2 920 000 元，则销项税额统一为 379 600 元，附加税费共为应交增值税的 12%，所得税税率为 25%，不考虑其他因素，试通过计算各方案的净利润、现金净流量对供应商进行选择。

【业务操作】 甲乙丙三家供应商提供的产品均符合宁佳公司的质量要求，付款方式相同，售后服务也均符合国家要求，供货周期相差不大，且该材料不属于紧急采购，因此供货周期上微小的差异可以忽略，但是在报价和开票类型两个方面存在较大差异，需要具体测算。此外，需要关注的是丙公司存在税收滞纳的记录，说明其财务能力不够稳定，在选择时要慎重。基于以上分析，供应商的选择过程见表 3-2-3。

表 3-2-3　供应商可量化因素决策表

单位：元

项目	选择甲供应商	选择乙供应商	选择丙供应商
营业收入	2 920 000	2 920 000	2 920 000
销项税额	379 600	379 600	379 600
可抵进项税额	273 000	0	0
应交增值税	106 600	379 600	379 600
税金及附加	12 792	45 552	45 552
利润总额	807 208	806 448	1 174 448
所得税费用	201 802	201 612	718 612
净利润	605 406	604 836	455 836
现金净流量	605 406	542 796	455 836
选择供应商	√		

说明：销项税额 = 营业收入 ×13%

可抵进项税额 = 采购价格 × 增值税税率（注意：普票和不开票均不能抵扣进项税额）

应交增值税 = 销项税额—可抵进项税额

税金及附加 = 应交增值税 ×12%

利润总额 = 营业收入—采购价格—税金及附加

所得税费用 = 利润总额 ×25%（注意：不开票的采购成本不可在税前扣除）

净利润 = 利润总额—所得税费用

现金净流量 = 营业收入 + 销项税额 - 采购价格 - 进项税额 - 应交增值税 - 税金及附加 - 所得税费用

通过计算发现，选择报价最高但是能开具增值税专用发票的甲供应商这一方案，最终获得的净利润和现金净流量两个指标结果都是最优的，那么在同等条件下选择甲供应商就是最优方案。而丙供应商虽然报价最低，但是不提供发票，选择这一方案所形成的净利润和现金净流量数值却最低。可见，在选择供应商时并不能一味追求低价，而是要本着合法合规的原则，要求供应商依法依规开具发票，一方面，保障自己的合法权益，另一方面，还能监督纳税人依法如实申报纳税。

任务三　签审采购合同

任务描述

财务部门在合同签订之前就应当就合同中的财务要素参与合同相关条款的拟定，或者事先知会业务人员在合同签订中需要注意的财务问题。在合同签订完成后，财务部门需履行审核责任，帮助公司降低风险，控制成本。

引导问题： 财务部门在审核采购合同时主要关注点有哪些？

知识准备

一、采购合同中的财务要素

合同中的财务要素是指与财务相关的条款和内容，这些条款和内容对于合同双方的财务影响至关重要。合同中常见的财务要素包括：

1. 价格条款

案例

采购供应链贪腐

合同中的价格条款规定了产品或服务的交易价格及约定的商业折扣、现金折扣等条件，交易价格还可能涉及固定价格、可调整价格等。价格条款直接影响购销双方的财务状况和利润水平。财务人员在审核合同价格条款时，首先需要关注合同所列价款是否在年度采购预算范围之内，如果超出预算，需要提出相关审核意见。此外，由于《中华人民共和国印花税法》规定，购销合同印花税的计税依据为合同所列的金额，不包括列明的增值税税款，因此在审核价格条款时，还需要关注合同价款是否为不含税金额，或提前对业务部门做出提示，合同价款按照不含税金额列示，或注明增值税税额。

微课

签审采购合同

2. 交货期

交货期是合同双方共同关注的问题。对买方而言，交货期直接关系到排产计划。交货期短且卖方能准时交货可以保证买方能够按计划生产，并保证库存充足。财务在审核交货期条款时，需要关注合同交货期是否匹配企业生产需求。

3. 结算方式

合同中的结算方式明确了双方的付款方式、付款时间及金额。比如合同约定购买方采用预付款方式、现付方式，或者约定首付日期及金额、尾款支付日期及金额等。结算方式会影响企业现金流，通常在协商可行的情况下，尽可能选择后付款或者远期票据，从而可以通过信用负债的方式增加公司某一阶段的现金流。财务人员在审核结算条款时，主要关注合同是否列明结算方式，以及供应商对结算工具有没有特别要求等。同时，财务还需关注合同是否存在现金折扣条款，以便于做出是否提前付款的决策。

4. 运输方式及费用负担

财务人员需关注合同中是否明确规定仓储、运输、保险等费用的承担方，及所采用的运输方式，例如公路运输、海路运输、航空运输或铁路运输等。选择适当的运输方式取决于货物的性质、距离、时效要求和经济因素等。

5. 发票条款

发票条款是合同的重要内容，包括发票类型、适用税率、开票时间等。财务在审核发票条款时，需要关注合同是否明确了发票类型，因为不同类型的发票会影响进项税额的抵扣。其次还需要查看合同是否列明了开票的税率，是正常税率还是简易征收率，是合并计税还是分项计税。此外，开票时间也是重要的发票条款内容，需要关注合同是否明确了开票时间，比如："合同签订几日后或者发货后几日内，全额开具发票""按付款进度，开具相应金额的发票""票到付款"等。

6. 保证条款

合同中的保证或担保条款规定了供应商对其产品或服务的质量、性能、合规性等方面的保证和担保。这些条款可以包括退款、修理或替换、延长保修期等。

合同中的财务要素对于双方的财务管理和风险控制至关重要。在签订合同时，应仔细审查，确保财务条款的合理性、合规性和效益性。通用合同样本见图 3-3-1。

购销合同

合同编号：__________

购货单位（甲方）：______________________________

供货单位（乙方）：______________________________

根据《中华人民共和国民法典》及国家相关法律、法规之规定，甲乙双方本着平等互利的原则，就甲方购买乙方货物一事达成以下协议：

一、货物的名称、数量及价格：

货物名称	规格型号	单位	数量	单价	金额	税率	价税合计
合计（大写）							

二、交货方式和费用承担。交货方式：__________，交货时间：__________前，交货地点：__________________，运费由__________承担。

三、付款时间与付款方式：____。

四、质量异议期：订货方对供货方的货物质量有异议时，应在收到货物后__________天内提出，逾期视为货物质量合格。

五、未尽事宜经双方协商可作补充协议，与本合同具有同等效力。

六、本合同自双方签字、盖章之日起生效；本合同壹式贰份，甲乙双方各执壹份。

甲方（签章）：__________________ 乙方（签章）：__________________

授权代表：__________________ 授权代表：__________________

地　　址：__________________ 地　　址：__________________

电　　话：__________________ 电　　话：__________________

日　　期：______年______月______日 日　　期：______年______月______日

图 3-3-1　通用购销合同样本

二、合同管理制度

合同管理制度是指为了有效管理和执行合同而建立的一套规范、流程和控制措施。这个制度有助于确保合同的有效实施、履行和监控，减少合同风险，并提高组织的绩效。合同管理制度的主要内容包括：

1. 建立合同谈判联席制度

合同谈判联席制度即在进行合同谈判时，设立一个由不同部门和专业人员组成的联席小组，可以包括物资需求部门代表、采购代表、财务代表、法务代表等，共同参与合同谈判和决策的制度。这个制度旨在确保合同谈判的全面性、专业性和协同性，以及避免单一主体谈判造成不当让步。

知识链接

合同履行期需要关注的风险及其防范措施

2. 建立会审制度

合同会审制度是指在合同签订之前，将合同内容提交给相关部门或专业人员组成的会审小组进行评审的制度（会审小组成员同合同谈判联席小组成员）。通过会审，可以确保合同条款的合规性、风险控制和业务目标的实现。其中财务部门重点关注合同价格是否正确，付款方式是否合理，是否为预算内项目，违约条款是否合理，发票类型、开票时间和税率是否明确等。合同会签单范本见表 3-3-1。

表 3-3-1 ______________ 公司合同会签单

年 月 日

合同名称		合同编号	
对方单位		经办部门	
合同主要内容			
业务部门审批意见	部门经理：	日期：	
财务部审批意见	财务经理：	日期：	
法律顾问审批意见	法律顾问：	日期：	
总经理审批意见	总经理： （付款金额 ×× 元以上总经理签字）	日期：	
合同登记号			
归档情况			

3. 确立各类合同的签署权限、制定合同专用章保管制度

确立严格的合同签署权限是有效控制风险的重要措施。明确每个层次或级别的签署权限范围，这包括可以签署的合同种类、金额限制、授权方式和必要的审批程序等，只有经过授权的人员才能签署对应的合同。同时，公司需设定专门负责合同印章保管的人员，确保印章的安全存放、使用和归还，明确合同章印的使用授权程序，并对印章使用日志进行管理，确保印章使用的合规性和可追溯性。印章使用申请单范本见表 3-3-2。

表 3-3-2　＿＿＿＿＿＿公司公章、印鉴、资质证照使用申请单

部门		经办人		申请使用时间	
使用原由					
章 / 证类别		盖章 / 证照 复印件份数		归还时间	
部门审核					
总经理审批					

任务实施

业务 3-3-1　在宁佳公司与供应商签订的一份合同中，没有列明发票条款，包括供应商开具何种类型发票、开票时间等关键信息缺失，请以小组为单位讨论这类合同可能会带来哪些风险。

【业务操作】供应商开具的发票类型主要包括增值税专用发票和增值税普通发票，对于采购方而言，前者可以抵扣增值税进项税额，而后者不能，如果没有明确发票类型，可能导致取得增值税普通发票而无法抵扣进项税额，使得宁佳公司多缴增值税和附加税费。合同中明确开票时间的目的主要是防止供应商迟开发票甚至不开发票而导致宁佳公司不能及时抵扣进项税额，甚至成本不能税前扣除，从而多交增值税、附加税费和企业所得税等相关税费。

任务四　验收入库

任务描述

2023 年 10 月 26 日购买的 20 000 条 ZD08 织带到货，采购部组织仓库及相关人员对该批材料进行验收，填制质检报告和收料单。

知识准备

验收入库是指仓库在物品正式入库前，按照一定的程序和手续，对到库物品进行数量、外观和质量的检查，以验证它是否符合采购合同规定，并记录验收结果，然后才办理入库的一项重要工作。验收入库的主要工作包括：

（1）检查所购物资的完整性，即检查其外观和包装是否完好无损，确保没有明显的破损、划痕或其他可见的质量问题。

（2）比对物料清单和规格。核对接收的物资和相关文件中的物料清单和规格是否一致，确保产品的型号、规格、数量等与订单或合同一致。

（3）进行质量抽检。首先对产品上的质量标识、认证标志等进行检查，确保产品符合相关质量标准和认证要求。此外，根据需要采取抽样方法从整批产品中选取合适的样本，对其进行质量测试或功能测试。

（4）分析损耗原因，明确责任人为个人、供应商还是第三方物流公司。

（5）记录。将验收结果包括验收物资的清单、数量、质量状况等信息填入原材料收料单（样本见图 3-4-1）。

收　料　单

年　　月　　日

发票号码：　　　　　　　　　　　　　　　　　　　　编　　号：
材料类别：　　　　　　　　　　　　　　　　　　　　收料仓库：

物资编号	物资名称	规格型号	单位	数量		计划价格		实际价格	
				采购数	实收数	单价	金额	单价	金额
供应单位						运杂费			
备注	1. 验收结果 2. 实收数小于采购数，要说明损耗原因。 ①合理损耗 ②物流公司原因 ③供应商原因 ④其他								

部门经理：　　　　　　验收：　　　　　　保管：　　　　　　采购：

图 3-4-1　收料单

任务实施

业务 3-4-1　10 月 26 日到货的 ZD08 织带经验收，质量标准符合合同要求，但数量比合同采购数量少了 10 条，确认是合理损耗。要求：填制原材料 ZD08 织带的收料单。

【业务操作】该批织带验收入库环节未出现与合同不符的质量问题，材料的数量损耗也已明确了责任，并得到妥善处置。收料单见图 3-4-2。

收 料 单

2023 年 10 月 26 日

发票号码：NO.27536474　　　　编　　号：SL010

材料类别：辅料　　　　收料仓库：材料仓库

物资编号	物资名称	规格型号	单位	数量		计划价格		实际价格	
				采购数	实收数	单价	金额	单价	金额（元）
SM0069	ZD08 织带	2 cm	条	20 000	19 990			11	220 000
供应单位	浙江桐本纺织有限公司					运杂费	50		
备注	1. 经抽检材料质量符合要求。 2. 实收数比采购数少 10 条，为合理损耗。								

部门经理：任清平　　验收：王采薇　　保管：李杰喜　　采购：张三行

图 3-4-2　收料单

任务五　查验发票

任务描述

对收到的采购发票进行查验，包括查验发票的真伪、发票合规性及业务真实性等。

引导问题： 你了解发票的作用吗？

知识准备

发票作为可信交易凭证，应能够保障交易双方的合法权益，也有助于税务部门进行信息管理和数据分析，为税收政策制定和税源管理提供依据。对发票进行查验主要是为了确保发票的真实性、合法性和合规性，以防止假票和错（废）票的产生与滥用，从而维护正常的市场环境，减少偷漏税行为的发生。

知识链接

虚开发票的后果

一、查验发票真伪

1. 网络平台查验

登录国家税务总局官网，单击“纳税服务”，在“我要查”区域选择“发票查验”，输入发票号码、开票日期、开具金额（不含税）等信息进行查验。操作步骤见图 3-5-1。

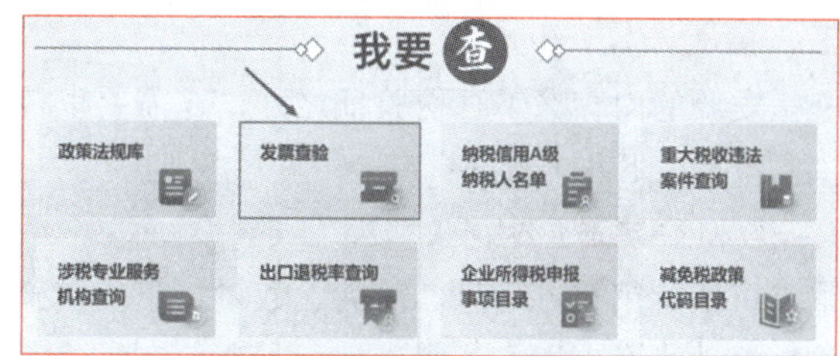

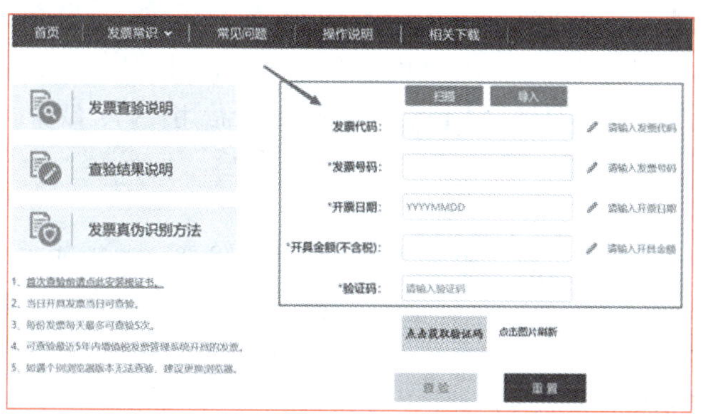

图 3-5-1　国家税务总局网络平台查验发票示意图

2. 手机 App 查验

下载并安装相应的手机 App，常见的有各地税务部门的相关 App（如江苏税务）、发票查验 App 等，通过这些 App 提供的发票查验功能进行查询。操作步骤见图 3-5-2 和图 3-5-3。

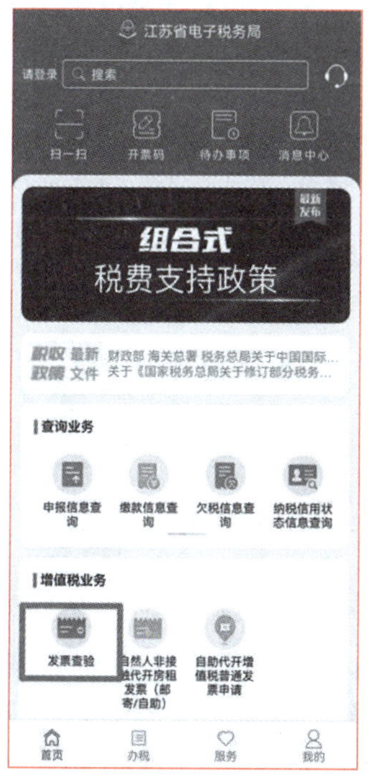

图 3-5-2　江苏税务 App 发票查验示意图

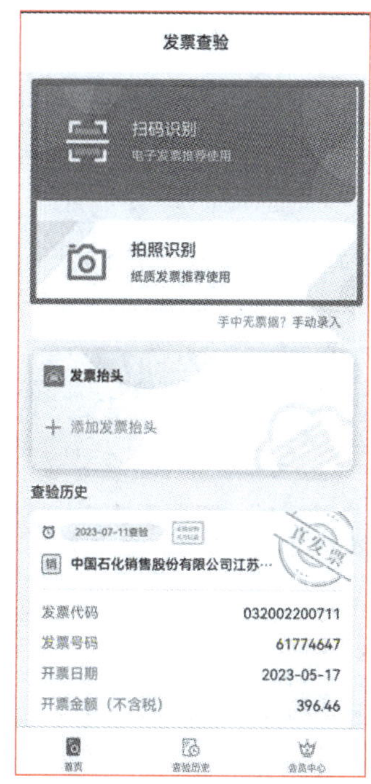

图 3-5-3　发票查验 App 发票查验示意图

二、查验发票的内容

查验发票的内容除了真伪验证之外，还需要审核发票记录的业务真实性及发票填制合规性。主要包括以下几个方面：

1. 与实际交易是否相符

重点审核购销双方信息、品名、数量、单价、税率等信息与合同是否一致、与实际收到的货物是否一致等。

2. 发票项目填写是否准确完整

纸质票和电子发票或数电发票的填写内容不完全一致，根据实际拿到的发票审核其应填写的项目是否准确完整，尤其是纳税人识别号 / 统一社会信用代码，缺少这一要素的发票不能作为原始凭证入账。

3. 发票备注是否规范

税局代开票、不动产销售和出租发票、车辆购置发票、差额征收发票等需要作特别备注。

4. 盖章是否规范

纸质发票需加盖清晰的发票专用章，电子发票和数电发票无须盖章。查验发票时需注意审核纸质发票用章是否正确且清晰。

任务实施

业务 3-5-1 运用所学知识，对曾经消费所收到的发票进行查验，并将查验结果写在表 3-5-1 空白栏处。

表 3-5-1　发票查验结果

查验项目	查验结果
真伪	
与实际交易是否相符	
项目是否齐全	
备注栏是否规范	
盖章是否规范（电子发票 / 数电发票无须盖章）	

任务六　支付货款及其财税处理

任务描述

根据合同的付款方式及时付款。

引导问题：你了解当下常用的付款方式是哪一种吗？支票 / 网银 / 银行汇票 / 商业汇票 / 支付宝等第三方平台 / 信用证？可以找几家公司咨询一下。

一、付款申请

为加强采购相关业务的管理，保证公司资产安全，付款业务流程须包括付款申请与审批环节，才能够进行资金支付。付款申请的依据通常包括采购合同、发票或材料入库检验单、收料单等，将当前要支付的款项在付款申请单中准确填写，再经由相关负责人审批。付款申请单样本见表 3-6-1，重点列明了款项用途、付款依据、付款金额及支付方式等信息。

表 3-6-1　付款申请单样本

款项用途			
付款依据（合同名称及编号）			
付款金额	人民币（大写）		¥
支付方式	□支票　□银行转账　□商业汇票　□第三方支付平台　□其他		
收款单位		收款人开户行	
收款账号		开票情况	□已开票　□未开票　□其他

主管领导：　　　　财务负责人：　　　　部门负责人：　　　　经办人员：

二、支付款项

在采购环节无论是预付、现付还是后付，在最终付款时常见的结算工具包括以下几种：

（1）现金支付。通过使用纸币或硬币进行付款，常见于结算金额低于 1 000 元支付，或向个人支付的业务中。现金支付流程如图 3-6-1 所示。

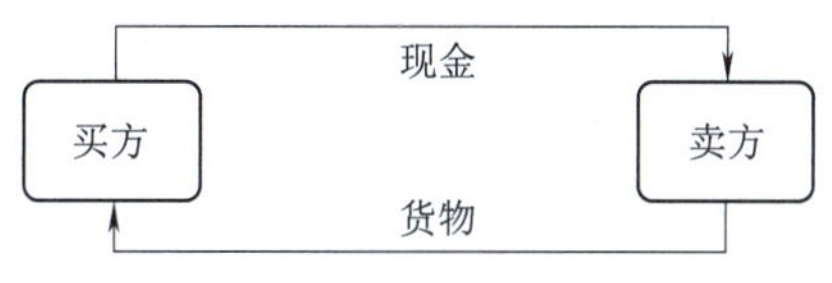

图 3-6-1　现金支付流程图

（2）企业网银支付。通过企业网银账户将资金转账到另一个银行账户完成付款。这是目前企业使用范围最为广泛的一种结算方式，相对于各类票据结算较为便捷。企业网银支付流程如图 3-6-2 所示，不同银行企业网银的操作页面略有差异。

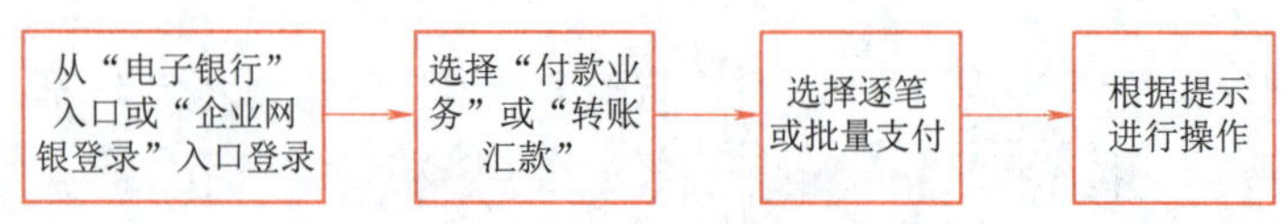

图 3-6-2　企业网银支付流程图

（3）商业汇票支付。商业汇票支付是由收款人或付款人签发商业汇票，由承兑人承兑汇票，并于到期日向收款人或被背书人支付票据款项的一种结算方式。商业汇票按其承兑人的不同，分为商业承兑汇票和银行承兑汇票两种。其中，承兑人为付款人的称为商业承兑汇票，承兑人为银行的称为银行承兑汇票。商业汇票支付流程如图 3-6-3 所示。

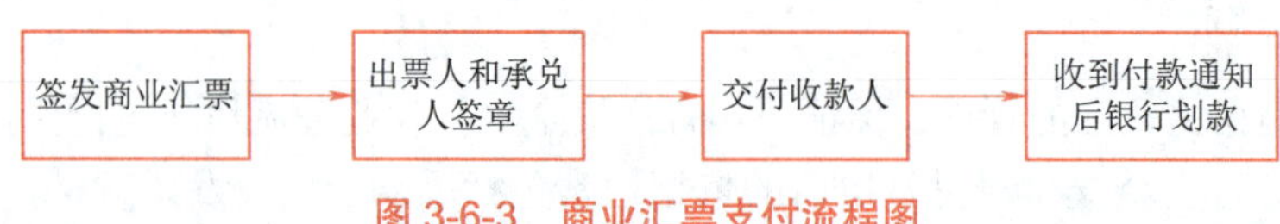

图 3-6-3　商业汇票支付流程图

（4）第三方支付平台支付。通过手机、电脑或其他电子设备，使用企业支付宝、微信财付通、PayPal 等电子支付平台进行在线支付。企业版支付宝支付流程如图 3-6-4 所示。

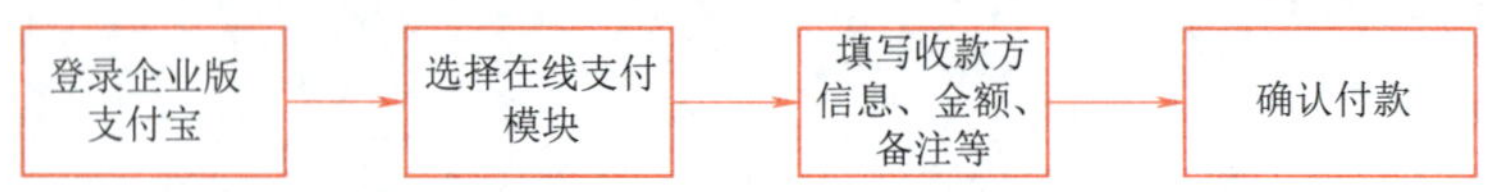

图 3-6-4　企业版支付宝支付流程图

随着电子货币和网络支付的发展，支票、银行本票、银行汇票等以前常用的纸质票据结算方式的使用频率在逐步降低。更多关于各类结算方式的详细内容请参考出纳实务相关教材。

任务实施

业务 3-6-1　2023 年公司采购 ZD08 织带，取得增值税专用发票，不含税金额为 210 000 元，增值税税率 13%，入库前挑选整理费 1 000 元，该批织带已验收入库，实际入库数量与应入库数量相同。所有款项通过中国工商银行江宁支行账户进行网银转账。

要求：根据以上信息，编制采购与付款的记账凭证。

【业务操作】收到材料并取得发票，说明材料的所有权归属本公司，可以确认为原材料。原材料的入账成本包括买价、可以计入成本的税费（如关税、不可抵扣增值税等）、其他直接费用（如运杂费、入库前挑选整理费 / 运输途中合理损耗）。公司取得的是增值税专用发票，与价款一起支付的增值税进项税额可以抵扣。

微课

核算不合理损耗

借：原材料——ZD08 织带　　211 000

　　应交税费——应交增值税（进项税额）　　27 300

　　贷：银行存款——中国工商银行江宁支行　　238 300

业务 3-6-2　本月宁佳公司向日新配件有限公司购进合金拉链 2 000 条，取得增值税专用发票，货款为 18 000 元，增值税为 2 340 元，款项未付。验收入库时发现运输途中合理损耗 1%，不合理损耗 10%，款项在未查明不合理损耗的原因之前不予支付，经查由供应单位和运输单位各承担 50% 的责任。入库前发生挑选整理费 300 元，已用现金支付。

要求：对该笔采购业务进行会计处理。

【业务操作】材料入库前的合理损耗是指在运输、仓储过程中因挥发、氧化、正常磨损等不可避免因素而产生的自然损耗，通常损耗数量会控制在一定范围内。合理损耗掉的材料会使最终入库数量少于采购数量，但其价值不从总的材料成本中扣除，即总成本不变，单位成本上升。不合理损耗是除了合理损耗之外的损耗，通常由人为因素或不可抗力因素造成。不合理损耗同样会使入库数量减少，但与合理损耗不同的是，不合理损耗的价值要从入库材料成本中扣除，并根据损耗的责任原因将这部分成本转计入不同的会计科目，具体会计处理见表 3-6-2。

表 3-6-2　采购不合理损耗的会计处理

损耗原因		处理原则	会计处理
供应单位责任	尚未入账	对方补发货物，或短缺部分办理拒付，对方重开发票	借：原材料 　　应交税费——应交增值税（进项税额） 　　贷：银行存款等科目
	已经入账	对方开具红字发票，短缺部分价税计入往来科目	借：应付账款 　　贷：原材料 　　　　应交税费——应交增值税（进项税额）
运输机构或个人责任		短缺部分价税转入其他应收款，对供应商正常结算	借：其他应收款 　　贷：原材料 　　　　应交税费——应交增值税（进项税额转出）
自然灾害原因		短缺部分的价款转入营业外支出	借：营业外支出 　　贷：原材料
管理原因		短缺部分价税转入管理费用	借：管理费用 　　贷：原材料 　　　　应交税费——应交增值税（进项税额转出）

本业务中合理损耗的金额为 180 元，对应的增值税为 23.4 元，这部分损耗的价值不影响入账材料的总成本。不合理损耗有 1 800 元，对应的增值税金额为 234 元，这部分损耗的价款不计入材料成本，对应的进项税额也相应冲销，价税合计金额根据供应单位和运输单位各承担 50% 的责任，分别冲减应付账款和记入“其他应收款”账户。

应冲减的应付供应商的款项 =（18 000+2 340）×10%÷2=1 017（元）

应向运输单位索取计入其他应收款的金额为 1 017 元。

会计分录如下：

（1）原入账时：

借：原材料——合金拉链　　18 300

　　应交税费——应交增值税（进项税额）　　2 340

　　贷：应付账款——日新配件有限公司　　20 340

　　　　库存现金　　300

（2）损耗处理时：

借：应付账款——日新配件有限公司　　1 017
　　其他应收款——快达运输队　　1 017
　　贷：原材料——合金拉链　　1 800
　　　　应交税费——应交增值税（进项税额转出）　　117
　　　　应交税费——应交增值税（进项税额）　　117

提示

计划成本法下核算采购业务时，按照合同及发票金额借记“材料采购”“应交税费——应交增值税（进项税额）”等账户，贷记结算类账户。材料入库时按照该材料计划单价和实际入库数量的乘积借记“原材料”账户，贷记“材料采购”账户，二者差额计入“材料成本差异”账户。

评价反馈

序号	任务	评分标准	分值	评价			平均得分
				自评	互评	师评	
1	认识采购与付款流程	熟悉采购与付款流程及不同环节的管理点	10				
2	确定采购需求	能够通过预算等方法确定采购需求	15				
3	选择供应商	能够对供应商进行评价，选择合适的供应商	15				
4	签审采购合同	能够审核采购合同中的财务要素	15				
5	验收入库	能够对采购入库及各类损耗进行正确会计核算	30				
6	支付款项	能够处理资金支付申请业务、准确核算支付业务	15				
合　计							

项目四 生产与库存

场景描述

在生产与库存项目中，财务部门需要协助生产部门根据销售订单、库存情况等编制排产计划及物料需求计划，并按计划领料，核算材料成本、人工成本，归集并分配各项制造费用，生产完工后质检入库，并准确计算完工产品的生产成本。此外，财务部门可以通过测算不同类别存货的周转速度，协助采购部门、生产部门和销售部门挖掘业务流程或管理方面存在的不足，共同提出优化措施，创造更大价值。

说明

本项目教学内容与成本会计课程重合的部分将仅作简要介绍。

价值链流程图

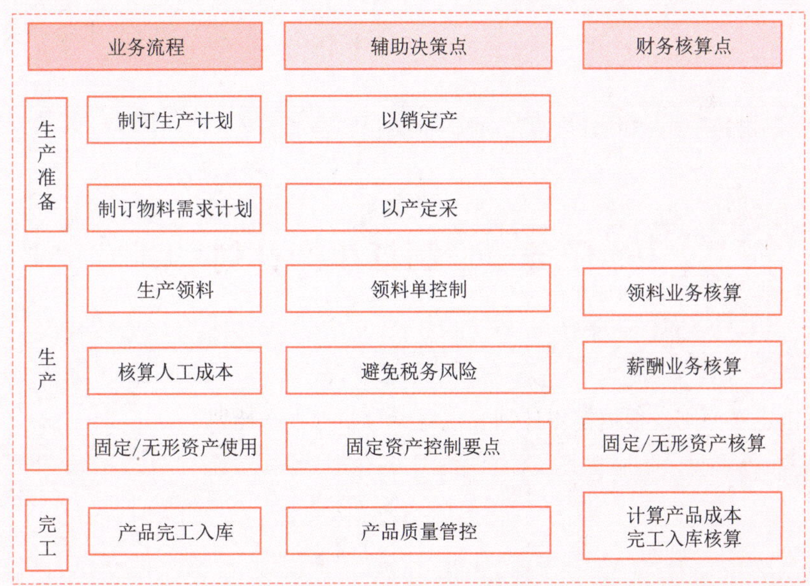

学习目标

- 能够描述生产与库存业务流程，熟悉生产与库存各环节的辅助决策点和财务核算点。

• 能够通过预算的方法辅助业务部门制订生产计划和物料需求计划。

• 能够填制领料单，并通过领料单对材料消耗进行控制。

• 能够准确核算职工薪酬相关业务。

• 能够准确核算车间消耗、固定资产折旧、无形资产摊销等制造费用。

• 能够分配制造费用。

• 能够准确计算产品生产成本，核算产品入库和出库业务。

• 培养爱国、敬业的社会主义核心价值观，以及遵守准则、强化服务的职业道德，树立创新意识、成本管控意识和精益管理思想。

【情境引例】一颗“中国芯”助力华为打破全球科技巨头垄断

在这个科技发展日新月异的时代，华为自主研发生产的Mate60手机的发布可谓轰动一时。作为中国科技巨头华为旗下最新一代旗舰手机，其成功并不仅仅是因为它在硬件配置和外观设计上的出色表现。更重要的是，它的核心零件背后的驱动力——“中国芯”，正是华为在自主研发芯片领域所取得的突破性进展。这颗自立自强的麒麟9000芯片，不仅代表了中国科技的崛起，也彰显了华为在全球科技舞台上的实力和自信。华为推动自主研发芯片的初衷在于摆脱对外国芯片供应的依赖，确保产品的可靠性和供应链的稳定性。同时，自主研发芯片也能为华为带来更多的技术优势和核心竞争力，也对整个中国科技产业产生了积极的影响。它不仅为中国科技企业拓宽了发展道路，更为中国科技产业链的完善和自主可控打下了坚实的基础。自主研发芯片的成功，象征着中国科技工作者勇攀高峰、追求卓越的精神。

（来源：根据相关资料整理）

思考

从“中国制造”到“中国智造”，中间的关键路径是什么？

任务一　制订生产计划

任务描述

遵循以销定产原则，根据销售计划和现有库存制订生产计划。

引导问题：你认为制订生产计划的意义何在？

知识准备

制订生产计划的步骤如下：

（1）了解各产品的销售计划，包括销量、质量要求和发货时间等信息。

（2）查询各产品期初库存，根据实际需要确定期末安全库存。

（3）测算本期各产品产量：本期产量 = 计划销售量 + 期末安全库存 – 期初库存。

（4）评估企业生产能力，判断是否存在瓶颈资源，考虑是否需要委托加工。

（5）制订排产计划。

任务实施

业务4-1-1　宁佳公司 Y-WIN2 婴儿睡袋的 2023 年 11 月订单量为 10 000 件，根据以销定产的原则，结合期初和期末库存，确定 10 月 Y-WIN2 睡袋的产量。

【业务操作】本期产量 = 计划销售量 + 期末安全库存 – 期初库存，计算过程见表 4-1-1。

表 4-1-1　2023 年 10 月 Y-WIN2 睡袋生产计划表

单位：件

产品编号	期初库存	预计销量	期末安全库存	本期计划产量
Y-WIN2	300	10 000	500	10 200

生产副总：熊伟　　　　审核：张琪　　　　生产计划：周舟

任务二　制订物料需求计划

知识链接

BOM（物料清单）

任务描述

宁佳公司根据产品 BOM（物料清单）和工艺单耗表，测算本期产品的生产所需物料的数量（含原料、辅材和包材）。

引导问题：你认为制订物料需求计划的意义是什么？

知识准备

企业制订物料需求计划（material requirement planning，MRP），可以准确地预测和计划所需的物料数量和时间，避免因物料短缺或过剩而导致生产停滞或资金占用等隐性成本，它是企业制订采购计划和采购策略的基础。制订物料需求计划需遵循下列步骤：

（1）把握各产品生产计划，确定各产品排产量。

（2）分析各产品材料构成，确定各种材料单耗。

（3）根据排产量和材料单耗，计算物料需求量。

任务实施

业务4-2-1 Y-WIN2 婴儿睡袋的材料构成见表 4-2-1。

表 4-2-1 Y-WIN2 婴儿睡袋 BOM 清单

序号	品名规格	单位	单耗	供货商 / 品牌	备注
1	F1 本色棉白布	米	1.5	富棉莱	原料
2	C1.6 印花斜纹布	米	1.8	丝拓	原料
3	95% 羽绒	克	280	萧山水洗	原料
4	ZD08 织带	条	2	桐本	辅料
5	10# 树脂拉链	根	1	帝源	辅料
6	12 寸手提式包装袋	个	1	帝源	包材
	……				

要求：请根据上述 BOM 清单所列信息完成 Y-WIN2 婴儿睡袋物料需求表的编制。

【业务操作】各种材料的物料需求根据排产量和材料单耗计算，过程见表 4-2-2。

表 4-2-2 Y-WIN2 婴儿睡袋物料需求计划表

物料编号	车间	物料类别	物料名称	单位	单耗	排产量（件）	所需物料数量
RM0001	06	原料	F1 本色棉白布	米	1.5	10 200	15 300
RM0002	06	原料	C1.6 印花斜纹布	米	1.8	10 200	18 360
RM0003	06	原料	95% 羽绒	克	280	10 200	2 856 000
SM0069	06	辅料	ZD08 织带	条	2	10 200	20 400
SM0101	06	辅料	10# 树脂拉链	根	1	10 200	10 200
PM101	11	包材	12 寸手提式包装袋	个	1	10 200	10 200
……							

任务三 生产领料及其财税处理

任务描述

06 车间根据本月排产计划申请领料，并完成流程审批，仓库根据请领数量安排发料。

引导问题：领料单的作用是什么？

知识准备

一、领料单

领料单是材料领用和仓库发料的原始凭证。领料部门应根据物料需求计划填制领料单，经领料部门负责人审核后送交仓库发料。领料时仓库保管人员和领料人员共同检查领用材料的品种、数量和质量，经核对无误后，双方在领料单上签章，领料完成。领料单格式可参考图 4-3-1。

领 料 单

领用部门：

仓库： 年 月 日 编号：

<table>
<tr><th rowspan="2">编号</th><th rowspan="2">类别</th><th rowspan="2">材料名称</th><th rowspan="2">规格</th><th rowspan="2">单位</th><th colspan="2">数量</th><th colspan="2">实际成本</th></tr>
<tr><th>请领</th><th>实发</th><th>单价</th><th>金额</th></tr>
<tr><td></td><td></td><td></td><td></td><td></td><td></td><td></td><td></td><td></td></tr>
<tr><td></td><td></td><td></td><td></td><td></td><td></td><td></td><td></td><td></td></tr>
<tr><td></td><td></td><td></td><td></td><td></td><td></td><td></td><td></td><td></td></tr>
<tr><td></td><td></td><td></td><td></td><td></td><td></td><td></td><td></td><td></td></tr>
<tr><td colspan="5">合计</td><td></td><td></td><td></td><td></td></tr>
<tr><td rowspan="3">用途</td><td rowspan="3" colspan="2"></td><td colspan="2">领料部门</td><td colspan="2">发料部门</td><td colspan="2">财务部门</td></tr>
<tr><td>负责人</td><td>领料人</td><td>核准人</td><td>发料人</td><td>审核</td><td>会计</td></tr>
<tr><td></td><td></td><td></td><td></td><td></td><td></td></tr>
</table>

第三联 记账联

图 4-3-1 领料单样本

二、生产领料的会计核算

（一）发出材料的成本归属

领料单作为一种原始凭证，代表材料的消耗，财务上需要根据材料的受益对象借记不同的成本或费用账户，贷记“原材料”或“周转材料”账户，见表 4-3-1。

表 4-3-1　发出材料的成本归属

受益对象	记账科目
产品生产直接消耗	“生产成本”
生产部门一般消耗	“制造费用”
行政管理部门消耗	“管理费用”
专设销售机构消耗	“销售费用”
在建工程项目消耗	“在建工程”
无形资产研发项目消耗	“研发支出”
提供劳务消耗	“劳务成本”
出售外购材料	“其他业务成本”

（二）发出材料的计量

领用材料所产生的成本金额会因企业选择不同的材料发出计价方法而存在差异，材料发出计价方法见表 4-3-2，通常企业需选择一种适合的计价方法，一旦确定不能随意变更。

表 4-3-2　材料发出计价方法

<table>
<tr><td rowspan="5">原材料</td><td rowspan="4">实际成本计价法</td><td>先进先出法</td></tr>
<tr><td>加权平均法</td></tr>
<tr><td>移动加权平均法</td></tr>
<tr><td>个别计价法</td></tr>
<tr><td>计划成本计价法</td><td>计划成本法</td></tr>
<tr><td>周转材料</td><td colspan="2">一次摊销法 / 分次摊销法</td></tr>
</table>

1. 实际成本法

（1）先进先出法。是以先购入或制成的材料应该先发出这样一种材料实物流转假设为前提，对发出材料进行计价的一种方法。这就要求存货每一次的购进、发出和结存都作逐笔记录，因此先进先出法可以随时结转存货发出成本，但如果存货收发业务较多且存货单价不稳定时，其工作量较大。在物价持续上升时，期末存货成本接近于市价，而发出成本偏低，会高估企业当期利润和库存存货价值；物价下降时，则会低估企业当期利润和库存存货价值。

以领用印花斜纹布为例，期初结存 360 米，单价 26 元 / 米，金额为 9 360 元，10 月 5 日购进 5 000 米，单价 25.5 元 / 米（依据 10 月 5 日收料单），此时结存的该种材料有两个批次不同单位成本的记录。10 月 9 日领用 3 000 米该布料（根据 10 月 9 日领料单），按照先进先出法，先将期初结存的 360 米成本转出，其余部分再从后一批购进的材料中转出成本，记录过程如图 4-3-2 所示。

由明细账计算过程可知，本月领用印花斜纹布的成本为发出栏的金额合计数，在进行会计处理时，再按照受益对象分配计入相应的成本费用科目。

原材料　明细账

类别：原料　　总页 500 页　　分页 52 页

名称：印花斜纹布　　存放地点：材料仓库　　最高储量：

编号：RM0002　　规格：C16　　计量单位：米　　最低储量：

2023年 月	日	凭证编号	摘要	收入 数量	收入 单价	收入 金额（千百十万千百十元角分）	发出 数量	发出 单价	发出 金额（千百十万千百十元角分）	结存 数量	结存 单价	结存 金额（千百十万千百十元角分）	稽核
10	01		期初							360	26.00	936000	
10	5	记字16	采购	5000	25.50	12750000				360	26.00	936000	
										5000	25.50	12750000	
10	9	记字31	领3000米				360	26.00	936000				
							2640	25.50	6732000	2360	25.50	6018000	
			……										

图 4-3-2　先进先出法发出原材料示意图

（2）加权平均法。加权平均法也叫月末一次加权平均法，月中购进存货时详细记录数量、单价、金额，发出存货时只记录数量，不记单价和金额，而是在月末计算出存货的加权平均单位成本，从而确定存货的发出成本和期末结存存货成本的一种方法。

$$加权平均单位成本=\frac{月初结存存货成本+本月购进存货成本}{月初结存存货数量+本月购进存货数量}$$

月末库存存货成本 = 月末库存存货数量 × 加权平均单位成本

本月发出存货成本 = 月初结存存货成本 + 本月购进存货成本 − 月末结存存货成本

（说明：也可以用发出存货数量 × 加权平均单位成本得出发出存货成本，由期末结存存货承担尾差。）

仍以领用印花斜纹布为例，期初结存 360 米，单价 26 元 / 米，金额为 9 360 元，本月购进两批次：10 月 5 日购进 5 000 米，单价 25.5 元 / 米，10 月 19 日又以 26.2 元 / 米的价格购进 4 000 米；本月两次领用该布料：10 月 9 日领用 3 000 米，10 月 25 日领用 5 000 米。按照加权平均法，购进时详细记录数量、单价、金额，发出和结存只记录数量，待月末一次性计算本月的加权平均单位成本，再记录发出和结存的成本。

$$加权平均单位成本=\frac{9\ 360+127\ 500+104\ 800}{360+5\ 000+4\ 000}=25.82（元/米）$$

月末结存存货成本 =1 360 × 25.82=35 115.20（元）

本月发出存货成本 =9 360+232 300+104 800−35 115.20=206 544.80（元）

记录过程如图 4-3-3 所示。

原材料　明细账

类别：原料　　总页 500 页　　分页 54 页

名称：印花斜纹布　　存放地点：材料仓库　　最高储量：

编号：RM0002　　规格：C16　　计量单位：米　　最低储量：

2023年 月	日	凭证编号	摘要	收入 数量	收入 单价	收入 金额（千百十万千百十元角分）	发出 数量	发出 单价	发出 金额（千百十万千百十元角分）	结存 数量	结存 单价	结存 金额（千百十万千百十元角分）	稽核
10	01		期初							360	26.00	936000	
10	5	记字16	采购	5000	25.50	12750000				5360			
10	9	记字31	领用				3000			2360			
10	15	记字40	采购	4000	26.20	10480000				6360			
10	25	记字46	领用				5000			1360		6018000	
			合计	9000		23230000	8000	25.82	20654480	1360	25.82	3511520	

图 4-3-3　月末一次加权平均法发出原材料示意图

由明细账计算过程可知，本月领用印花斜纹布的成本为 206 544.80 元，在进行会计处理时，再按照受益对象分配计入相应的成本费用科目。

（3）移动加权平均法。移动加权平均法与月末一次加权平均法原理相同，但计算加权平均单位成本的时间从一个月缩短为每次购进存货时，即存货每次购进入库均要计算一次平均单位成本，并以新的平均单位成本确定发出存货成本。该方法计算出的发出成本比较准确，但如果企业未实施财务信息化，则计算量大，一般适用于收发货频率低的企业。

$$移动加权平均单位成本=\frac{本次购进前结存成本+本次购进存货成本}{本次购进前结存数量+本次购进数量}$$

每次购进后结存存货成本 = 结存数量 × 本次购进后移动加权平均单位成本

每次发出存货成本 = 本次购进前结存成本 + 本次购进成本 − 本次发出后结存成本

沿用月末一次加权平均法案例，以领用印花斜纹布为例，按照移动加权平均法的记录过程见图 4-3-4。

原材料　明细账

类别：原料　　　　　　　　　　　　　　　　　　　　　　总页　500　页　　分页　55　页

名称：印花斜纹布　　　　　　　　存放地点：材料仓库　　　　最高储量：

编号：RM0002　　规格：C16　　计量单位：米　　　　　　　最低储量：

2023年		凭证编号	摘要	收入			发出			结存			稽核
月	日			数量	单价	金额（千百十万千百十元角分）	数量	单价	金额（千百十万千百十元角分）	数量	单价	金额（千百十万千百十元角分）	
10	01		期初							360	26.00	936000	
10	5	记字16	采购	5000	25.50	12750000				5360	25.53	13686000	
10	9	记字31	领用				3000		7660920	2360	25.53	6025080	
10	15	记字40	采购	4000	26.20	10480000				6360	25.95	16505080	
10	25	记字46	领用				5000		12975880	1360	25.95	3529200	
			合计	9000		23230000	8000		¥20636800	1360	25.95	3529200	

图 4-3-4　移动加权平均法发出原材料示意图

由明细账计算过程可知，本月领用印花斜纹布的成本为 206 368 元，在进行会计处理时，再按照受益对象分配计入相应的成本费用科目。

（4）个别计价法。假设材料的实物流转与成本流转相一致，逐一辨认发出材料和期末材料所属的购进批别或生产批别，分别按其购入或生产时所确定的单位成本计算各批发出材料和期末材料成本的方法。该方法计算的发出存货成本最准确，但工作量大，不过借助 RFID、物联网等信息技术可以较容易实现。

每批发出存货成本 = 该批存货购入时的实际单位成本 × 发出数量

微课

生产领料（计划成本法）

2. 计划成本法

计划成本法是指企业存货的日常入库、发出和结存均按预先制订的计划成本计价，同时另设“材料成本差异”科目，用来登记实际成本与计划成本的差额，月末，再通过对存货成本差异的分摊，将发出存货的计划成本和结存存货的计划成本调整为实际成本进行反映的一种核算方法。

计划成本法的核算流程：

（1）日常采购：根据发票实际金额借记“材料采购”“应交税费”等科目，贷记结算科目。

（2）根据收料单（也可月末汇总），按计划成本做入库处理，借记“原材料”科目，贷记“材料采购”科目，金额为实际入库数量乘以材料单位计划成本。

（3）根据发料单（也可月末汇总），按计划成本做出库处理，借记成本费用类科目，贷记“原材料”科目，金额为发出材料数量乘以材料单位计划成本。

（4）月末计算本月购买材料的成本差异：

本月购买材料形成的材料成本差异 = 材料实际采购成本 − 材料计划成本

差异大于 0 为超支差异，差异小于 0 为节约差异。

（5）编制材料成本综合差异率计算表，见表 4-3-3。

表 4-3-3 材料成本差异率计算表

材料成本差异		原材料计划成本		材料成本差异率（%）
期初结存	本期增加	期初结存	本期增加	

材料成本差异率 =（期初材料成本差异 + 本期增加的材料成本差异）/（期初计划成本 + 本期增加的计划成本）× 100%

（6）核算本月消耗材料分摊的成本差异，见表 4-3-4。

表 4-3-4 材料成本差异分摊计算表

领用部门	成本费用	发出材料计划成本	材料成本差异率	分摊的材料成本差异
…				

发出材料应分摊的材料成本差异 = 发出材料计划成本 × 材料成本差异率

如果分摊的差异大于 0，说明发出材料的实际成本大于按计划成本计入成本费用的金额，应补记成本费用，借记成本费用类账户，贷记“材料成本差异”账户。

如果分摊的差异小于 0，说明发出材料的实际成本小于按计划成本计入成本费用的金额，应冲减成本费用，借记“材料成本差异”账户，贷记成本费用类账户。

3. 周转材料成本结转方法

（1）一次摊销法。一次摊销法是在领用低值易耗品、出租出借包装物时，将其实际成本一次计入有关费用科目的一种方法。通常对价值较低、使用期较短、容易损坏的低值易耗品和包装物，为了简化核算手续，往往采用这种方法，按其实际成本在领用时从“周转材料”科目一次转入有关费用科目。报废时若有残料回收，则按残料价值冲减相关费用。

（2）分次摊销法。分次摊销法是指在低值易耗品领用时，按预计的使用时间，分次将平均价值摊入费用的摊销方法。这种摊销方法费用负担比较均衡，适用于单位价值较高、使用期限较长的物品。同样，报废时若有残料回收，则按残料价值冲减相关成本费用。

任务实施

业务4-3-1 根据表 4-2-2 物料需求计划表编制领料单，并由领料部门负责人审核，再交由仓库发料。

【业务操作】06 车间领料情况如图 4-3-5 所示，11 车间领料情况如图 4-3-6 所示。销售部门领料单的填制方法相同，略。

领 料 单

领用部门：06 车间

仓库：材料库　　2023 年 10 月 9 日　　编号：1021

编号	类别	材料名称	规格	单位	数量		实际成本	
					请领	实发	单价	金额
RM0001	原料	本色白布	F1	米	15 300	15 300		
RM0002	原料	印花斜纹布	C1.6	米	18 360	18 360		
RM0003	原料	羽绒	95%	克	2 856 000	2 856 000		
SM0069	辅料	织带	ZD08	条	20 400	20 400		
SM0101	辅料	树脂拉链	10#	根	10 200	10 200		
合计								
用途	Y-WIN 婴儿睡袋生产领用		领料部门		发料部门		财务部门	
			负责人	领料人	核准人	发料人	审核	会计
			张云	钱一一	龚汇仁	李杰喜		

第三联　记账联

图 4-3-5　06 车间领料单

领 料 单

领用部门：11 车间

仓库：材料库　　2023 年 10 月 9 日　　编号：1022

编号	类别	材料名称	规格	单位	数量		实际成本	
					请领	实发	单价	金额
PM101	包料	手提式包装袋	12#	个	10 200	10 200		
合计								
用途	Z-WIN 婴儿睡袋生产领用		领料部门		发料部门		财务部门	
			负责人	领料人	核准人	发料人	审核	会计
			朱磊	王蕊蕊	龚汇仁	李杰喜		

第三联　记账联

图 4-3-6　11 车间领料单

业务 4-3-2 宁佳公司按加权平均法核算发出材料成本。2023 年 10 月，公司根据各种材料的收发数据计算得出 F1 本色棉白布加权平均单位成本为 7.12 元 / m，C1.6 印花斜纹布加权平均单位成本为 25.82 元 /m，95% 羽绒加权平均单位成本为 0.02 元 /g，ZD08 织带加权平均单位成本为 1.30 元 / 条，10# 树脂拉链加权平均单位成本为 1.60 元 / 根，12 寸手提式包装袋加权平均单位成本为 1.90 元 / 个。本月发出材料汇总见表 4-3-5，要求对该批生产领料进行会计核算。

表 4-3-5　发出材料汇总表

2023 年 10 月 31 日

编号	材料名称	单位	06 车间				11 车间		销售部门		合计
			Y-WIN 婴儿睡袋		围兜		Y-WIN 婴儿睡袋				
			数量	金额	数量	金额	数量	金额	数量	金额	
RM0001	本色棉白布	m	15 300	108 936.00					50	356.00	109 292.00
RM0002	印花斜纹布	m	17 620	454 948.40	740	19 106.80			50	1 291.00	475 346.20
RM0003	羽绒	g	2 856 000	57 120.00					500	10.00	57 130.00
SM0069	织带	条	20 400	26 520.00							26 520.00
SM0101	树脂拉链	根	10 200	16 320.00					5	8.00	16 328.00
PM101	手提式包装袋	个					10 200	19 380.00			19 380.00
合计				663 844.40		19 106.8		19 380.00		1 665.00	703 996.20

【业务操作】根据发出材料汇总表中各种材料的受益对象做如下会计分录：

借：生产成本——Y-WIN 婴儿睡袋　683 224.40
　　生产成本——围兜　19 106.80
　　销售费用——材料展样　1 665.00
　　贷：原材料——本色棉白布　109 292.00
　　　　原材料——印花斜纹布　475 346.20
　　　　原材料——羽绒　57 130.00
　　　　原材料——织带　26 520.00
　　　　原材料——树脂拉链　16 328.00
　　　　周转材料——手提式包装袋　19 380.00

业务 4-3-3 宁佳公司按计划成本法核算发出材料成本。各种材料的计划单价为：F1 本色棉白布 7 元 /m，C1.6 印花斜纹布 26 元 /m，95% 羽绒 0.028 元 /g，ZD08 织带 1.8 元 / 条，10# 树脂拉链 1.5 元 / 根，12 寸手提式包装袋 1.8 元 / 个。根据计算，2023 年 10 月材料成本综合差异率为 2%。本月发出材料汇总见表 4-3-6，要求对该批生产领料进行会计核算。

【业务操作】

①根据发出材料汇总表中各种材料的计划成本，按受益对象确认成本费用。

借：生产成本——Y-WIN 婴儿睡袋　　715 568.00

　　生产成本——围兜　　19 240.00

　　销售费用——材料展样　　1 671.50

　　贷：原材料——本色棉白布　　107 450.00

　　　　原材料——印花斜纹布　　478 660.00

　　　　原材料——羽绒　　79 982.00

　　　　原材料——织带　　36 720.00

　　　　原材料——树脂拉链　　15 307.50

　　　　周转材料——手提式包装袋　　18 360.00

表 4-3-6　发出材料汇总表

2023 年 10 月 31 日

编号	材料名称	计划单价	单位	06 车间				11 车间		销售部门		合计
				Y-WIN 婴儿睡袋		围兜		Y-WIN 婴儿睡袋				
				数量	金额	数量	金额	数量	金额	数量	金额	
RM0001	本色棉白布	7.00	m	15 300	107 100					50	350	1 07 450
RM0002	印花斜纹布	26.00	m	17 620	458 120	740	19 240			50	1 300	478 660
RM0003	羽绒	0.028	g	2 856 000	79 968					500	14	79 982
SM0069	织带	1.80	条	20 400	36 720							36 720
SM0101	树脂拉链	1.50	根	10 200	15 300					5	7.50	15 307.50
PM101	手提式包装袋	1.80	个					10 200	18 360			18 360
合计					697 208		19 240		18 360		1 671.50	736 479.50

②用发出材料计划成本乘以材料成本差异率，计算发出材料应分摊的材料成本差异，将发出材料的计划成本调整为实际成本。本业务材料成本差异率为 2%，属于超支差异，说明实际的成本费用比计划多。

借：生产成本——Y-WIN 婴儿睡袋　　14 311.36

　　生产成本——围兜　　384.80

　　销售费用——材料展样　　33.43

　　贷：原材料——本色棉白布　　2 149.00

　　　　原材料——印花斜纹布　　9 573.20

原材料——羽绒	1 599.64
原材料——织带	734.40
原材料——树脂拉链	306.15
周转材料——手提式包装袋	367.20

任务四 人工成本及其财税处理

任务描述

月末确认并支付（或缴纳）各项职工薪酬。

引导问题：职工薪酬有哪些形式？员工获得薪酬都要缴纳个税吗？

知识准备

人力资源是企业重要的生产要素，人力资源成本是企业总成本主要构成之一，具体内容见图 4-4-1。其中，取得成本中的安置成本、开发成本、使用成本和离职成本中的离职补偿成本，在财务中均通过“应付职工薪酬”进行统计与核算。

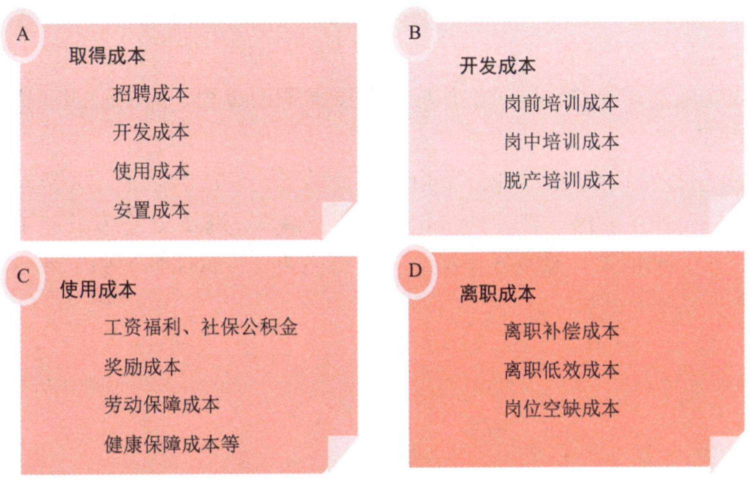

图 4-4-1 人力资源成本构成

一、职工薪酬的含义及内容

1. 职工薪酬的含义

职工薪酬指企业为获得职工提供的服务，或解除劳动关系而给予的各种形式的报酬或补偿。根据现行企业会计准则，职工的范围包括各种人员，即不仅包括与企业订立劳动合同的所有人员，有全职、兼职和临时职工，也包括未与企业订立劳动合同、但由企业正式任命的企业治理层和管理层人员，如董事会成员、监事会成员等；还包括在企业的计划和控制下，虽未与企业订立劳动合同或未正式任命但为其提供与职工类似服务的人员。从薪酬内容上讲，形式多元，有各种货币性薪酬，还有非货币性福利。从支付对象上讲，包括提供给职工本人在职期间的薪酬，也包括提供给职工离职后的薪酬，还包括提供给职工配偶、子女或其他被赡养人的福利。

2. 职工薪酬的内容

（1）短期薪酬：是指职工提供相关服务的年度报告期间结束后十二个月内需要全部予以支付的职工薪酬，因解除与职工的劳动关系给予的补偿除外。短期薪酬的形式包括职工工资、奖金、津贴、补贴、职工福利费、社会保险费（医疗、工伤、生育、补充医疗）、住房公积金、工会经费、职工教育经费、非货币性福利、短期带薪缺勤、短期利润分享计划及其他。

（2）离职后福利：是指企业为获得职工提供的服务而在职工退休或与企业解除劳动关系后，提供的各种形式的报酬和福利。离职后福利的形式包括基本养老保险、失业保险、补充养老保险及其他，如企业年金计划。

（3）辞退福利：是指企业在职工劳动合同到期之前解除与职工的劳动关系，或者为鼓励职工自愿接受裁减而给予职工的补偿。辞退福利包括强行解约的违约金、鼓励辞职的补偿、内退职工的薪酬及其他。

（4）其他长期职工福利：是指除短期薪酬、离职后福利、辞退福利之外的所有职工薪酬，包括长期带薪缺勤、长期残疾福利、长期利润分享计划和其他。

二、职工薪酬的核算

职工薪酬的核算包括两个步骤：薪酬的确认和薪酬的支付或缴纳。

（1）薪酬的确认是指企业在职工为其提供服务的会计期间，根据职工提供服务的受益对象，计入相关资产成本或当期损益，同时确认应付职工薪酬的过程，即借记成本费用类账户，贷记“应付职工薪酬”账户。

（2）薪酬的支付或缴纳是指企业以货币或非货币形式发放给职工，或帮职工缴纳到特定账户。应借记“应付职工薪酬”账户，贷记“银行存款”等账户。在发放职工薪酬时，需帮职工代扣代缴由职工承担的个税及社会保险和住房公积金。具体各类职工薪酬的必要概念及核算方法将在业务操作的过程中展开。

任务实施

微课

核算职工工资

一、核算职工工资

业务4-4-1　2023 年 10 月宁佳公司财务人员根据工资结算明细编制了职工薪酬结算表（见表 4-4-1）和职工薪酬汇总表（见表 4-4-2），并通过银行代付工资（见图 4-4-2）。要求：根据上述原始凭证对本公司职工工资、奖金、津贴和补贴进行会计处理。

表 4-4-1　职工薪酬结算表

2023 年 10 月　　　　单位：元

部门	岗位	姓名	基本工资	绩效奖金	综合补贴	加班工资	应扣工资		应付工资	代扣款项			实发金额
							事假	其他		个税	社保	公积金	
06车间	工人	***	4 260	1 100	260	640			6 260		642.24	501.00	5 116.76
	工人	***	4 800	1 150	260	400			6 610		678.14	529.00	5 486
	工人	***	4 000	1 100	260	560			5 920		371.39	424.44	4 913
	管理	***	5 200	1 180	260				6 640		597.14	682.44	5 511
11车间	工人	***	4 000	1 100	260	560			5 920		532.88	479.00	4 913
	管理	***	5 000	1 180	260	80			6 520		586.64	670.44	5 411
管理部门	管理	***	4 200	1 180	260				5 640		507.56	580.06	4 681
	管理	***	6 800	1 320	320	160			8 600	34	773.94	884.50	7 104
	管理	***	5 600	1 180	320		120		6 980		628.14	717.88	5 794
营销部	业务	***	4 500	2 660	1 100	240			8 500	29	765.26	874.58	7 026
	管理	***	5 600	1 700	950				8 250	21	742.75	848.86	6 826
…		…							…				…
合计			528 800	154 600	51 050	31 120	840		764 730	1 820	73 710	84 240	604 960.00

表 4-4-2　职工薪酬结算汇总表

2023 年 10 月　　　　单位：元

部门		应付工资	代扣款项						实发工资
			个税	养老保险	失业保险	医疗保险	住房公积金	小计	
06车间	婴儿睡袋生产工人	12 870.00		1 006.00	62.88	251.50	1 509.00	2 829.38	10 040.62
	围兜生产工人	5 920.00		282.96	17.69	70.74	424.44	795.83	5 124.17
	管理人员	6 640.00		454.96	28.44	113.74	682.44	1 279.58	5 360.42
11车间	婴儿睡袋包装工人	5 920.00		406.00	25.38	101.50	609.00	1 141.88	4 778.12
	管理人员	6 520.00		446.96	27.94	111.74	670.44	1 257.08	5 262.92
管理部门		21 220.00	34	1 454.96	90.94	363.74	2 182.44	4 092.08	1 7127.92
营销部		16 750.00	50	1 148.96	71.81	287.24	1 723.44	3 231.45	13 518.55
…		…						…	…
合计		764 730.00	1 820.00	56 160.00	3 510.00	14 040.00	84 240.00	159 770.00	604 960.00

特色业务中国工商银行江宁支行批量成功代付清单

机构代码：816	机构名称：中国工商银行江宁支行	入账日期：2023 年 10 月 29 日
账号	姓名	金额
6222081111136473562783	***	5 196
6222081111136473562986	***	5 486
6222081111136473562678	***	4 914
6222081111136473562912	***	5 511
6222081111136473562790	***	4 914
6222081111136473562467	***	5 412
	以下略	
合　计		604 960.00

图 4-4-2　银行批量代付清单

【业务操作】根据职工薪酬结算表可知，06 车间生产婴儿睡袋和围兜两种产品，因此生产工人的工资如果不能直接区分受益对象，应该按照一定的标准在两种产品间分摊，此外，车间管理人员的工资先在制造费用归集，期末按照一定的标准在本车间生产的产品间分配（具体分配方法见“成本会计”课程）。

（1）第一步，确认职工薪酬，即按照受益对象确认与职工薪酬相关的成本和费用。本业务中未在表中列示的部门及其对应的成本费用科目以省略号代替，做如下会计分录：

借：生产成本——婴儿睡袋	18 790	
生产成本——围兜	5 920	
制造费用——06 车间	6 640	
制造费用——11 车间	6 520	
管理费用——职工薪酬	21 220	
销售费用——职工薪酬	16 750	
……	……	
贷：应付职工薪酬——短期薪酬（工资）		764 730

（2）第二步，支付职工薪酬。根据银行代付清单，借记应付职工薪酬科目，贷记银行存款科目，从应付工资中代扣的由职工个人承担的个税，冲减应付职工薪酬，贷记应交税费科目。代扣的由职工个人承担的社会保险和住房公积金在企业缴纳社保和住房公积金时，直接冲减应付职工薪酬，贷记银行存款科目。会计分录如下：

借：应付职工薪酬——短期薪酬（工资）	604 960	
贷：银行存款——中国工商银行江宁支行		604 960
借：应付职工薪酬——短期薪酬（工资）	1 820	
贷：应交税费——应交个人所得税		1 820

二、核算职工福利

业务 4-4-2　2023 年 10 月宁佳公司组织员工集体聚餐，发生餐费 12 508 元，行政部门张雨霏以公司公务信用卡刷卡支付，取得增值税电子发票（见图 4-4-3）及支付回单（回单凭证略），财务人员根据参加聚餐的人员编制了职工福利费分配表（见表 4-4-3）。请准确做出员工集体聚餐的会计处理。

电子发票（普通发票）

发票号码：12276896473782938416
开票日期：2023 年 10 月 30 日

购买方信息	名称：宁佳婴童服饰有限公司 统一社会信用代码/纳税人识别号：123200004660142866	销售方信息	名称：大福门酒店 统一社会信用代码/纳税人识别号：4500672004660142831

项目名称	规格型号	单位	数量	单价	金额	税率/征收率	税额
"餐饮服务"餐饮费			1	11 800	11 800.00	6%	708.00
合计					¥11 800.00		¥708.00
价税合计（大写）	人民币壹万贰仟伍佰零捌元整				（小写）¥12 508.00		
备注							

开票人：李丽丽

图 4-4-3　餐饮费增值税电子普通发票

表 4-4-3　职工福利费分配表

2023 年 10 月 30 日　　　　金额单位：元

受益对象	分配标准（人数）	分配率	分配金额
婴儿睡袋生产工人	10		822.90
围兜生产工人	4		329.16
06 车间管理人员	5		411.45
管理部门	10		822.90
营销部	12		987.48
…	…		…
合计	152	82.29	12 508.00

【业务操作】职工福利费是用于增加职工收益、帮助职工及其家属解决某些特殊困难和兴办集体福利事业所支付的费用，包括内设医务室、职工食堂、浴室、理发室、托儿所等集体福利机构人员的工资薪金、经费，职工因公负伤赴外地就医路费、职工生活困难补助，未实行医疗统筹企业职工医疗费用，以及按规定发生的其他职工福利支出，如丧葬补助费、抚恤费、独生子女费、探亲假路费、误餐费、集体聚餐费、职工食堂经费补贴、职工供养直系亲属医

疗补贴及救济费、离休人员的医疗费及节日慰问费、离退休人员统筹项目外费用等。

本业务中，员工集体聚餐属于职工福利范畴。

职工福利费的确认：按照各部门人数分摊记入相应成本费用科目，贷记应付职工薪酬。

借：生产成本——婴儿睡袋　822.90
　　生产成本——围兜　329.16
　　制造费用——06 车间　411.45
　　管理费用——职工薪酬　822.90
　　销售费用——职工薪酬　987.48
　　……
　　贷：应付职工薪酬——短期薪酬（职工福利）　12 508.00

职工福利费的支付：

借：应付职工薪酬——短期薪酬（职工福利）　12 508.00
　　贷：其他货币资金——信用卡存款　12 508.00

微课

核算社会保险

三、核算社会保险

业务 4-4-3　10 月 25 日宁佳公司计算并分配当月社会保险费（见表 4-4-4），次月 10 日在电子税务局“我要办税”→“税费申报及缴纳”→“社会保险费”栏目下缴纳，缴纳凭证见图 4-4-4。

要求：准确核算社会保险费的确认和缴纳业务。

表 4-4-4　社会保险费计算表①

2023 年 10 月　　单位：元

部门		缴费基数	离职后福利				短期薪酬			小计
			养老保险		失业保险		医疗保险		工伤保险	
			企业	个人	企业	个人	企业	个人	企业	
06 车间	婴儿睡袋生产工人	12 575	2 012.00	1006.00	62.88	62.88	880.25	251.50	62.88	4 338.38
	围兜生产工人	3 537	565.92	282.96	17.69	17.69	247.59	70.74	17.69	1 220.27
	管理人员	5 687	909.92	454.96	28.44	28.44	398.09	113.74	28.44	1 962.02
11 车间	婴儿睡袋包装工人	5 075	812.00	406.00	25.38	25.38	355.25	101.50	25.38	1 750.88
	管理人员	5 587	893.92	446.96	27.94	27.94	391.09	111.74	27.94	1 927.52
管理部门		18 187	2 909.92	1 454.96	90.94	90.94	1 273.09	363.74	90.94	6 274.52
营销部		14 362	2 297.92	1 148.96	71.81	71.81	1 005.34	287.24	71.81	4 954.89
…		…								…
合计		702 000	112 320	56 160	3 510	3 510	49 140	14 040	3 510	242 190

① “生育保险”已合并到“医疗保险”，此处按四险核算。

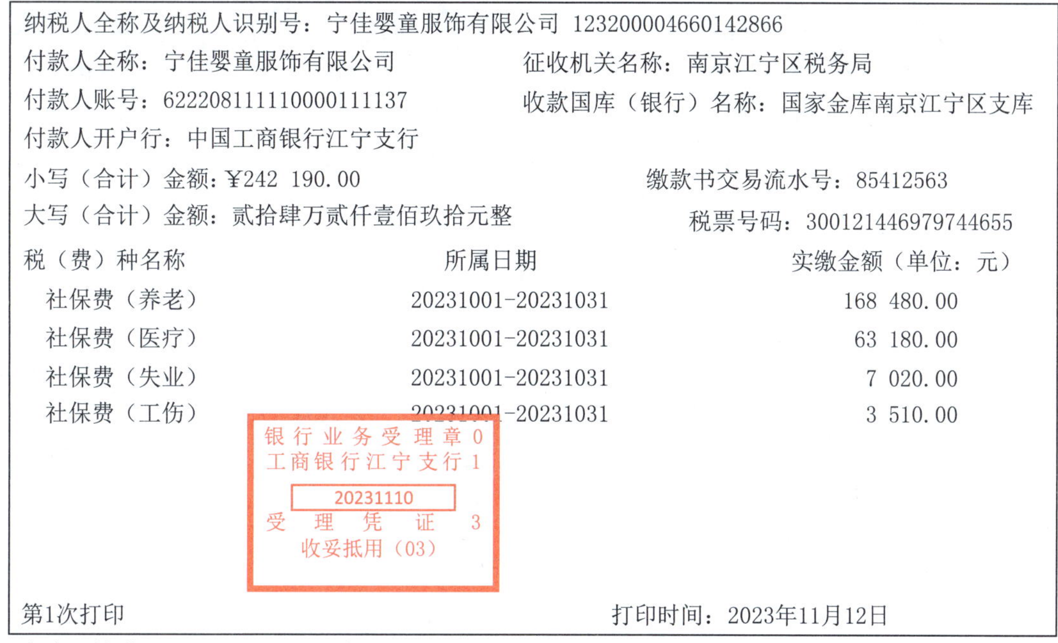

中国工商银行电子缴税付款凭证

转账日期：2023.11.10　　凭证字号：20230811002151785

纳税人全称及纳税人识别号：宁佳婴童服饰有限公司 123200004660142866

付款人全称：宁佳婴童服饰有限公司　　征收机关名称：南京江宁区税务局

付款人账号：6222081111110000111137　　收款国库（银行）名称：国家金库南京江宁区支库

付款人开户行：中国工商银行江宁支行

小写（合计）金额：¥242 190.00　　缴款书交易流水号：85412563

大写（合计）金额：贰拾肆万贰仟壹佰玖拾元整　　税票号码：300121446979744655

税（费）种名称	所属日期	实缴金额（单位：元）
社保费（养老）	20231001-20231031	168 480.00
社保费（医疗）	20231001-20231031	63 180.00
社保费（失业）	20231001-20231031	7 020.00
社保费（工伤）	20231001-20231031	3 510.00

银行业务受理章 0
工商银行江宁支行 1
20231110
受理凭证 3
收妥抵用（03）

第1次打印　　打印时间：2023年11月12日

客户回单联　　验证码：934FGJSE854　　复核：　　记账：

图 4-4-4　社会保险电子缴税付款凭证

【业务操作】社会保险是指为丧失劳动能力、暂时失去劳动岗位或因健康原因造成损失的人员提供收入或补偿的一种社会制度。社会保险的主要项目包括养老保险、医疗保险、失业保险、工伤保险、生育保险（已与医疗保险合并），其中养老保险和失业保险属于离职后福利，其他保险属于短期薪酬。社会保险通常以上一年度职工月平均工资为计提基数，按一定比例计提缴纳。以南京市为例，2023 年各项社会保险计提比例见表 4-4-5，其中公司承担部分按照受益对象确认为成本费用，个人承担的部分从职工工资中代扣代缴。

表 4-4-5　2023 年南京市社会保险计提比例

社会保险	公司承担	个人承担
养老保险	16%	8%
失业保险	0.5%	0.5%
医疗保险	7%	2%
生育保险	0.8%	
工伤保险	0.5%	

本业务中，职工社会保险的核算同样分为两步：一是确认各项社会保险，二是缴纳各项社会保险。

（1）社会保险的确认：企业承担的社会保险费将形成额外的成本费用，根据社会保险费计算表中的受益对象确认相应的成本费用，贷记应付职工薪酬账户。职工承担的社会保险不会形成企业新的负担，只需从将要发放给职工的工资中代扣代缴即可。

借：生产成本——婴儿睡袋　　4 236.02
　　生产成本——围兜　　848.89
　　制造费用——06 车间　　1 364.89
　　制造费用——11 车间　　1 340.89
　　管理费用——职工薪酬　　4 364.89
　　销售费用——职工薪酬　　3 446.88
　　……　　……
　　贷：应付职工薪酬——短期薪酬（医疗保险）　　49 140.00
　　　　应付职工薪酬——短期薪酬（工伤保险）　　3 510.00
　　　　应付职工薪酬——离职后福利（养老保险）　　112 320.00
　　　　应付职工薪酬——离职后福利（失业保险）　　3 510.00

（2）社会保险费的缴纳：在电子税务局缴纳入库后，可以在原页面“我要办税”→“证明开具”→“开具税收完税证明”中打印电子缴税付款凭证，据此借记应付职工薪酬科目，贷记银行存款科目。

借：应付职工薪酬——短期薪酬（工资）　　73 710
　　应付职工薪酬——短期薪酬（医疗保险）　　49 140
　　应付职工薪酬——短期薪酬（工伤保险）　　3 510
　　应付职工薪酬——离职后福利（养老保险）　　112 320
　　应付职工薪酬——离职后福利（失业保险）　　3 510
　　贷：银行存款——中国工商银行江宁支行　　242 190

拓展阅读

2023年住房公积金新政策

四、核算住房公积金

业务 4-4-4　2023 年 10 月 25 日宁佳公司财务人员计算并分配当月住房公积金（见表 4-4-6），并将企业和个人共同缴纳的部分通过公积金缴存受托银行，汇缴至公积金个人账户内（见图 4-4-5）。要求：准确核算住房公积金的确认和缴纳业务。

表 4-4-6　住房公积金计算表

2023 年 10 月　　　　单位：元

部门		缴费基数	短期薪酬（住房公积金）		
			企业 12%	个人 12%	小计
06 车间	婴儿睡袋生产工人	12 575	1 509	1 509	3 018
	围兜生产工人	3 537	424	424	849
	管理人员	5 687	682	682	1 365

续表

部门		缴费基数	短期薪酬（住房公积金）		
			企业	个人	小计
			12%	12%	
11 车间	婴儿睡袋包装工人	5 075	609	609	1 218
	管理人员	5 587	670	670	1 341
管理部门		18 187	2 182	2 182	4 365
营销部		14 363	1 724	1 724	3 447
…		…			…
合计		702 000	84 240	84 240	168 480

住房公积金汇缴专用进账单

2023年10月28日

付款人	单位名称	宁佳婴童服饰有限公司	收款人	单位名称	南京市住房公积金管理中心
	账　　号	6222081111110000111137		账　　号	12102152920080182
	开户银行	中国工商银行江宁支行		开户银行	中国建设银行常府街支行

汇缴金额（大写）	人民币壹拾陆万捌仟肆佰捌拾元整	百	十	万	千	百	十	元	角	分
		¥	1	6	8	4	8	0	0	0

单位公积金账号	03018613	汇（补）缴：2023年10月至2023年10月

上月汇缴		本月增加汇缴		本月减少汇缴		本月补缴		本月总汇缴			
人数	金额	人数	金额	人数	金额	人数	金额	人数	金额		
									合计	个人	单位
								152	168 480.00	84 240.00	84 240.00

●注意：收款人单位名称后应加写“汇缴单位名称”。收款人账号在“中心”收款账号后应加写“——单位公积金账号”。

南京市住房公积金管理中心 缴存支取业务专用章

经办银行盖章　　　　主管：　　　　复核：　　　　经办：

★：本表格项目必须填写齐全，否则不能入账。

图 4-4-5　住房公积金汇缴专用进账单

【业务操作】住房公积金是城镇在职职工及其所在单位根据国家有关政策法规缴存的具有保证性和互助性的一种长期住房储备金，储备的住房公积金可以用于购建自住住房、归还房贷本息、支付房租等用途，也可以于离退休时一次性取出。住房公积金由企业和职工对等缴纳，企业为职工缴纳的住房公积金同样按照受益对象确认成本费用，职工个人承担的住房公积金由财务人员从职工工资中代扣代缴。对住房公积金的核算分为住房公积金的确认和缴纳两部分。

（1）住房公积金的确认：企业承担的住房公积金将形成额外的成本费用，根据住房公积金计算表中的受益对象确认相应的成本费用，贷记应付职工薪酬。职工承担的住房公积金不会形成企业新的负担，只需从将要发放给职工的工资中代扣代缴即可。

借：生产成本——婴儿睡袋　　2 118
　　生产成本——围兜　　424
　　制造费用——06 车间　　682
　　制造费用——11 车间　　670
　　管理费用——职工薪酬　　2 182
　　销售费用——职工薪酬　　1 724
　　……
　　贷：应付职工薪酬——短期薪酬（住房公积金）　　84 240

（2）住房公积金的缴存：财务部门可以将企业承担和员工承担的住房公积金，一并转账至企业在当地公积金缴存受托银行开设的公积金账户，再由公积金缴存受托银行按要求汇缴至职工个人公积金账户。根据住房公积金汇缴书和转账回单借记"应付职工薪酬"账户，贷记"银行存款"账户。

借：应付职工薪酬——短期薪酬（工资）　　84 240
　　应付职工薪酬——短期薪酬（住房公积金）　　84 240
　　贷：银行存款——中国工商银行江宁支行　　168 480

五、核算工会经费

业务4-4-5　2023 年 10 月 25 日宁佳公司计算并分配当月工会经费（见表 4-4-7、图 4-4-6），并将其中 40% 缴纳至江宁区总工会账户（见图 4-4-7），60% 转至公司工会账户（见图 4-4-8）。要求：准确核算工会经费的确认和缴纳业务。

表 4-4-7　工会经费计算表

2023 年 10 月　　单位：元

部门		缴费基数	短期薪酬（工会经费）
06 车间	婴儿睡袋生产工人	12 575	252
	围兜生产工人	3 537	71
	管理人员	5 687	114
11 车间	婴儿睡袋包装工人	5 075	102
	管理人员	5 587	112
管理部门		18 187	364
营销部		14 363	287
…		…	
合计		702 000	14 040

行政拨交工会经费缴款书

缴款单位电话 025-57226666　　缴款日期 2023 年 10 月 30 日　　字第 290 号

所属月份	202310	职工人数	68	本月工资总额	702 000.00	按2%计应拨交经费	14 040.00
收入基层工会工作费户		上解上级工会工作费户		缴款单位			
户名	宁佳婴童服饰有限公司工会委员会	户名	南京市江宁区工会委员会	户名	宁佳婴童服饰有限公司		
账号	6216470038484938444773	账号	6216290038684966663985	账号	6222081111100001111137		
开户行	中国银行江宁支行	开户行	中国银行江宁支行	开户行	中国工商银行江宁支行		

比例	十	万	千	百	十	元	角	分	比例	十	万	千	百	十	元	角	分	合计	十	万	千	百	十	元	角	分
60%		¥	8	4	2	4	0	0	40%		¥	5	6	1	6	0	0		¥	1	4	0	4	0	0	0

合计金额人民币（大写）壹万肆仟零肆拾元整		上列款项已划转有关工会账户
缴款单位盖章： 宁佳婴童服饰有限公司 财务专用章 邓有桦 年　月　日	工会委员会盖章： 年　月　日	银行业务受理章 0 工商银行江宁支行 1 20231030 受 理 凭 证 3 收妥抵用（03） 银行盖章

第一联由银行退缴款单位作回单

图 4-4-6　工会经费缴款书

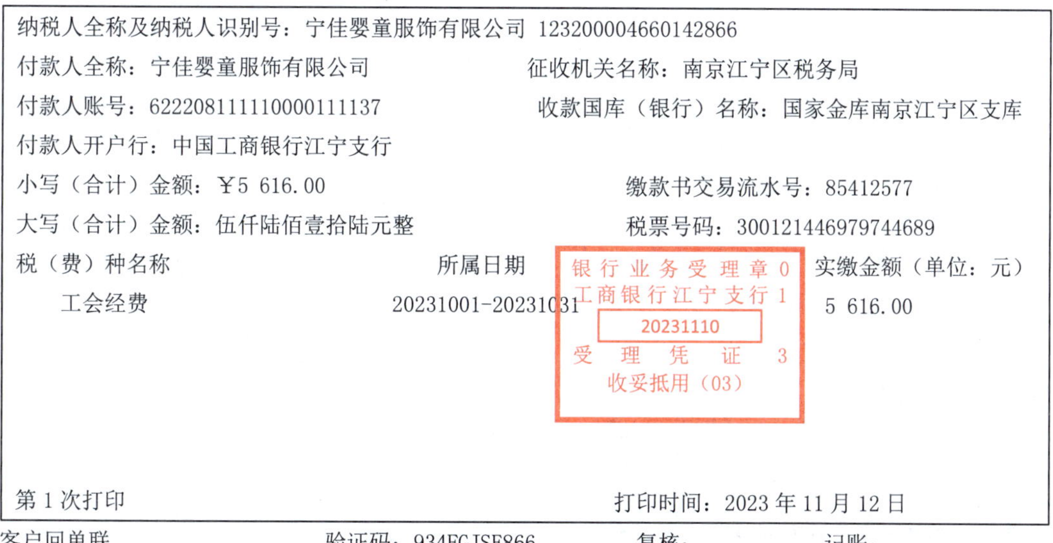

中国工商银行电子缴税付款凭证

转账日期：2023年11月10日　　凭证字号：20230811002151785

纳税人全称及纳税人识别号：宁佳婴童服饰有限公司 123200004660142866

付款人全称：宁佳婴童服饰有限公司　　征收机关名称：南京江宁区税务局

付款人账号：6222081111100001111137　　收款国库（银行）名称：国家金库南京江宁区支库

付款人开户行：中国工商银行江宁支行

小写（合计）金额：¥5 616.00　　缴款书交易流水号：85412577

大写（合计）金额：伍仟陆佰壹拾陆元整　　税票号码：300121446979744689

税（费）种名称	所属日期	实缴金额（单位：元）
工会经费	20231001-20231031	5 616.00

银行业务受理章 0
工商银行江宁支行 1
20231110
受 理 凭 证 3
收妥抵用（03）

第 1 次打印　　打印时间：2023 年 11 月 12 日

客户回单联　　验证码：934FGJSE866　　复核：　　记账：

图 4-4-7　银行转账回单

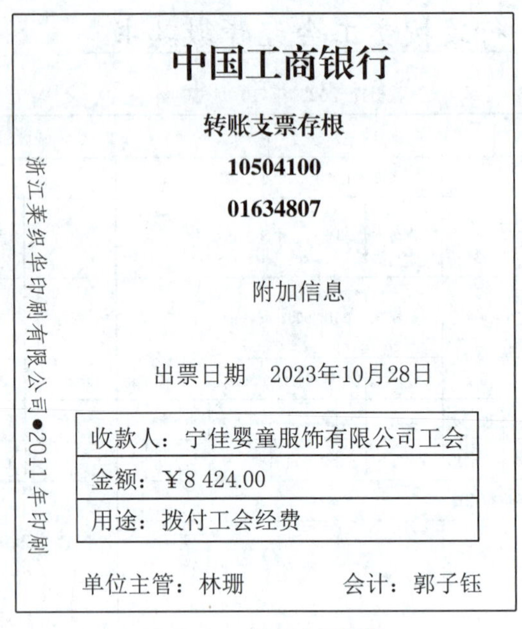
中国工商银行

转账支票存根

10504100

01634807

附加信息

出票日期　2023年10月28日

收款人：宁佳婴童服饰有限公司工会
金额：￥8 424.00
用途：拨付工会经费

单位主管：林珊　　　会计：郭子钰

浙江莱织华印刷有限公司●2011年印刷

图 4-4-8　转账支票存根

【业务操作】工会经费按工资总额的一定比例（通常为 2%）计提的，用于开展对员工的宣传活动支出、文艺活动支出、体育活动支出、工会干部训练支出等。工会经费为专用资金，不可用作与工会活动无关的用途。成立工会组织的，按工会经费的 40% 上缴上级工会组织，60% 划拨公司工会使用。未成立工会组织的，工会经费全额上缴上级工会组织，再由上级工会组织返还一定比例，一般工会经费返回企业基层工会的比例为 60%。工会经费按照受益对象借记成本费用类科目，贷记应付职工薪酬。缴纳时借记应付职工薪酬，贷记银行存款。

（1）工会经费的确认：根据工会经费计算表中的受益对象借记相应的成本费用，贷记应付职工薪酬。

借：生产成本——婴儿睡袋　354
　　生产成本——围兜　71
　　制造费用——06 车间　114
　　制造费用——11 车间　112
　　管理费用——职工薪酬　364
　　销售费用——职工薪酬　287
　　……
　　贷：应付职工薪酬——短期薪酬（工会经费）　14 040

（2）工会经费的缴存：根据工会专用结算凭证和转账回单借记“应付职工薪酬”，贷记“银行存款”。

借：应付职工薪酬——短期薪酬（工会经费）　14 040
　　贷：银行存款——中国工商银行江宁支行　14 040

六、核算职工教育经费

业务4-4-6　10 月 20 至 25 日组织部分销售人员和行政人员参加为期五天的企业管理课程

培训,发生培训费 15 900 元,取得增值税专用发票(见图 4-4-9),财务人员支付了上述培训费用,取得了银行回单(见图 4-4-10),并根据参训人员类别编制职工教育经费分配表(见表 4-4-8)。要求对此项培训费作出准确会计处理。

电子发票(增值税专用发票)　　发票号码：13276896473782938996

开票日期：2023年10月20日

购买方信息	名称：宁佳婴童服饰有限公司 统一社会信用代码/纳税人识别号：123200004660142866	销售方信息	名称：上海致知文化有限公司 统一社会信用代码/纳税人识别号：986567200466014588

项目名称	规格型号	单位	数量	单价	金额	税率/征收率	税额
"生活服务"培训费		次	1	15 000.00	15 000.00	6%	900.00
合计					¥15 000.00		¥900.00
价税合计(大写)	人民币壹万伍仟玖佰元整				(小写)¥15 900.00		
备注							

开票人：韩翔

图 4-4-9　培训费增值税电子专用发票

ICBC 中国工商银行　业务回单(付款)

日期：2023 年 10 月 20 日

付款人户名：宁佳婴童服饰有限公司　　付款人开户行：中国工商银行江宁支行

付款人账号：6222081111100001111137

收款人户名：杭州致知文化有限公司　　收款人开户行：工商银行中山北路支行

收款人账号：1202838526615792417

金额合计(大写)：人民币壹万伍仟玖佰元整　　小写：¥15 900.00

业务(产品)种类：转账　　凭证种类：0000080　　凭证号码：000000002551

摘要：支付职工培训费　　用途：　　币种：人民币

交易机构：0190010180　　记账柜员：00131　　交易代码：52820　　渠道：网上银行

附言：

支付交易序号：56123176　　报文种类：小额客户发起普通借记业务　　委托日期：2023-10-20

业务类型(种类)：普通汇兑　　指令编号：HQP1070013780　　提交人：0920101905200002，c.1901

最终授权人：

银行业务受理章　受理凭证　收妥抵用(3)

本回单为第1次打印,注意重复　　打印日期:2023年10月21日　　打印柜员:9　　验证码:249F6AERFB001

图 4-4-10　银行转账回单

表 4-4-8　职工教育经费分配表

2023 年 10 月　　　　单位：元

受益对象	分配标准（人数）	分配率	分配金额
营销部	6		11 250
管理部门	2		3 750
合计	8	1 875	15 000

【业务操作】职工教育经费：是指用于职工教育事业，为职工学习先进技术和提高文化水平而支付的费用。通常无须计提，在实际发生时按照受益对象借记成本费用类科目，贷记“应付职工薪酬”科目；支付时借记“应付职工薪酬”科目，贷记“银行存款”科目。注意，职工教育经费超过职工工资总额的 8% 部分不能税前扣除。

（1）职工教育经费的确认：根据培训发票和职工教育经费分配表中的受益对象，借记相应的成本费用，贷记“应付职工薪酬”，增值税可以抵扣的在借方记录增值税进项税额。

借：销售费用——职工薪酬　　11 250
　　管理费用——职工薪酬　　3 750
　　应交税费——应交增值税（进项税额）　　900
　　贷：应付职工薪酬——短期薪酬（职工教育经费）　　15 900

（2）职工教育经费的支付：根据付款凭据借记“应付职工薪酬”科目，贷记“银行存款”科目。

借：应付职工薪酬——短期薪酬（职工教育经费）　　15 900
　　贷：银行存款——中国工商银行江宁支行　　15 900

七、核算非货币性福利

业务 4-4-7　2023 年 10 月 30 日宁佳公司将生产的纯棉浴巾从仓库领出（出库单见图 4-4-11）作为福利发放给本公司部分职工，其中生产工人 40 人（本业务略过产品明细），车间管理人员 6 人（本业务略过车间明细），管理部门人员 10 人，营销部人员 12 人，财务人员编制了非货币性福利分配表（见表 4-4-9）。该纯棉浴巾成本为 32 元 / 条，市场含税售价为 88 元 / 条。要求：准确核算该笔非货币性职工福利业务。

出　库　单

2023 年 10 月 30 日

提货单位或部门	工会	发票号码或生产单号	2023101005		发出仓库	成品库
编号	名称及规格	单位	数量	单位成本	金额	备注
P0102	纯棉浴巾	条	68	32.00	2 176.00	发放职工福利 市场价格 88 元 / 条 （含税）
合计	人民币（大写）贰仟壹佰柒拾陆元整			¥ 2 176.00		

部门主管：　　记账：　　保管：　　提货：　　制单：

图 4-4-11　出库单

表 4-4-9　非货币性福利分配表

2023 年 10 月 30 日　　　　单位：元

受益对象	分配标准（人数）	分配率	分配金额
生产工人	40		3 520
车间管理	6		528
营销部	12		1 056
管理部门	10		880
合计	68	88	5 984

【业务操作】非货币性福利是指企业为获得职工提供的服务而给予职工的非货币形式的报酬。企业常见的非货币性福利包括以自产产品免费/低价发放给职工、以外购物资免费/低价发放给职工、以自有固定资产供职工免费使用、租赁住房等资产供职工免费使用。在实际发生时按照受益对象借记成本费用类科目，贷记“应付职工薪酬”科目；发放时借记“应付职工薪酬”科目，贷记“主营业务收入”“累计折旧”等科目。

（1）非货币性福利的确认：根据非货币性福利分配表中的受益对象，做如下分录，注意税法要求以自产产品发放福利的行为须视同销售，因此确认的成本费用应该为产品以公允价值为基础的价税合计数。

借：生产成本　　3 520
　　制造费用　　528
　　管理费用——职工薪酬　　880
　　销售费用——职工薪酬　　1 056
　　贷：应付职工薪酬——短期薪酬（非货币性福利）　　5 984

（2）非货币性福利的发放：根据出库单借记“应付职工薪酬”科目，贷记“主营业务收入”和“应交税费”科目，同时结转产品成本。

借：应付职工薪酬——短期薪酬（非货币性福利）　　5 984
　　贷：主营业务收入——纯棉浴巾　　5 295.58
　　　　应交税费——应交增值税（销项税额）　　688.42
借：主营业务成本——纯棉浴巾　　2 176
　　贷：库存商品——纯棉浴巾　　2 176

业务 4-4-8　10 月 12 日宁佳公司采购慰问礼品发放给公司部分职工，共发生支出 35 807.44 元，取得增值税普通发票（见图 4-4-12）和银行付款回单（见图 4-4-13），财务人员根据受益对象编制了非货币性福利分配表（见表 4-4-10）。要求：根据以上原始单据准确核算此项非货币性福利。

电子发票(普通发票)

发票号码：13276896473782938996

开票日期：2023年10月12日

购买方信息	名称：宁佳婴童服饰有限公司 统一社会信用代码/纳税人识别号：123200004660142866	销售方信息	名称：上海华福礼品有限公司 统一社会信用代码/纳税人识别号：9140672004660145543

项目名称	规格型号	单位	数量	单价	金额	税率/征收率	税额
“其他食品”粮油礼盒		盒	68	298.00	20 264.00	13%	2 634.32
“其他食品”水果礼盒		盒	68	168.00	11 424.00	13%	1 485.12
合计					¥31 688.00		¥4 119.44
价税合计(大写)	人民币叁万伍仟捌佰零柒元肆角肆分				(小写)¥35 807.44		
备注							

开票人：舒文

图 4-4-12　增值税电子普通发票

ICBC 中国工商银行 业务回单（付款）

日期：2023 年 10 月 12 日

付款人户名：宁佳婴童服饰有限公司　　付款人开户行：中国工商银行江宁支行

付款人账号：6222081111100000111137

收款人户名：桂林华福礼品有限公司　　收款人开户行：建设银行桂林市城北支行

收款人账号：6221000011113713986

金额合计（大写）：人民币叁万伍仟捌佰零柒元肆角肆分　　小写：¥35 807.44

业务（产品）种类：转账　　凭证种类：0000079　　凭证号码：0000000002560

摘要：支付中秋福利品　　用途：　　币种：人民币

交易机构：0190010180　　记账柜员：00131　　交易代码：52820　　渠道：网上银行

银行业务受理章0 工商银行江宁支行1 20231010 受理章 收妥抵用（3）

附言：

支付交易序号：56123166　　报文种类：小额客户发起普通借记业务　　委托日期：2023-10-12

业务类型（种类）：普通汇兑　　指令编号：HQP1070013780　　提交人：0920101905200002，c.1901

最终授权人：

本回单为第 1 次打印，注意重复　　打印日期：2023 年 10 月 12 日　　打印柜员：9　　验证码：249F6AERFB001

图 4-4-13　银行付款回单

表 4-4-10 非货币性福利分配表

2023 年 10 月 12 日

受益对象	分配标准（人数）	分配率	分配金额 / 元
生产工人	40		21 063.20
车间管理	6		3 159.48
营销部	12		6 318.96
管理部门	10		5 265.80
合计	68	526.58	35 807.44

【业务操作】为简化核算工作量，外购商品用于发放福利可以不办理入库和出库手续，而直接从商家发货至职工个人，公司只需根据受益对象进行汇总，借记成本费用类账户，贷记“应付职工薪酬”账户。发放时再借记“应付职工薪酬”账户，贷记“银行存款”等结算账户。注意：用于职工个人福利的购进业务不能抵扣增值税进项税额，在开票环节向销售方要求开具增值税普通发票即可。

借：生产成本　21 063.20
　　制造费用　3 159.48
　　管理费用——职工薪酬　6 318.96
　　销售费用——职工薪酬　5 265.80
　　贷：应付职工薪酬——短期薪酬（非货币性福利）　35 807.44
借：应付职工薪酬——短期薪酬（非货币性福利）　35 807.44
　　贷：银行存款——中国工商银行江宁支行　35 807.44

八、核算带薪缺勤

业务 4-4-9 宁佳公司实施累积带薪缺勤制度。该制度规定，每个职工每年可享受 12 个工作日带薪年休假，未使用的年休假只能向后结转一个公历年度，超过一年未使用的权利作废，在职工离开企业时也无权获得现金支付。职工休年假时，首先使用当年可享受的权利，再从上年结转的带薪年休假中扣除。2023 年 12 月 31 日，预计 2024 年企业 68 名职工中有 50 名将享受不超过 12 天的带薪年假，18 名职工（其中生产工人 10 名，车间管理人员 2 名，管理人员 6 名），预计每人除了享受当年 12 天年假外，生产工人和车间管理人员还将补休今年未休的 1 天假期，管理人员还将补休 2 天假期。该企业职工日均工资为 200 元。预计累积带薪缺勤计算表见表 4-4-11。不考虑其他因素。要求：正确核算 2023 年累积带薪缺勤。

表 4-4-11 2023 年预计累积带薪缺勤计算表

单位：元

受益对象	预计补休人数	预计补休天数	日均工资	分配金额
生产工人	10	1	200	2 000
车间管理	2	1	200	400

续表

受益对象	预计补休人数	预计补休天数	日均工资	分配金额
管理部门	6	2	200	2 400
合计	18			4 800

【业务操作】要完成该项业务，首先要区分带薪缺勤的类别及其核算方法。带薪缺勤是指企业支付工资或提供补偿的职工缺勤，包括年休假、病假、短期伤残、婚假、产假、丧假、探亲假等。带薪缺勤分为非累积带薪缺勤和累积带薪缺勤。

（1）非累积带薪缺勤，是指带薪缺勤权利不能结转下期的带薪缺勤，本期尚未用完的带薪缺勤权利将予以取消，并且职工离开企业时也无权获得现金支付。企业职工休婚假、产假、丧假、探亲假、病假期间的工资通常属于这一类。由于职工提供服务本身不能增加其能够享受的福利金额，企业在职工未缺勤时不应当计提相关费用和负债。为此，《职工薪酬准则》规定，企业应当在职工实际发生缺勤的会计期间确认与非累积带薪缺勤相关的职工薪酬。企业确认职工享有的与非累积带薪缺勤权利相关的薪酬，视同职工出勤确认的当期损益或相关资产成本。通常情况下，与非累积带薪缺勤相关的职工薪酬已经包括在企业每期向职工发放的工资等薪酬中，因此，不必额外做相应的账务处理，只需要将缺勤期间的薪酬从“工资”转为“非累计带薪缺勤”明细科目即可。

（2）累积带薪缺勤，是指带薪缺勤权利可以结转下期的带薪缺勤，本期尚未用完的带薪缺勤权利可以在未来期间使用。企业应当在职工提供了服务从而增加了其未来享有的带薪缺勤权利时，确认与累积带薪缺勤相关的职工薪酬，并以累积未行使权利而增加的预期支付金额计量，即员工当期未休满假期时，财务需在当期预计下一会计期间可能补休的员工人数及平均补休的天数，用“预计下一期间补休的员工人数 × 平均补休天数 × 日均工资”作为累计带薪缺勤的金额。如果员工超过累计时间仍未行使带薪缺勤权利，则冲回预计的累计带薪缺勤。

有些累积带薪缺勤在职工离开企业时，对于未行使的权利，职工有权获得现金支付。职工在离开企业时能够获得现金支付的，企业应当确认必须支付的、职工全部累积未使用权利的金额。即根据资产负债表日因累积未使用权利而导致的预期需追加支付的金额，作为累积带薪缺勤费用。

作为职工薪酬的一种形式，其核算过程同样分为两步：一是在确认带薪缺勤时，按照受益对象借记成本费用类科目，贷记“应付职工薪酬”科目；发放时借记“应付职工薪酬”科目，贷记“银行存款”等科目。

在本业务中，因有职工未休满 2023 年年假，因此需要在当年年末预计 2024 年因职工补休而产生的累积带薪缺勤费用。根据受益对象分配计入不同的成本费用科目。

借：生产成本　　2 000
　　制造费用　　400
　　管理费用——职工薪酬　　2 400
　　贷：应付职工薪酬——短期薪酬（累积带薪缺勤）　　4 800

提示

辞退福利也是职工薪酬的一种类型，它是指在企业与职工签订的劳动合同未到期之前，企业由于种种原因需要提前终止劳动合同而辞退职工，根据劳动合同，企业需要提供一笔资金作为对被辞退职工的补偿。辞退福利无须根据受益对象确认不同的成本费用，而是统一确认为管理费用，借记“管理费用”科目，贷记“应付职工薪酬——辞退福利”科目。支付时借记“应付职工薪酬”科目，贷记“银行存款”科目。

任务五　固定资产使用及其财税处理

任务描述

熟悉固定资产管理制度，并对固定资产使用中的折旧、后续支出、处置等业务做出准确核算。

引导问题：固定资产的价值是如何转变为企业成本费用的？在使用过程中需要注意哪些问题？

知识准备

一、固定资产使用制度

固定资产是企业一项重要资源，应建立一套完善的资产管理制度，明确资产的使用权限、维护责任、报废流程等，确保固定资产的规范使用和管理。

（1）在采购环节要重视预算控制、收益和风险评估。固定资产投资决策在财务管理中属于经典问题，本书不讨论。

（2）购入后需建立固定资产台账，对所有固定资产进行登记和标识，包括资产编码、名称、型号、规格、购置日期、购置来源、使用状态等信息，以便进行跟踪和管理。

（3）建立固定资产维修保养计划，按照规定进行定期检修、保养和维护，确保资产的正常运转，延长使用寿命。

（4）定期对固定资产进行盘点和核对，与账面记录核对，并分析固定资产开工率、周转率等指标，及时发现和解决资产的遗失、报废或闲置等问题。

（5）建立资产报废和处置程序，包括报废申请、审批和处置方式等，确保资产在到期或损坏后按照规定进行报废和处置。

二、固定资产折旧

固定资产折旧是指在固定资产使用寿命期限内，按照确定的方法对应计折旧额进行系统分摊。其中，使用寿命是指固定资产的预计寿命，或者该固定资产所能生产产品或提供劳务的数量；应计折旧额是指应计提折旧的固定资产的原价扣除其预计净残值后的金额，已计提减值准备的固定资产还应扣除已计提的固定资产减值准备累计金额。

1. 固定资产折旧范围

企业应该对所有的固定资产计提折旧，已提足折旧仍继续使用的固定资产和单独计价入账的土地除外，在确定计提折旧的范围时还应注意以下几点：

（1）固定资产应当按月计提折旧。固定资产应在达到预定可使用状态时开始计提折旧，终止确认时或划分为持有待售非流动资产时停止计提折旧。当月增加的固定资产，当月不计提折旧，从下月起计提折旧；当月减少的固定资产，当月仍计提折旧，从下月起不计提折旧。

（2）固定资产提足折旧后，不论是否继续使用，均不再计提折旧，提前报废的固定资产也不再补提折旧。

（3）已达到预定可使用状态但尚未办理竣工决算的固定资产，应当按照估计价值确定其成本，并计提折旧；待办理竣工决算后再按实际成本调整原来的暂估价值，但不需要调整原已计提的折旧额。

（4）处于更新改造过程停止使用的固定资产，应将其账面价值转入在建工程，不再计提折旧。更新改造项目达到预定可使用状态转为固定资产后，再按重新确定的折旧方法和该项固定资产尚可使用寿命计提折旧。

2. 固定资产折旧方法

固定资产折旧有四种计算方法，企业应当根据与固定资产有关的经济利益的预期实现方式合理选择固定资产的折旧方法。

（1）年限平均法。年限平均法是企业最常用的一种固定资产折旧方法。

计算公式：

年折旧率 =（1- 净残值率）÷ 预计使用年限
年折旧额 = 固定资产原值 × 年折旧率
　　　　 =（固定资产原价 - 预计净残值）÷ 预计使用年限

（2）工作量法。工作量法是指以固定资产能提供的工作量为单位来计算折旧额的方法。

计算公式：

单位工作量折旧额 =（固定资产原价 - 预计净残值）÷ 预计总工作量
某项固定资产月折旧额 = 该项固定资产当月工作量 × 单位工作量折旧额

（3）双倍余额递减法。双倍余额递减法是指在不考虑固定资产残值的情况下，根据每期期初固定资产账面净值和双倍的直线法折旧率计算固定资产折旧的一种方法。

年折旧率 =2 ÷ 预计折旧年限 ×100%
年折旧额 = 固定资产期初折余价值 × 年折旧率

由于双倍余额法不考虑固定资产的净残值，因此在应用这种方法时，必须注意不能使固定资产的账面折余价值小于其预计净残值。当双倍余额法计算的折旧金额小于用固定资产的折余价值扣除预计净残值后在剩余使用年限内平均摊销算得的折旧金额时，就要将固定资产折余价值（净值）扣除净残值后在剩余使用年限内平均摊销。一般最后两年改为年限平均法。

（4）年数总和法。

年折旧额 =（原价 − 预计净残值）× 年折旧率

年折旧率 = 尚可使用年限 / 预计使用寿命的年数总和 ×100%

年折旧率用一递减分数表示，将逐期年数相加的和作为递减分数的分母，将逐期年数倒转顺序分别作为各年递减分数的分子。

3. 固定资产折旧账务处理

固定资产计提的折旧应当记入“累计折旧”账户，并根据用途计入相关资产的成本或者当期损益。企业自行建造固定资产过程中使用的固定资产，其计提的折旧应计入在建工程成本；基本生产车间所使用的固定资产，其计提的折旧应计入制造费用；管理部门所使用的固定资产，其计提的折旧应计入管理费用；销售部门所使用的固定资产，其计提的折旧应计入销售费用；以经营租赁方式租出的固定资产，其计提的折旧额应计入其他业务成本。企业计提固定资产折旧时，借记“制造费用”“销售费用”“管理费用”等账户，贷记“累计折旧”账户。

三、固定资产后续支出

固定资产后续支出是固定资产经初始计量并入账后又发生的与固定资产相关的支出，分为资本化支出和费用化支出。在会计实务中，满足以下条件之一的，可认为是资本化支出：①支出达固定资产原值的 20% 以上；②改造后用于新的用途；③改造后使用寿命延长 2 年以上。其余后续支出均予以费用化。通常大的改良、扩建属于资本性支出，计入在建工程成本，维修支出属于费用化支出，计入管理费用。

四、固定资产处置

1. 固定资产处置的概念及形式

固定资产处置是指企业或组织对其不再需要或无法继续使用的固定资产进行处理的过程。处置固定资产的目的是清理闲置或损坏的资产，有助于优化企业资产结构，提高资产利用率，减少闲置和无效资产的成本负担，为企业带来更好的经济效益。固定资产处置的形式包括转为持有待售、出售、报废、毁损、对外投资、捐赠、债务重组转出等。

2. 固定资产处置的流程控制

企业应该制订明确的固定资产处置流程，以确保处置过程的规范性、透明性和合规性。特别是在进行固定资产处置前，应进行相应的决策和审批（见业务操作），包括处置的原因、处置方式、定价策略、相关责任人签字等，以确保决策的合理性和合规性。

3. 固定资产处置的会计处理

固定资产处置业务的会计处理一般分四步：

（1）结转固定资产账面价值。

（2）核算清理费用。

（3）核算处置收入。

（4）计算并结转清理净损益。

具体核算过程见表 4-5-1。

表 4-5-1　固定资产各类处置业务的核算过程

业务	转入持有待售	出售	到期报废	毁损	投资 / 捐赠
结转固定资产账面价值	借：持有待售资产 累计折旧 贷：固定资产	借：固定资产清理 累计折旧 贷：固定资产	借：固定资产清理 累计折旧 贷：固定资产	借：固定资产清理 累计折旧 贷：固定资产	借：固定资产清理 累计折旧 贷：固定资产
发生清理费用	借：资产处置损益 应交税费 贷：银行存款等	借：固定资产清理 应交税费 贷：银行存款等	借：固定资产清理 应交税费 贷：银行存款等	借：固定资产清理 应交税费 贷：银行存款等	借：固定资产清理 应交税费 贷：银行存款等
应收的收入 / 残料 / 赔款等	借：银行存款等 贷：持有待售资产 应交税费 资产处置损益	借：银行存款等 贷：固定资产清理 应交税费	借：原材料等 贷：固定资产清理	借：其他应收款等 贷：固定资产清理	借：长期股权投资 / 营业外支出 贷：固定资产清理 应交税费
结转净损益	—	借：固定资产清理 贷：资产处置损益 （或反分录）	借：营业外支出 贷：固定资产清理	借：营业外支出 贷：固定资产清理 应交税费——应交增值税（进项税额转出）	借：固定资产清理 贷：资产处置损益 （或反分录）

任务实施

一、核算固定资产折旧

业务 4-5-1　宁佳公司采用年限平均法对固定资产计提折旧，设定固定资产残值率为 4%，可以计算出各类固定资产的年折旧率和月折旧率，具体见表 4-5-2。

表 4-5-2　固定资产折旧计算表

部门	设备名称	单位	数量	原值	取得日期	折旧年限	月折 旧率	月折旧额	类别
06 车间	厂房	幢	1	2 800 000	20170920	20	0.40%	11 200	房屋建筑物
	数控印花设备	台	2	300 000	20191012	10	0.80%	2 400	生产设备
	工业裁剪机	台	10	320 000	20171009	10	0.80%	2 560	生产设备
	工业缝纫机	台	20	240 000	20171022	10	0.80%	1 920	生产设备
11 车间	整烫设备	台	2	26 000	20191025	10	0.80%	208	生产设备
	包装生产线	套	1	115 000	20171025	10	0.80%	920	生产设备
	叉车	辆	2	110 000	20191011	10	0.80%	880	生产设备
管理部门	办公楼	幢	1	4 000 000	20170920	20	0.40%	16 000	房屋建筑物
	车辆	辆	5	500 000	20211020	4	2.00%	10 000	运输设备
	电脑	台	12	60 000	20191227	5	1.60%	960	管理设备
	扫描打印一体机	台	2	6 000	20191022	5	1.60%	96	管理设备
	办公家具	套	1	36 000	20201020	5	1.60%	576	管理设备

续表

部门	设备名称	单位	数量	原值	取得日期	折旧年限	月折旧率	月折旧额	类别
营销部	电脑	台	12	60 000	20201028	5	1.60%	960	管理设备
……								……	
合计								113 800	

【业务操作】根据受益对象确认成本费用。

借：制造费用——06 车间　　18 080

　　制造费用——11 车间　　2 008

　　管理费用——折旧　　27 632

　　销售费用——折旧　　960

　　……

　　贷：累计折旧　　113 800

二、核算固定资产后续支出

业务 4-5-2　10 月 15 日宁佳公司一台数控印花机发生故障，申请维修（维修申请单见图 4-5-1），共发生 1 200 元维修费（不含税），取得增值税专用发票一张（见图 4-5-2），通过银行转账方式支付（付款回单见图 4-5-3）。

<table>
<tr><td>设备名称</td><td>数控印花机</td><td>设备编号</td><td>SC0026</td></tr>
<tr><td>生产厂家</td><td>无锡尚元数控设备有限公司</td><td>购买日期</td><td>20191012</td></tr>
<tr><td>是否需要外修</td><td>是</td><td>要求完成时间</td><td>2023 年 10 月 20 日前</td></tr>
<tr><td colspan="4">设备故障现象（计划内检修可不填写此栏）：
启动有异响，五分钟左右自动关停，已过保。
使用部门负责人：程楷
2023 年 10 月 15 日</td></tr>
<tr><td colspan="4">资产管理部门：
同意外修
部门负责人：李云
2023 年 10 月 15 日</td></tr>
<tr><td colspan="4">同意
总经理：徐亮
2023 年 10 月 15 日</td></tr>
<tr><td>维修结果</td><td colspan="3">故障清除可恢复使用</td></tr>
<tr><td>完成时间</td><td colspan="3">2023 年 10 月 19 日</td></tr>
<tr><td>维修金额</td><td>¥ 1 356.00</td><td>经办人</td><td>熊魏</td></tr>
</table>

图 4-5-1　固定资产维修申请单

电子发票（增值税专用发票）

发票号码：13276896473782938996

开票日期：2023年10月15日

购买方信息	名称：宁佳婴童服饰有限公司 统一社会信用代码/纳税人识别号：123200004660142866	销售方信息	名称：翔宇电机工程有限公司 统一社会信用代码/纳税人识别号：986567200466014588

项目名称	规格型号	单位	数量	单价	金额	税率/征收率	税额
"劳务"修理修配		项	1	1 200.00	1 200.00	13%	156.00
合计					¥1 200.00		¥156.00
价税合计（大写）	人民币壹仟叁佰伍拾陆元整					（小写）	¥1 356.00
备注							

开票人：韩云

图 4-5-2　修理费增值税电子专用发票

ICBC 中国工商银行　业务回单（付款）

日期：2023 年 10 月 20 日

付款人户名：宁佳婴童服饰有限公司　　付款人开户行：中国工商银行江宁支行

付款人账号：6222081111100001111137

收款人户名：翔宇电机工程服务有限公司　　收款人开户行：工商银行中山北路支行

收款人账号：6220283852661579241 7

金额合计（大写）：人民币壹仟叁佰伍拾陆元整　　小写：¥1 356.00

业务（产品）种类：转账　　凭证种类：0000080　　凭证号码：0000000002561

摘要：支付设备修理费　　用途：　　币种：人民币

交易机构：0190010180　　记账柜员：00131　　交易代码：52820　　渠道：网上银行

附言：

支付交易序号：56123176　　报文种类：小额客户发起普通借记业务　　委托日期：2023-10-20

业务类型（种类）：普通汇兑　　指令编号：HQP107001[illegible]780　　提交人：[illegible]1905200002，c.1901

最终授权人：

银行业务受理章 0　20231020　受理凭证 3　收妥抵用（03）

本回单为第 1 次打印，注意重复　　打印日期：2023 年 10 月 21 日　　打印柜员：9　　验证码：249F6AERFB001

图 4-5-3　银行付款回单

【业务操作】设备维修费属于固定资产费用化后续支出，计入"管理费用"账户。

借：管理费用——维修费　　1 200
　　应交税费——应交增值税（进项税额）　　156
　　贷：银行存款——中国工商银行江宁支行　　1 356

业务4-5-3 宁佳公司2023年10月25日对一幢厂房进行改扩建，用作新增车间的厂房。该厂房原值2 800 000元，已提折旧806 400元。在改扩建过程中支付工程款534 100元，取得增值税专用发票（见图4-5-4），款项未付。

电子发票(普通发票)

发票号码：89676896471182138976

开票日期：2023年10月25日

购买方信息	名称：宁佳婴童服饰有限公司 统一社会信用代码/纳税人识别号：123200004660142866	销售方信息	名称：高淳建筑服务有限责任公司 统一社会信用代码/纳税人识别号：334067200466O167778

项目名称	建筑服务发生地	建设项目名称	金额	税率/征收率	税额
“建筑服务”工程款	南京市江宁区	厂房改扩建	490 000.00	9%	44 100.00
合　　计			¥490 000.00		¥44 100.00
价税合计（大写）	人民币伍拾叁万肆仟壹佰元整			（小写）¥534 100.00	
备注	土地增值税项目编号：10510304578 跨地（市）标志：				

开票人：李倩

图4-5-4 建筑服务费增值税电子普通发票

【业务操作】厂房改扩建有新用途，因此可以判断这项后续支出属于资本化支出，首先将原厂房账面价值转入在建工程，暂停计提折旧，再将发生的改扩建支出也记入“在建工程”账户，待工程达到可使用状态时，将在建工程转回固定资产账户，此时重新估算新的固定资产的使用寿命，重新开始计算折旧额。

借：在建工程——厂房　　1 993 600
　　累计折旧——厂房　　806 400
　　贷：固定资产——厂房　　2 800 000
借：在建工程——厂房　　534 100
　　贷：应付账款——高淳建筑服务有限责任公司　　534 100
借：固定资产——新厂房　　2 527 700
　　贷：在建工程——厂房　　2 527 700

三、核算固定资产处置业务

业务4-5-4 10月28日宁佳公司11车间经申请将一台整烫设备转让给大华纺织有限公司（申请单见图4-5-5）。该机床原价13 000元，已提折旧4 992元，经双方协商不含税转让价格为9 000元，开出增值税专用发票（见图4-5-6），尚未收到款项，发生拆卸转运费600元，取得增值税专用发票（见图 4-5-7），以现金支付。要求：核算与转让固定资产相关的业务。

固定资产处置申请单

固定资产编号：SC00012　　2023 年 10 月 28 日　　固定资产卡片号：102

资产名称	整烫设备	原值	13 000.00	购建时间	20191025
规格型号	RG101	已提折旧	4 992.00	规定使用年限	10 年
已提减值	0	账面价值	8 008.00	预计净残值	520.00
使用部门：11 车间　张钰					
申请出售原因：更换更先进设备，提高生产效率					
生产管理部门意见： 同意出售。 负责人（签字）：李磊 2023 年 10 月 28 日		财务部门意见： 同意出售。 负责人（签字）：赵燕 2023 年 10 月 28 日		主管部门审批： 同意出售。 负责人（签字）：朱莉 2023 年 10 月 28 日	

此单一式四份：申报部门 2 份，资产管理部门、财务部门各 1 份。

图 4-5-5　固定资产处置申请单

电子发票(增值税专用发票)

发票号码：13276543273782938966

开票日期：2023年10月30日

购买方信息	名称：大华纺织有限公司 统一社会信用代码/纳税人识别号：211567204660145866	销售方信息	名称：宁佳婴童服饰有限公司 统一社会信用代码/纳税人识别号：123200004660142866

项目名称	规格型号	单位	数量	单价	金额	税率/征收率	税额
整烫设备	RG101	台	1	9 000.00	9 000.00	13%	1 170.00
合　计					¥9 000.00		¥1 170.00
价税合计（大写）	人民币壹万零壹佰柒拾元整				（小写）¥ 10 170.00		
备注							

开票人：顾珉

图 4-5-6　设备转让增值税电子专用发票

【业务操作】

（1）将固定资产账面价值转入固定资产清理

借：固定资产清理　　8 008

　　累计折旧——整烫设备　　4 992

　　贷：固定资产——整烫设备　　13 000

电子发票（增值税专用发票）

发票号码：13276896473782938996

开票日期：2023年10月30日

购买方信息	名称：宁佳婴童服饰有限公司 统一社会信用代码/纳税人识别号：123200004660142866			销售方信息	名称：货拉服务有限公司 统一社会信用代码/纳税人识别号：9140672004660145285		
项目名称	规格型号	单位	数量	单价	金额	税率/征收率	税额
“劳务”搬运费		项	1	600.00	600.00	6%	36.00
合计					¥600.00		¥36.00
价税合计（大写）	人民币陆佰叁拾陆元整				（小写）¥636.00		
备注							

开票人：杨雅琪

图 4-5-7　搬运费增值税电子专用发票

（2）支付清理费用

借：固定资产清理　　600

　　应交税费——应交增值税（进项税额）　　36

　　贷：库存现金　　636

（3）开出发票确认转让收益

借：应收账款——大华纺织有限公司　　10 170

　　贷：固定资产清理　　9 000

　　　　应交税费——应交增值税（销项税额）　　1 170

（4）结转清理净损益：结转前固定资产清理账户余额为贷方 392 元，为处置收益，从反方向转入资产处置损益。

借：固定资产清理　　392

　　贷：资产处置损益　　392

任务六　无形资产使用及其财税处理

任务描述

熟悉无形资产在生产使用中价值的摊销方法，对无形资产摊销做出准确的核算。

引导问题： 你认为在生产过程中会用到哪类无形资产？

知识准备

无形资产是企业拥有或控制的没有实物形态的可辨认非货币性非流动资产。对使用寿命有限的无形资产，企业应当采用直线法按月对其进行摊销，自可供使用（即其达到预定用途）当月起开始摊销，处置当月不再摊销。无形资产摊销归属见表 4-6-1。

表 4-6-1　无形资产摊销归属

无形资产用途	摊销额记入的账户
企业自用的无形资产摊销金额	管理费用
出租的无形资产摊销金额	其他业务成本
某项无形资产包括的经济利益通过所生产的产品或其他资产实现的	相关资产成本

任务实施

业务 4-6-1　10 月 31 日宁佳公司财务部门计算无形资产摊销额，见表 4-6-2，请对无形资产摊销做出准确的核算。

表 4-6-2　无形资产摊销计算表

2023 年 10 月 31 日　　单位：元

名称	使用部门	取得日期	原值	摊销年限	本月摊销额
土地使用权	管理部门	20170818	576 000	30 年	1 600
财务软件	管理部门	20171011	126 000	10 年	1 050
订单软件	销售部门	20190506	60 000	10 年	500
合计					3 150

【业务操作】根据无形资产使用部门确定受益对象，计入成本费用类科目，贷记“累计摊销”。

借：管理费用——无形资产摊销　　3 150

　　贷：累计摊销　　3 150

任务七　产品完工验收入库

任务描述

熟悉完工产品的成本计算方法，并对产品完工入库业务做出准确的核算。

引导问题：产品成本的构成有哪些？

知识准备

直接材料、直接人工和制造费用是产品成本的三大组成部分，直接材料和直接人工直接计入某种产品成本，制造费用需要在月末进行归集，并按照一定的标准分配至各产品的生产成本（见表 4-7-1）。本月生产成本和月初在产品成本汇总后还将在完工产品和在产品之间进行分配（见表 4-7-2），从而计算出各种完工产品的成本。产品完工后经验收填制入库单入库（见图 4-7-1），据此借记“库存商品”账户，贷记“生成产本”账户。此部分内容为成本会计课程的重点，本书不再赘述，也不再安排业务操作。

表 4-7-1　制造费用分配表

年　月　日

受益对象	分配标准（**）		分配率	分配金额
××车间	××产品			
	××产品			
	…			
	小计			
…	…			
	…			
	合计			

审核：　　　　　　　　　　制单：

表 4-7-2　产品成本计算单

产品：　　　　　　　　年　月　日　　　　　　　　完工产品：
在产品：

摘要	直接材料	直接人工	制造费用	合计
月初在产品成本				
本月生产费用				
月末在产品成本				
完工产品成本				
完工产品单位成本				

编制：　　　　　　　　　　审核：

入　库　单

年　　月　　日　　　　　　　　　　单号：

交来单位		验收仓库		入库日期		
编号	名称及规格	单位	数量		实际价格	
			交库	实收	单价	金额
合计						

负责人：　　　　会计：　　　　经办人：　　　　制单人：

图 4-7-1　入库单

笔记与思考

评价反馈

序号	任务	评分标准	分值	评价			平均得分
				自评	互评	师评	
1	制订生产计划	能够运用预算的方法协助制订生产计划	5				
2	制订物料需求计划	会编制物料需求计划表	15				
3	生产领料	熟悉不同的领料计价方法，能够准确核算生产领料业务	30				
4	核算人工成本	熟悉职工薪酬的内容，能够准确核算不同形式的职工薪酬	30				
5	固定资产 / 无形资产使用	能够准确核算固定资产折旧、后续支出及处置业务，能够准确核算无形资产摊销及处置业务	15				
6	完工质检入库	能够计算产品生产成本，对入库产品进行准确核算	5				
合　计							

项目五 销售与收款

场景描述

在销售与收款项目中，财务部门需要同销售、生产、采购、仓储等业务部门建立良好协作，完成售前、售中及售后相关业务的运营、记录及反馈，财务部门需向业务部门提供必要的辅助决策建议。

价值链流程图

学习目标

• 能够描述销售与收款业务流程，熟悉售前、售中、售后不同节点的辅助决策点和财务核算点。

• 能够辅助销售部门做出销售预测。

- 能够从不同路径评价客户信用等级，制订恰当的信用政策。
- 熟悉商业谈判与合同签订要点，会审查合同。
- 会开具蓝字发票、红字发票。
- 能够根据收入的性质、确认条件及时间，正确核算销售与收款业务。
- 会编制销售统计表、销售管理表，并能对数据进行分析。
- 能办理收款业务，管理好公司应收款项。
- 能够诚信守法、遵守准则、强化服务，具备一定的风险意识、沟通协作能力和参与管理的主体责任意识。

【情境引例】从收入增长数据看我国“十三五”期间国民经济增长

数据 1：活力十足，民营经济销售收入年均增长 17.7%。

数据显示，“十三五”时期，全国新办民营经济涉税市场主体 5 600.5 万户，占全部新办涉税市场主体的 97.5%，成为新办涉税市场主体的主力军。增值税发票数据显示，2016 年至 2020 年，民营经济销售收入年均增长 17.7%，高于全国总体水平 1.5 个百分点。

数据 2：更“高”“新”，制造业销售收入年均增长 11.2%。

制造业是强国之基。增值税发票数据显示，“十三五”时期我国制造业不断发展壮大，2016 年至 2020 年，全国制造业企业销售收入年均增长 11.2%。高技术制造业销售收入年均增长 15.1%，机器人、工业控制系统、集成电路等关键产品销售收入超过 2 倍。

（来源：新华社新媒体）

思考

国民经济保持增长，尤其是智能制造行业销售收入的高速增长，其动力是什么？

任务一　制订销售预测

任务描述

宁佳公司现阶段在资金、技术、市场资源等方面都较往年有一定程度的提升，公司的战略重点也由生存转向争夺发展机会和资源。公司近三年婴儿睡袋的营业额分别是 1 022 万元、1 075 万元、1 250 万元，现需要对影响销售的因素进行综合评估，制订公司未来一年的销售预测。

引导问题：为什么要制订销售预测？销售预测由谁制订？销售预测在 Excel 中如何实现？

知识准备

企业在正常运营状态下，制订销售预测可以参考两方面数据：

一是往年销售数据。通常可以对近三年的销售数据进行分析，在剔除异常因素（如偶然性大订单或大环境要求停工停产带来的订单损失等）的情况下，分别计算出近三年的销售增长率，利用趋势分析推算出下一年合理的增长率，这个增长率可能随着产品生命周期、市场景气程度等因素而存在一定的正负浮动范围。最后企业根据这一增长率估算出下一年的销售目标。

二是市场数据。企业应及时掌握市场及经济形势对销售的影响。首先，企业可以通过市场调研的方式，了解客户需求、客户评价等一手数据；其次，通过国家统计局、中国政府网等政府官方渠道把握影响销售的社会与经济因素；三是通过行业协会提供的本行业研究报告了解行业政策和发展趋势等信息，以此判断对本企业产品销售的影响；四是通过专业机构如中国报告大厅、前瞻产业研究院等机构提供的宏观和行业经济大数据、行业研究报告等，帮助企业对未来销售形势进行合理判断。

注意：

在制订业绩目标时，销量或销售额并非唯一的指标，有的企业通常更关注回款额和回款率，这体现了企业从销售速度向质量效益控制转型的诉求，也是企业管理现金流的要求。

小贴士

销售预测可以借助 Excel 工具轻松实现。

首先将近几期的营业额或销售量按照时间统计，接着在 Excel 中插入散点图，图中横坐标代表时间，纵坐标表示营业额，然后在散点图上右击，选择添加趋势线，接着双击趋势线，设置趋势线格式，再勾选“显示公式”，此时会自动拟合出一条反映销售额趋势的直线及其函数表达式，通过该函数，我们可以估计未来不同时期的销售额，再结合产品的市场环境做出适当调整。

任务实施

业务5-1-1　宁佳公司近三年婴儿睡袋营业额数据见表 5-1-1，结合国家统计局网站新生儿出生人口数的变化，请制订公司 2023 年婴儿睡袋销售预测。

表 5-1-1　宁佳公司近三年婴儿睡袋营业额统计表

单位：万元

统计年度	营业额
2020 年	1 022.00
2021 年	1 075.00
2022 年	1 250.00

【业务操作】公司主要面向婴幼儿市场，秉持质量第一的原则，获得了市场的认可，近三年营业额逐年上升，2022 年因拓宽了销售渠道，营业额有较大幅度的提升，预计销售势头有望保持。用 Excel 中的散点图添加趋势线的方式，可以获取婴儿睡袋营业额的线性方程 y=114x+887.67（见图 5-1-1），计算 x=4 时的 y 值，就是预计的 2023 年的销售额 1 343.67 万元。再结合国家统计局数据，2020—2022 年我国新生儿出生人口数分别为 1 202 万人、1 062 万人、956 万人，呈逐年递减趋势，2022 年降幅有所收窄。综合评估后可预测出较为合理的营业额。

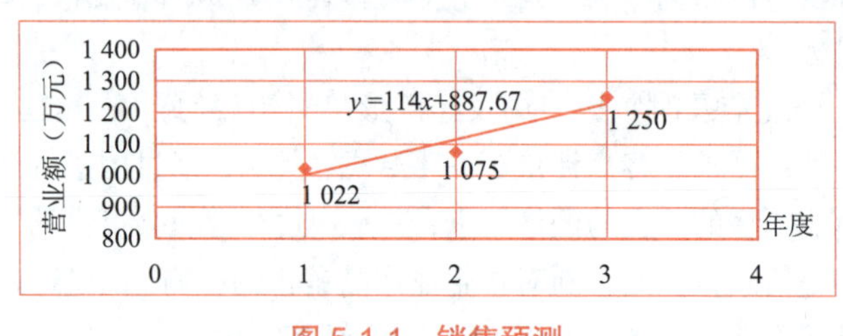

图 5-1-1　销售预测

任务二　客户信用管理

任务描述

为了保证销售回款率，宁佳公司在售前需对客户进行动态的信用等级评价，对不同信用等级的客户给予差异化的信用政策。请选择一家真实的公司，制订一份客户信用评价方案，并确立合适的信用政策。

引导问题：企业可以从哪些维度评价客户信用？

知识准备

微课

客户信用管理

一、客户信用评价的维度

具备条件的企业可以设立信用管理部门或岗位，负责制订客户信用政策，监督信用政策执行情况。信用政策要明确规定，企业应定期采用科学的信用管理技术，收集、健全客户信用资料，建立客户信用档案或数据库，对客户资信情况进行评估。客户信用的评价维度包括企业资质（注册资本、行业地位、同行口碑等）、经营状态（订单状态、员工状态、纳税信用等级等）、偿付能力（企业征信记录、债务情况、抵押情况、现金偿还能力等）、不良记录（生产事故、诉讼记录、经营异常记录等）。

企业根据评价结果对客户进行 ABC 分级管理，对不同信用等级的客户制订不同的信用政策。信用政策是企业为管理客户信用风险而制订的一系列规定和措施。主要包括信用额度设定、账期和付款方式、约定抵押或担保等。

如：企业对 A 类客户给予价格优惠、较高的信用额度和较长的账期，并与其建立长期的购销关系；对于 B 类客户，企业应该适当收缩信用额度，给予其较短的账期；对于 C 类客户，企业应给予其更低的信用额度和更短的账期，要求客户提供抵押或担保，或要求该类客户预付货款。

二、客户信用调查的途径

客户信用调查可以通过四种途径开展，如图 5-2-1 所示。

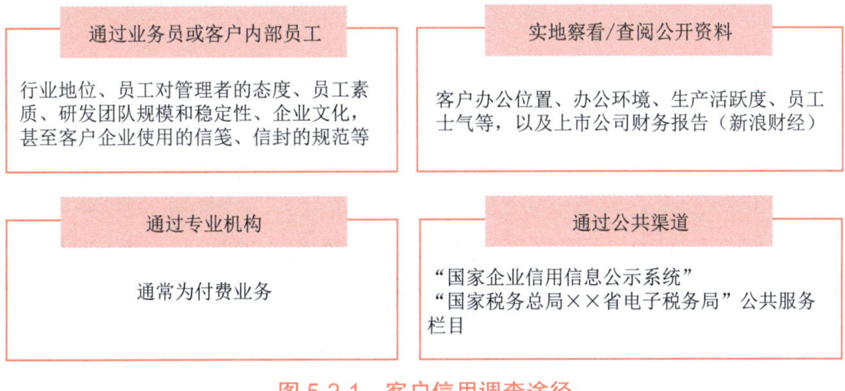

图 5-2-1 客户信用调查途径

任务实施

业务 5-2-1 请设计一份客户信用评价表，并选择一家真实企业进行信用等级评估，以此为其制订合适的信用政策。客户信用评价任务分组见表 5-2-1。

表 5-2-1 客户信用评价任务分组

班级		组号	
组长		组员	
客户信用评价表			
选择的公司			
信用评价结果			
信用政策			

任务三　商务谈判

任务描述

在取得意向订单后，公司需与客户进行商务谈判，主要就产品质量标准、价格、运费承担方、交付时间与地点、付款方式、发票条款及售后服务等方面达成一致意见。

引导问题：你觉得在商务谈判之前需要做什么准备工作?

知识准备

商务谈判是指商务活动中不同的利益主体，为了达成某笔交易，而就交易的各项条件进行协商的过程，也是签订合同的前置环节。商务谈判的结果通常受购买者谈判能力的影响。购买者谈判能力主要取决于行业竞争程度和购买方集中度，次要因素包括付款时间、长期合作意愿等。产品所在行业竞争越激烈、购买者越集中，即购买者数量少，个体购买量大，则购买者具备谈判优势，销售方则相应处于劣势。财务部门和业务部门需要共同分析购销双方谈判筹码，制订合适的定价策略。一般情况下，如果购买者具备谈判优势，销售方常采用成本领先战略，通过薄利多销的方式获取综合收益的最大化；相反，如果销售方具备谈判优势，通常采取差异化战略，通过提高定价来扩大综合收益。

任务实施

业务 5-3-1 通过角色模拟，以财务人员的身份参与业务部门婴儿睡袋的购销谈判。假设：婴儿睡袋成本为 80 元 / 件，行业平均毛利率为 35%。

【业务操作】根据现有成本数据及行业毛利率数据可以测算出该款婴儿睡袋基准定价为 108 元 / 件，但这个价格并非最终交易价格，还需考查购买者谈判能力，如婴儿睡袋市场竞争是否激烈、产品属于标准化产品还是差异化产品、现有客户集中还是分散、客户采购量及付款时间等。谈判团队需要结合具体信息进行综合研判，最终确定交易价格、交货时间、结算方式等条款。同时，在谈判中要做好合同谈判记录，见表 5-3-1。

表 5-3-1　合同谈判记录表

年　　月　　日

谈判时间		谈判地点	
采购单位名称			
采购产品名称规格			
对方拟采购数量			

续表

我方参与谈判部门					
主要情况记录（或议定事项）					
初始报价		最终约定价		结算方式	
交货时间及方式					
违约责任					
主要风险					
对方参与谈判人员					
我方参与谈判人员					

记录人：

任务四　签审销售合同

任务描述

根据商务谈判结果签订并审核销售合同。

引导问题： 销售方和采购方在签审购销合同时关注的点有什么不同？合同中可能存在哪些风险？

知识准备

合同在“采购与付款”项目中已经做过详细介绍，作为购销合同的双方主体，销售方和采购方关注的合同要素基本一致，如价格、交货期、结算方式、运费、发票条款、保证条款等，但是双方的诉求从经济利益角度讲，理论上是相反的，最终结果取决于双方的谈判能力。在签订和审核合同环节，销售方财务人员审核合同的要点见表 5-4-1。

表 5-4-1　销售方财务部门审核合同要点

审核要点	说　明
客户信息	客户主体资格（营业执照）、给予的信用政策是否与客户信用等级相匹配
合同价款	①产品价格是否经过合理的授权审批，是否超出产品定价控制区间。 ②根据《中华人民共和国印花税法》规定，应税合同的计税依据，为合同所列的金额，不包括列明的增值税税款。即购销合同印花税以合同价款为计算基础，合同价款以含税金额列示还是以不含税金额列示，会对印花税金额产生影响。因此需关注合同金额是否为不含税金额
结算方式	关注收款时间和收款方式（见表 5-4-2）。 注意： ①如果企业后期有通过现金折扣加速回款的计划，则务必在合同中体现现金折扣条款。原因是税法规定：给予客户的现金折扣，需凭双方盖章且注明了折扣标准、折扣率的有效合同，根据实际情况计算的折扣金额明细、银行收付凭证、收款收据等，证明该折扣真实发生的合法凭据据实列支，才能在申报企业所得税时作为财务费用税前扣除。 ②分期收款的业务，合同中要列明“分期收款”条款，确定每次收款时间，避免先行垫付税款
价外费用	《增值税暂行条例》第六条规定：用于计算增值税销项税额的销售额是纳税人销售货物或提供应税劳务向购买方收取的全部价款和价外费用。 价外费用包括：手续费、补贴、违约金、赔偿金、代收代垫款项等，上述价外费用无论会计上如何核算，都应并入销售额计税。但满足以下条件代垫运费不是价外费用：承运部门的运费发票开具给买方，由纳税人将该项发票交给买方。因此需要在合同中列明运费的承担方
发票条款	发票类型、发票税率、开票时间（如“按付款进度，开具相应金额的发票”等，注意对于评级为 B、C 类的客户，可以特别约定“款到开票”或“全额付款后 ×× 日内开具全额发票”的类似条款）、红字发票条款等

提示

常见收款方式包括预收、现收、应收、分期收，不同收款方式对销售方现金周期的影响见表 5-4-2，最终结算工具主要包括现金、企业网银、第三方平台、支票、银行汇票、银行本票、商业汇票等，在支付网络化和货币数字化的背景下，企业网银、第三方平台和商业汇票是大多数企业的选择。各种结算工具的特点见表 5-4-3。

表 5-4-2　常见收款方式

收款方式	对现金周期的影响
预收	+
现收	+
应收	-
分期收	-

表 5-4-3　常见结算工具比较

结算工具	现金	企业网银	第三方平台		支票	银行汇票	银行本票	商业汇票
分类			支付宝 / 财付通	信用证	现金 / 转账		定额本票 / 不定额本票	银行承兑汇票 / 商业承兑汇票
适用范围	个人 / 1 000 元以下对公	不限	零售 / 个人结算居多	国际结算	同城	异地 / 同城	同城	不限
时限					提示付款期为出票日起 10 日内	提示付款期为出票日起 1 个月内	提示付款期为出票日起 2 个月内	纸质商业汇票期限不超过 6 个月，电子商业汇票期限不超过 1 年。提示付款期自汇票到期日起 10 天内
背书转让					转账支票可以	转账字样的银行汇票可以	转账字样的银行本票可以	可以
注意事项	假币风险、当面点清		手续费	信用证欺诈、远期信用证的汇率风险	及时办理进账	及时办理进账	及时办理进账	注意防范背书转让的商业汇票信用风险，转让手数需控制，尽可能使用电子商业汇票防范风险

合同签审完成即确认销售订单，需要完成两件事情：

（1）与合同核对，确认以下重要信息，即产品名称、规格、数量、单价、总金额、交货期、交货地点、付款方式及特别要求等，并交由部门主管审核。

（2）销售部将已确认的销售订单传递至生产管理部门，由生产管理部门根据销售订单编制生产通知单，生产通知单同时下达至生产部和采购部。采购部第一时间确认原材料库存，决定是否需要发起原材料采购业务。生产部与仓储部门确认产品存货，并及时排产，确保交货期和质量。

任务实施

业务 5-4-1　宁佳婴童服饰有限公司与童乐园商贸有限公司签订商品购销合同（见图 5-4-1），请从财务角度审核该合同，并给出建议。

【业务操作】该合同信息不够全面，从财务角度看：一是缺少发票条款，如发票类型和开票时间；二是分期收款未列明每次收款的具体日期，税法默认一次性缴纳增值税，结算工具也未明确；第三是合同列明的交易价格为价税合计金额，这会使印花税计算基数增加；此外，售后服务条款等责任条款缺乏或过于简单，不利于合同履约过程中双方责任的认定。

购 销 合 同

合同编号：SGX20231105

购货单位（甲方）：童乐园商贸有限公司

供货单位（乙方）：宁佳婴童服饰有限公司

根据《中华人民共和国民法典》及国家相关法律、法规之规定，甲乙双方本着平等互利的原则，就甲方购买乙方货物一事达成以下协议：

一、货物的名称、数量及价格：

货物名称	规格型号	单位	数量	单价	金额	税率	价税合计
婴儿睡袋	YCX 秋	套	150	85.00	12 750.00	13%	14 407.50
合计（大写）人民币壹万肆仟肆佰零柒元伍角整							14 407.50

二、交货方式和费用承担：交货方式：第三方物流配送，交货时间：2023 年 11 月 30 日前，交货地点：童乐园商贸有限公司吉印路门店，运费由卖方承担。

三、付款时间与付款方式：分三次付款。

四、质量异议期：订货方对供货方的货物质量有异议时，应在收到货物后 7 天内提出，逾期视为货物质量合格。

五、未尽事宜经双方协商可作补充协议，与本合同具有同等效力。

六、本合同自双方签字、盖章之日起生效；本合同壹式贰份，甲乙双方各执壹份。

甲方（签章）：童乐园商贸有限公司
授权代表：李丽
地　　址：扬州市邗江区公园路 26 号
电　　话：0514-85668828
日　　期：2023 年 11 月 3 日

乙方（签章）：宁佳婴童服饰有限公司
授权代表：熊岩
地　　址：南京市江宁区开源路 1 号
电　　话：025-57226666
日　　期：2023 年 11 月 3 日

图 5-4-1　商品购销合同

任务五　开具发票

任务描述

根据合同中规定的开票要求，在正确的时间及时向客户开具发票。在本任务中，应熟悉发票类型，并掌握增值税发票的开具方法。

引导问题：发票对国家税收和财政的意义是什么？

知识准备

一、发票的类型

（1）按载体分包括纸质发票、电子发票、数电发票。

（2）按性质分包括增值税蓝字发票和增值税红字发票。

（3）按形式分包括增值税专用发票、增值税普通发票、卷式发票、定额发票和车船机票等。

二、开具发票的步骤

（一）采集客户信息

采集客户开票信息，确保开票信息无误，以减少废票的产生。客户信息采集表示例见表5-5-1。

表 5-5-1 客户信息采集表

尊敬的客户：

现需要贵司提供正确的公司名称（全称）、公司地址、电话、开户银行名称、开户银行账号、纳税人识别号/统一社会信用代码。如贵司为一般纳税人，届时需我司开具增值税专用发票的，请一并提供加盖公章的《一般纳税人资格证书》和《税务登记证》。

现烦请贵司协助、提供如下信息资料：

公司名称：（盖章）	
纳税人识别号/统一社会信用代码	
是否为一般纳税人	
贵司希望我司提供的发票类型	增值税专用发票□　增值税普通发票□
开户银行名称	
开户银行账号	
公司注册地址	
联系人	
联系电话	

以上资料属实，如有不符，责任由贵司承担。

感谢您的支持和配合！

年　月　日

（二）开具发票

1. 纸质发票开具流程

纸质发票（纸电发票）通过金税系统开具（纳入数电发票开票试点的企业也可以通过电子税务局电子发票服务平台开具）。

（1）双击桌面开票软件图标，进入开票系统，或者登录电子税务局网站进入纸质发票开具页面。

（2）双击“发票管理”。

（3）单击“发票填开”，从出现的选项里选择要开具的发票类型，例如增值税纸质普通发票，单击进入发票界面。

（4）填写名称、税号、地址、电话、开户行、账号等信息。

（5）填写货物或应税劳务、服务名称，如果系统已经添加过，则直接在列表双击选择即可，如果名称列表里没有需要的货物名称，则需要新增。

（6）设置商品参数，包括商品名称、税收分类编码、税率、含税价标志。

（7）填写数量、单价。

（8）保存并打印发票。打印前务必核对纸质发票的发票号码与开票系统里的即将打印的发票代码是否一致，确定一致后单击“打印”按钮，也可以选择不打印，仅仅保存发票，等开完所有的发票后再统一打印。

微课

蓝字数电发票开具流程

2. 数电发票开具流程

（1）登录电子税务局。

（2）设置开票员。从“我的信息”菜单进入“账户中心”，单击“人员权限管理”，单击“添加办税人员”，录入开票员身份信息，选择功能集，勾选“电票平台”后单击“确定”按钮，开票员登录电子税务局账户中心，选择“企业授权管理”→“待确认授权”，找到待确认的授权任务，单击“确定”按钮，完成授权确认。

（3）开具数电发票。登录电子税务局，进入“我要办税”→“开票业务”。首次发生开票业务的，可以选择进入“开票信息维护”，分别就项目信息、客户信息和附加信息进行维护。单击“添加”按钮，可在弹出的界面添加开票项目信息，包括项目名称、税收分类编码、税率、单位、单价和规格型号等信息，确认无误后单击“保存”。在“客户信息维护”功能中，单击“添加”按钮，在弹出的界面添加常用客户信息，包括客户名称、统一社会信用代码、地址、开户银行等信息，确认无误后单击“保存”按钮。

知识链接

发票备注栏填写内容

（4）维护好开票信息后，在“开票业务”中进入“蓝字发票开具”功能，单击“立即开票”，选择需要开具的发票票种、特定业务等信息，单击“确定”按钮。

（5）在发票开具界面，可选择已设置好的客户信息和开票项目信息，也可手动输入上述信息，确认无误后，单击“发票开具”按钮。

（6）出现“开票成功”提示，可选择交付发票、查看发票以及继续开票等功能。

任务实施

业务5-5-1 根据合同SGX20231105发票条款，宁佳婴童服饰有限公司需向童乐园商贸有限公司开具税率为13%的增值税专用发票，客户开票信息如下：

名称：童乐园商贸有限公司。

纳税人识别号：600989976763445677O。

地址、电话：天津市沿海大道999号022-80896622。

开户银行及账号：中国银行津南支行6221865466765588906789。

要求：通过增值税开票实训系统开具此张发票。

【业务操作】略。

任务六 发货

任务描述

根据订单发货，并分析产品周转效率，探讨产品周转是否存在问题，并提出优化方案。

引导问题：产品出库的速度受哪些因素影响？它反映企业经营的哪个环节存在问题？

知识准备

一、发货流程

销售部门根据订单填制发货单，一联传递至仓库安排发货，其他联次分别交由客户、财务和本部门留存。仓库根据手续齐全的发货单配货，并填制出库单办理产品出库，出库单一式三联，分别由销售部门、财务和仓库留存。发货通过第三方物流公司运输的，需要与物流公司做好交接，以明确责任，并留存运单等单据作为发货证明。销售部门还需及时关注运输进度，对于超时限的应与物流公司确认原因，并追踪实际将到达时间。如果企业自行送货，则需要在货物送达后，由对方人员当面验收，并在送货单上签字盖章。

二、库存周转

库存周转速度是指在一定时期内，公司能够将存货转化为销售收入的次数。在财务中常用存货周转率来表示，计算公式为：存货周转率 = 年度销售成本 / 平均存货余额。较低存货周转率意味着产品滞销，会产生资金占用成本、存储保管成本及机会成本等。较高的存货周转率通常表明公司能够有效地管理和利用其存货，产生更多效益。

任务案例

Haier的存货周转

然而，存货周转率也可能受到行业特点、产品类型、销售季节性等因素的影响，因此需要对比同行业公司或设定合理的目标来进行评估。此外，由于企业存货种类较多，包括原材料、在产品、产成品等，笼统地计算存货周转率并不能精准定位业务存在的问题，因此需要将分析的颗粒度缩小，将存货周转率细分为原材料周转率、在产品周转率和库存商品周转率，甚至可以进一步细化。

1. 原材料周转率

原材料周转率是衡量企业对原材料的使用效率的指标，计算公式为：

原材料周转率 = 营业成本 / 原材料平均余额

原材料周转天数 =360 ÷ 原材料周转率

原材料周转率表示原材料从采购下单开始到领料投产为止的速度，可以反映企业在采购环节的运转效率。与同行业同一指标相比，较低的原材料周转率或较高的原材料周转天数，可以表明企业采购管理能力有待提升，可能的原因包括：与供应商关系不密切，产生如供应推迟甚至中断等供应链风险，采购成本高，付款条件不利，采购量太大与生产及销售不匹配，投产不及时，等等。财务和业务部门可以结合企业自身实际情况发现问题，解决问题。

2. 在产品周转率

在产品周转率是反映企业在产品的制造效率的指标，计算公式为：

在产品周转率 = 营业成本 / 在产品平均余额

在产品周转天数 =360 ÷ 在产品周转率

在产品周转率表示生产部门从领料投产到产品完工为止的速度，可以反映企业在生产环节的运转效率。较低的在产品周转率表明企业生产管理存在可优化空间，比如生产计划制订不周全出现生产等待、技术不过关或设备故障出现生产停顿等。财务和业务部门同样需要结合企业自身实际情况找到问题，制订可行的解决方案。

3. 库存商品周转率

库存商品周转率是反映企业库存商品的出货效率的指标，计算公式为：

库存商品周转率 = 营业成本 / 库存商品平均余额

库存商品周转天数 =360 ÷ 库存商品周转率

库存商品周转率表示产品从完工入库到销售出库之间的速度，可以反映企业在销售环节的运转效率。较低的库存商品周转率可能是由于产品脱离市场、产不对销而出现积压，也可能是因为营销组织不力导致库存积压等。财务和业务部门需要结合企业实际情况找到问题并制订解决方案。

任务实施

一、发货

业务 5-6-1 根据与联发公司签订的购销合同，1 000 件婴儿睡袋将于本月 10 日发货，请填制发货单和出库单。

【业务操作】销售部门填制发货单（见图 5-6-1），仓库根据发货单备货并填制出库单（见图 5-6-2），审核后发货。

发 货 单

单据编号：FH011　　日期：2023 年 6 月 6 日　　交货日期：2023 年 6 月 10 日
销售订单号：xs10005　　客户名称：联发商贸　　仓　　库：成品库
业务员：李翔　　运输方式：SF 公路　　联系人：徐师傅 18022223333

产品名称	产品型号	发货数量	备注
婴儿睡袋	Y-WIN2	1 000	
合计			

营销经理：刘莎莎　　财务经理：朱玲　　销售：李翔　　客户：

图 5-6-1　发货单

销售出库单

单据编号：CK011　　客户名称：联发商贸　　出库日期：2023 年 6 月 10 日
销售订单号：xs10005　　出库类型：销售出库　　仓　　位：F 区货 2

产品名称	产品型号	出库数量	备注
婴儿睡袋	Y-WIN2	1 000	
合计			

仓管员：完梅枚　　仓储经理：刘进　　销售：李翔

图 5-6-2　销售出库单

二、库存周转分析

业务 5-6-2　通过计算得到宁佳公司和竞争对手南通玛奇朵公司的存货周转指标，见表 5-6-1，请分析：与竞争对手相比，宁佳公司的存货周转速度快不快？如果周转速度不快，那么可以将研究重点聚焦在哪个环节？（说明：指标计算方法在其他课程学习，本书不再赘述。）

表 5-6-1　宁佳公司存货周转天数

公司	原材料周转天数	在产品周转天数	产成品周转天数	存货周转天数
宁佳公司	10	7	40	57
南通玛奇朵	15	8	30	53

【业务操作】从总的存货周转天数的数据来看，宁佳公司比南通玛奇朵公司的存货周转时间要长，说明其存货周转速度总体稍慢，但相差不多，也无法聚焦业务问题。此时，将存货周转指标进一步细分为原材料周转天数、在产品周转天数和产成品周转天数，就能够发现宁佳公司的原材料周转和在产品周转并不比竞争对手慢，而是在产成品周转上速度有较大差距。而产成品周转对应的业务环节是销售环节，因此可以将研究重点聚焦在销售部门，财务和业务共同分析产成品出货慢的原因，分析是产品本身问题，还是营销策略问题。

任务七　销售业务财税处理

随着票据的电子化、标准化，以及 OCR（optical character recognition，光学字符识别）、RPA（robotic process automation，机器人流程自动化）等智能技术在财务领域的运用，基础的核算工作将逐步被智能财务系统替代，但作为会计相关专业从业人员，仍需理解并掌握销售与收款业务的相关概念、原理及具体核算方法。

子任务 1　认识收入

任务描述

充分理解企业会计准则第 14 号——收入（财会〔2017〕22 号）的相关概念，并运用五步法确定收入的确认时间和金额。

引导问题：销售方应该在什么时间确认收入？确认多少收入？

知识准备

一、收入的概念

收入是指企业在日常活动中形成的、会导致所有者权益增加的，与所有者投入资本无关的经济利益的总流入。根据企业经营业务的主次不同，分为主营业务收入和其他业务收入。按照履行合同所需时间不同，分为在某一时点履行履约义务形成的收入（如销售商品收入）和在某一时段内履行履约义务的收入（如提供劳务收入）。注意：收入不包括资产处置收益、投资收益和营业外收入。

二、收入的确认时间

企业应当在履行了合同中的履约义务，即在客户取得相关商品控制权时确认收入。其中，履约义务是指合同中企业向客户转让可明确区分商品的承诺。取得相关商品控制权，是指客户已经能够主导该商品的使用，并从中获得几乎全部的经济利益。注意：如果一项履约义务需要在某一时段内履行，则按照履约进度分期确认收入。

三、收入确认五步法

1. 识别与客户订立的合同

合同，是指双方或多方之间订立有法律约束力的协议，包括书面形式、口头形式以及其他可验证的形式（如隐含于商业惯例或企业以往的习惯做法中等）。

提示

书面形式：最正式、常见。

口头形式：面对面/电话/微信/淘宝等达成实时交易。

其他可验证形式：自选超市自助付款等。

2. 识别合同中的单项履约义务

合同开始日，企业应当识别合同所包含的各单项履约义务，并确定各单项履约义务是在某一时段内履行，还是在某一时点履行，履行了各单项履约义务时分别确认收入。

3. 确定交易价格

交易价格是指企业因向客户转让商品而预期有权收取的对价金额。企业代第三方收取的款项（如增值税）及企业预期将退还给客户的款项，不计入交易价格。

注意：

可变对价（折扣、返利、奖励积分等）、重大融资成分、非现金对价、应付给客户的对价（上架费、进场费等）对交易价格的影响。

4. 将交易价格分摊至各单项履约义务

合同中包含两项或多项履约义务的，企业应当在合同开始日按照各单项履约义务所承诺商品的单独售价的比例，将交易价格分摊至各单项履约义务。

5. 履行各单项履约义务时确认收入

在某一时点履行履约义务的，在客户取得商品控制权时确认收入；在某一时段内履行履约义务的，则按照履约进度确认收入。

四、销售与收款业务的核算科目

因销售类型、销售模式、收款方式不同，在核算销售与收款业务时会用到不同的账户。图 5-7-1 所示为销售与收款业务科目设置。

图 5-7-1　销售与收款业务科目设置

微课
合同资产与合同负债

（1）合同资产：指企业已向客户转让商品而有权收取对价的权利，且该权利取决于时间流逝之外的其他因素，即合同资产本质上是有收款约束条件时的应收账款。企业拥有的无条件（或仅取决于时间流逝）向客户收取对价的权利仍应当作为应收款项列示。

（2）合同负债：指企业已收或应收客户对价而应向客户转让商品的义务，即企业在转让承诺的商品之前已收取的款项。注意：预收的租赁款不属于《企业会计准则第 14 号——收入》范畴，不使用合同负债核算。

注意：

合同负债与预收账款的区别。

①合同负债所收的款项对应于合同规定的交付商品或提供劳务的履约义务，如果收取的款项不构成交付商品或提供劳务的履约义务，则属于预收账款。如预收款项中包含的增值税、收取的押金、入会手续费等，不在合同负债反映，而是计入“应交税费——待转销项税额”“其他应付款”等账户中。

②确认预收账款的前提是收到了款项，而确认合同负债则不以是否实际收到款项为前提，而是以合同中履约义务的确立为前提，如已签订合同明确了各方履约义务。

（3）合同取得成本：指企业取得合同发生的、预计能够收回的增量成本，通常在取得合同以后发生，如公司因为取得了这个合同给予相关人员的奖励、佣金等。该科目在确认收入时再转为销售费用。注意：在合同取得前发生的差旅费、投标费等，应当在发生时计入当期损益。因为此类费用，即使最后没有取得合同，也属于必要支出。

（4）合同履约成本：属于资产类科目，余额通常在报表的存货项目列示。指企业为履行当前或预期取得的合同所发生的、不属于其他企业会计准则规范范围的各种成本，如与合同直接相关的直接材料、直接人工和制造费用等。通常在提供劳务和制造周期较长的定制产品的生产与销售过程中使用。

（5）应收退货成本：属于资产类科目，主要用于附有销售退回条件的销售业务。本科目核算已发出但因为预计可能发生退货而不能转入主营业务成本的那部分存货的成本，即预期将退回商品的账面价值，扣除收回该商品预计发生的成本（包括退回商品的价值减损）后的余额。

（6）预计负债：指因或有事项可能产生的负债，如对外提供担保、未决诉讼、产品质量保证、重组义务以及固定资产和矿区权益弃置义务等产生的预计负债。

任务实施

业务5-7-1 中国电信推出预缴话费送手机活动，客户只需预缴话费 5 000 元，即可免费获得一部价格 2 400 元的华为手机，并从参加活动的当月起未来 24 个月内每月享受价值 150 元通信服务。请按五步法分析收入确认的时间和金额。

【业务操作】

（1）识别与客户之间的合同。中国电信与消费者签订套餐协议，该业务基于具有商业实质的书面合同。

（2）识别合同中的单项履约义务。该合同中电信公司需要向消费者提供套餐指定手机，并提供 24 个月的电信服务，前者属于在某一时点履行履约义务，后者属于在某一时段履行履约义务，两者可单独计量，属于两项单项履约义务。

（3）确定交易价格。合同总交易价格为电信公司收取的 5 000 元，不存在可变对价。

（4）将交易价格分摊至各单项履约义务。合同总交易价格 5 000 元按照合约手机与 24 个月电信服务的公允价值进行分摊，手机的公允价值为 2 400 元，电信服务的公允价值为 150 元/月 ×24 个月 =3 600 元。则提供手机这一应单项履约义务分摊的交易价格为 5 000 元 ×2 400/（2 400+3 600）=2 000 元，24 个月电信服务这一单项履约义务分摊的交易价格为 3 000 元，每月分摊 125 元。

（5）在企业履行履约义务时确认收入。提供手机的履约义务在客户取得手机时确认收入，提供电信服务则需在 24 个月的履约过程中每月分别确认收入。

子任务 2　某一时点履行履约义务的财税处理

任务描述

对直营销售、委托代销及附有销售退回条件的销售业务进行核算。

引导问题：销售产品一定属于在某一时点履行履约义务吗?

知识准备

在某一时点履行履约义务主要指销售产品（商品）业务，销售方在客户取得产品（商品）控制权的那一时点确认收入。此类业务按销售模式可分为直营销售和委托代销，按面向的客户类型可分为批发和零售，按销售渠道可分为线上销售和线下销售。此外还包括分期收款销售、附有销售退回条件的销售等特殊销售业务。

一、产品的直营销售

直营销售是指销货方直接面对客户进行销售。此种销售模式能够较好地体现品牌形象，实现垂直管理和精细化营销，市场计划执行力强，能够准确地掌握市场信息。不足之处在于初始投资成本较高，对终端管理能力要求较高。直营销售的场所可以是实体场所，也可以借助互联网平台。直营销售涉及的原始单据主要包括合同、销售订单、发票、发货通知单、出库单、结算相关凭证等。

（一）产品（商品）的一般销售

产品或商品的一般销售不涉及可变对价，通常按照发票金额贷记“主营业务收入”账户，按发票税额贷记“应交税费——应交增值税（销项税额）”账户，按照结算方式借记相应会计账户；同时，按照出库单数量计算并结转成本，借记“主营业务成本”账户，贷记“库存商品”账户。

（二）产品（商品）的折扣销售

在《企业会计准则第 14 号——收入》中，合同中议定的折扣包括商业折扣和现金折扣，均属于合同价款的可变对价，在确认收入时需要按照一定方法扣除。两种折扣的概念及核算方法见表 5-7-1。

表 5-7-1　商业折扣、现金折扣的概念及核算方法

项　目	概　　念	核算方法
商业折扣	企业为了鼓励客户多购买商品而在商品标价上给予的价格减让	商业折扣在销售时即已发生，并不构成最终成交价格。销售商品收入的金额不包括商业折扣，应按扣除商业折扣之后的净额入账
现金折扣	债权人为鼓励债务人在规定的期限内付款而向债务人提供的债务减让	（1）在确认销售收入时应按照最佳估计数估计现金折扣金额，将其确认为合同负债； （2）同时以现金折扣估计金额冲减销售收入； （3）收款时按照现金折扣实际发生金额与估计数额的差额，调整当期销售收入，同时转销合同负债

（三）产品（商品）的分期收款销售

分期收款销售是指先向客户提供产品或商品，后在较长的时间内按合同规定期限分期收

取货款的销售方式，是现代企业运用的一种重要促销手段，一般适合于具有金额大、收款期限长、款项收回风险大等特点的重大商品交易。

1. 收款期在一年内的分期收款销售

合同开始日，企业预计客户取得商品（或服务）控制权与客户支付价款间隔不超过一年的，可以不考虑合同中存在的重大融资成分。按照会计准则，应当在客户取得商品控制权时确认收入。而税法允许在合同约定的收款日期分期确认收入，并缴纳增值税和企业所得税。未收款部分对应的增值税暂时计入“应交税费——待转销项税额”账户，在实际收款时，再将对应的“应交税费——待转销项税额”转入“应交税费——应交增值税（销项税额）”账户。同时，税法也允许在合同约定的收款日开票，建议双方在签订合同时提前约定好开票的方式，销售方尽量选择分次开票。

提示

适用《小企业会计准则》的企业在会计处理和税务处理上没有差异，发出商品时，借记“发出商品”，贷记“库存商品”，在合同约定的收款日期分期确认收入，并结转相应成本，核算方法与现销方式下的一般销售相同，此处不再赘述。

2. 收款期超过一年的分期收款销售

收款期超过一年则需要考虑合同中存在的重大融资成分，企业应当按照假定客户在取得商品（或服务）控制权时即以现金一次性支付的应付金额确定交易价格。该交易价格与合同对价之间的差额，应当确认为“未实现融资收益”，在合同期间内采用实际利率法摊销。“未实现融资收益”是长期应收款的备抵项目，实质为因分期收款而收取的客户占用资金的利息收益，该利息收益将在收款期内分期实现，每期实现的融资收益 = 期初摊余成本 × 实际利率。

摊余成本实质为尚未收回的本金，各期期末摊余成本 = 期初摊余成本 - 已收回的本金，而已收回的本金 = 各期收回的款项 - 各期利息收入。计算得出的各期期末摊余成本就是下一期的期初摊余成本，用于计算下一期实现的融资收益。在实务中，还可以通过查询账户余额的方式快速获取期初摊余成本的金额，即，每期期初摊余成本 = 长期应收款账户期初余额 - 未实现融资收益账户期初余额。

实际利率是指将未来期间的现金流量，折算为当前公允价值所用的折现率。可以使用插值法或利用 Excel 中的 IRR 函数计算得出。

二、产品的委托代销

1. 委托代销的概念

委托代销是指制造商通过中间商（代理商 / 经销商）将产品辐射至各零售网点。它体现了厂商专业化分工的特征，具有投入少、效率高的优势，因此委托代销在我国属于一种主流销售模式。

2. 委托代销的分类

委托代销包括视同买断方式和收取手续费方式两种，二者主要区别见图 5-7-2。

视同买断方式	收取手续费方式
委托方按协议价格收取委托代销商品的货款，实际售价由受托方自行确定，实际售价与协议价之间的差额归受托方所有	受托方通常按照委托方规定的价格销售，不得自行改变售价。受托方完成销售时，按协议向委托方收取一定的手续费

图 5-7-2　委托代销的分类

说明

视同买断的委托代销又分为不附退回条款的包销方式和附有退回条款的非包销方式。前者指无论商品能否卖出，受托方均不能将商品退回委托方。该方式与直营销售无实质区别，委托方按销售处理，受托方按购进处理。因此在本环节不再设业务举例。后者指受托方可以将没有售出的部分退回给委托方，受托方在未售出商品前，委托方承担了商品销售的风险。

3. 委托代销收入的确认

当存在第三方参与企业向客户提供商品时，在确认收入前首先需要区分企业是主要责任人还是代理人。二者的比较见表 5-7-2。

表 5-7-2　主要责任人和代理人的比较

	特　征	收入确认
主要责任人	企业在向客户转让商品前能够控制该商品的，该企业为主要责任人	应当按照已收或应收对价总额确认收入（总额法确认收入）
代理人	企业在向客户转让商品前不能够控制该商品的，该企业为代理人	按照预期有权收取的佣金或手续费的金额确认收入，该金额应当按照已收或应收对价总额扣除应支付给其他相关方的价款后的净额，或者按照既定的佣金金额确认（净额法确认收入）

说明

企业判断其在向客户转让特定商品之前是否已经拥有对该商品的控制权时，可综合考虑以下事实和情况：

（1）转让商品的主要责任是企业还是第三方。

（2）该商品的存货风险在商品转让前后由企业还是第三方承担。

（3）所交易商品的价格由企业还是第三方决定。

根据上述判断标准，在视同买断的两种方式下，委托方和受托方在向各自的客户转让商品前均能够控制该商品，且承担向客户转让商品的主要责任，因此双方均应当在各自客户能够控制该商品时（通常为发出商品时），按照已收或应收商品的对价总额确认收入，但委托方在非包销的视同买断方式中，由于承担了未售出退回的风险，因此其收入确认时间为收到代销清单时。

而在收取手续费的代销方式下，受托方在转让商品前，不能够控制商品，因此为商品销售的代理人，应该在完成代销业务时按照预期手续费的金额确定收入。而委托方是商品销售的主要责任人，承担商品的销售风险，其应在收到受托方开具的代销清单时确认收入。归纳起来，委托代销收入的确认时间见表 5-7-3。

表 5-7-3　委托代销收入的确认时间

	视同买断（包销）	视同买断（非包销）	收取手续费方式
委托方	（主要责任人） 发货时	（主要责任人） 收到代销清单时	（主要责任人） 收到代销清单时
受托方	（主要责任人） 发货时	（主要责任人） 发货时	（代理人） 开出代销清单时

4. 委托代销的风险管理

委托代销与直营销售一样，可能面临存货周转和资金回款两方面的风险。因此，首先委托方对受托方的信用调查环节必不可少，同时需要了解受托方的销售能力；第二，委托方需要与受托方签订书面委托代销协议，明确价格、结算方式、结算日期、运输承担方及双方的其他权利义务和违约责任等；第三，委托方应对委托代销发出的商品进行必要盘点，制订委托代销商品的定期报告制度，分析委托代销商品的周转速度，控制代销库龄；第四，委托方应建立货款催收责任制度，重视委托代销回款情况，可以将回款率作为业绩考核的指标之一。

三、附有销售退回条件的商品销售

附有销售退回条件的商品销售，是指购买方按照合同或协议在一定时期内有权退货的销售方式。对于附有销售退回条款的销售，企业应当在客户取得相关商品控制权时，按照因向客户转让商品而预期有权收取的对价金额（即不包含预期因销售退回将退还的金额）确认收入，按照预期因销售退回将退还的金额确认负债；同时，按照预期将退回商品转让时的账面价值，扣除收回该商品预计发生的成本（包括退回商品的价值减损）后的余额，确认为一项资产，按照所转让商品转让时的账面价值，扣除上述资产成本的净额结转成本。每一资产负债表日，企业应当重新估计未来销售退回情况，如有变化，应当作为会计估计变更进行会计处理。

四、商业零售企业的销售业务核算

批发企业销售与直营销售的方法类似，本书不再赘述。

商业零售企业采用售价金额核算法核算销售业务。该方法对每种商品建立实物负责制，其入库、销售及期末库存等均按含税售价进行核算，售价与进价的差额通过“商品进销差价”科目核算，每月末再通过价税分离还原营业收入，通过分摊商品进销差价还原营业成本。零售业务核算过程见图 5-7-3。

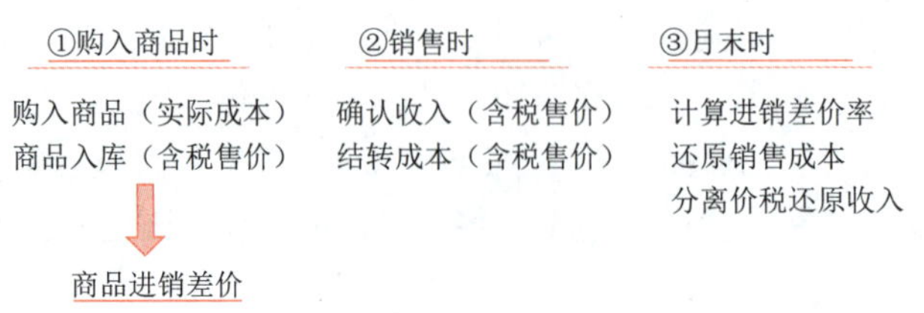

图 5-7-3　零售业务核算过程

提示

在买赠业务中，根据国家税务总局《关于确认企业所得税收入若干问题的通知》，企业以买一赠一等方式组合销售商品的，不属于捐赠，应将销售金额按各项商品的公允价值的比例来分摊确认各项商品的销售收入，营业成本也包含赠品的成本。注意，开票时所售商品和赠品须开在同一张发票中。

任务实施

一、核算直营销售（折扣销售）

业务5-7-1 宁佳公司2023年10月30日销售给联发公司1 000件婴儿睡袋，不含税单价200元，500件以上享受30%的商业折扣。增值税税率13%，单件成本86元，已向联发公司开具增值税专用发票（见图5-7-4），并通过顺丰速运发货（见表5-7-4），以挂账方式代垫运费200元。合同约定的现金折扣条件为“2/10,1/20,n/30”，计算现金折扣不考虑增值税。应收款项没有附加约束条件。宁佳公司根据以往数据估计联发公司最有可能在10天内付款。

微课

核算现金折扣

电子发票（增值税专用发票）

发票号码：38768964737829389OO

开票日期：2023年10月30日

购买方信息	名称：联发商贸有限公司 统一社会信用代码/纳税人识别号：901567204660145678	销售方信息	名称：宁佳婴童服饰有限公司 统一社会信用代码/纳税人识别号：123200004660142866

项目名称	规格型号	单位	数量	单价	金额	税率/征收率	税额
婴儿睡袋	Y-WIN2	套	1 000	200.00	200 000.00	13%	26 000.00
婴儿睡袋	Y-WIN2	套			-60 000.00	13%	-7 800.00
合计					¥140 000.00		¥18 200.00
价税合计（大写）	人民币壹拾伍万捌仟贰佰元整				（小写）¥158 200.00		
备注							

开票人：华璇

图5-7-4 增值税电子专用发票

【业务操作】

（1）当客户联发公司能够取得产品控制权时确认收入，金额为产品实际成交价格，即扣除商业折扣之后的净额，再扣除现金折扣这一可变对价的估计数：

借：应收账款——联发公司　　158 400

　贷：主营业务收入——婴儿睡袋　　137 200

合同负债——可变对价　　2 800
应交税费——应交增值税（销项税额）　　18 200
应付账款——顺丰速运　　200

（2）同时，结转产品成本：

借：主营业务成本——婴儿睡袋　　86 000
　　贷：库存商品——婴儿睡袋　　86 000

表 5-7-4　销售出库单

单据编号：CK011　　客户名称：联发商贸　　出库日期：2023 年 10 月 30 日
销售订单号：xs10005　　出库类型：销售出库　　仓　　位：F 区货 2

产品名称	产品型号	出库数量	备注
婴儿睡袋	Y-WIN2	1 000	
合计			

仓管员：完梅枚　　仓储经理：刘进　　销售：李翔

业务 5-7-2　承业务 5-7-1，宁佳公司 2023 年 11 月 12 日工商银行账户收到联发公司转账的货款和运费。根据现金折扣条件，联发公司可以享受货款 1% 的现金折扣，共计 1 400 元，比预估的现金折扣少了 1 400 元，在冲回多计提的合同负债的同时，转回多冲减的主营业务收入。

【业务操作】

借：银行存款——工商银行　　157 000
　　合同负债——可变对价　　2 800
　　贷：应收账款——联发公司　　158 400
　　　　主营业务收入——婴儿睡袋　　1 400

微课

核算不具有融资性质的分期收款销售

二、核算直营销售（不具有融资性质的分期收款销售）

业务 5-7-3　宁佳公司采用分期收款方式向联发公司发出竹纤维婴儿被 1 000 条，单位成本 300 元，单价 400 元（不含税），价款在一年内分三次收回，第一次和第二次分别收取价款的 40%，第三次收取 20%，并在收款日分三次向联发公司开出相应金额的发票。

【业务操作】

（1）发出商品时确认收入：

借：应收账款——联发商贸　　452 000
　　贷：主营业务收入——婴儿竹纤维被　　400 000
　　　　应交税费——待转销项税额　　52 000

同时结转成本：

借：主营业务成本——婴儿竹纤维被　　300 000
　　贷：库存商品——婴儿竹纤维被　　300 000

（2）第一次收款并开票时：

借：银行存款——工商银行　　180 800
　　应交税费——待转销项税额　　20 800
　　贷：应收账款——联发商贸　　180 800
　　　　应交税费——应交增值税（销项税额）　　20 800

（3）第二次收款并开票时：

借：银行存款——工商银行　　180 800
　　应交税费——待转销项税额　　20 800
　　贷：应收账款——联发商贸　　180 800
　　　　应交税费——应交增值税（销项税额）　　20 800

（4）第三次收款并开票时：

借：银行存款——工商银行　　90 400
　　应交税费——待转销项税额　　10 400
　　贷：应收账款——联发商贸　　90 400
　　　　应交税费——应交增值税（销项税额）　　10 400

三、核算直营销售（具有融资性质的分期收款销售）

微课

核算具有融资性质的分期收款销售

业务 5-7-4　甲公司 2024 年 1 月 5 日向乙公司售出大型设备一台，协议约定从销售当年末分 5 年收款，每年末收回 200 万元，合计 1 000 万元（不含增值税，增值税税率 13%）。该设备一次性付款的公允价值为 800 万元，成本 600 万元。

【业务操作】

（1）2024 年 1 月 5 日销售时：

借：长期应收款——乙公司　　10 000 000
　　应收账款或银行存款　　1 300 000
　　贷：主营业务收入——设备　　8 000 000
　　　　未实现融资收益　　2 000 000
　　　　应交税费——待转销项税额　　1 300 000

借：主营业务成本——设备　　6 000 000
　　贷：库存商品——设备　　6 000 000

（2）各期收回货款时：

借：银行存款——工商银行　　2 000 000
　　贷：长期应收款——乙公司　　2 000 000

（3）各期确认“未实现融资收益”时：

根据各年现金流量 -800 万元、200 万元、200 万元、200 万元、200 万元、200 万元，在 Excel 中用 IRR 函数可以迅速测算出实际利率为 7.93%，再根据表 5-7-5 中各指标的关系计算出未实现融资收益在各年的摊销额。

根据表格，第一年实现的融资收益为 63.4 万元：

借：未实现融资收益　　634 000
　　贷：财务费用　　634 000

表 5-7-5 未实现融资收益摊销表

单位：万元

时间	期初应收本金 A= 上期期末应收本金 E	利息收入 B=A*7.93%	未实现融资收益余额 = 期初余额 −B	收款 C	本期收回本金 D=C−B	期末应收本金 E= 期初应收 A−D
销售日	—	—	200	—	—	—
第 1 年	800	63.4	136.6	200	136.6	663.4
第 2 年	663.4	52.6	84	200	147.4	516
第 3 年	516	40.9	43.1	200	159.1	356.9
第 4 年	356.9	28.3	14.7	200	171.7	185.3
第 5 年	185.3	14.7*	0	200	185.3	0
合计	—	200	—	1 000	800	—

注：为避免小数点计算误差，最后一年利息收入通过倒挤计算得出。

四、核算委托代销业务（非包销的视同买断）

业务 5-7-5 宁佳公司 2023 年 9 月 9 日与戎美商贸（一般纳税人）签订代销协议，委托戎美商贸代销婴儿被 1 000 件，不含税协议价为 380 元 / 套，成本为 260/ 套，货物已发出，增值税税率为 13%，并约定戎美公司可以自行定价对外销售，且能够将没有代销出去的产品退回宁佳公司。9 月 30 日，收到戎美公司开来的代销清单，显示已售出 400 套，此时，宁佳公司向戎美商贸开出增值税专用发票，金额为 152 000 元，税额为 19 760 元。10 月 15 日，宁佳公司工商银行账户收到戎美商贸按协议价转账的款项。此外，戎美公司对外销售时定价为 500 元 / 套，均已向其客户开出增值税发票，华夏银行账户收到货款。

【业务操作】在视同买断的委托代销业务中，委托和代销双方在向各自的客户转让商品前都能够控制该商品，因此均为销售业务的主要责任人。委托方在收到代销清单时按已收或应收产品协议价确认收入。受托方在对外销售符合收入确认条件时按照已收或应收的产品对价总额确认收入。委托方和受托方的核算过程见表 5-7-6。

表 5-7-6 委托代销业务核算过程

委托方（宁佳公司）		
① 9 月 9 日，将 1 000 套婴儿被交付戎美商贸时：		
借：委托代销商品——婴儿被	260 000	
贷：库存商品——婴儿被		260 000
② 9 月 30 日，收到代销清单时：		
借：应收账款——戎美商贸	171 760	
贷：主营业务收入——婴儿被		152 000
应交税费——应交增值税（销项税额）		19 760
同时结转成本：		
借：主营业务成本——婴儿被	104 000	
贷：委托代销商品——婴儿被		104 000

续表

委托方（宁佳公司）	
③ 10 月 15 日，收到戎美商贸转账的 400 套婴儿被货款时： 借：银行存款——工商银行 　贷：应收账款——戎美商贸	 171 760 171 760
受托方（戎美商贸）	
① 9 月 9 日，收到代销的 1 000 套婴儿被时： 借：受托代销商品——婴儿被 　贷：受托代销商品款——宁佳公司	 380 000 380 000
②实际销售婴儿被时： 借：银行存款——华夏银行 　贷：主营业务收入——婴儿被 　　应交税费——应交增值税（销项税额） 同时结转成本： 借：主营业务成本——婴儿被 　贷：受托代销商品——婴儿被 收到宁佳公司增值税专用发票时： 借：受托代销商品款——宁佳公司 　应交税费——应交增值税（进项税额） 　贷：应付账款——宁佳公司	 226 000 200 000 26 000 152 000 152 000 152 000 19 760 171 760
③ 12 月 7 日，将款项支付给宁佳公司时： 借：应付账款——宁佳公司 　贷：银行存款——华夏银行	 171 760 171 760

五、核算委托代销业务（收取手续费）

业务 5-7-6 宁佳公司 2023 年 9 月 9 日与戎美商贸（一般纳税人）签订代销协议，委托戎美商贸按 380 元 / 套的价格代销婴儿被 1 000 件，该批婴儿被成本为 260 元 / 套，货物已发出，增值税税率为 13%，并约定按售价的 10% 向戎美公司支付手续费。9 月 30 日，收到戎美公司开来的代销清单，显示已售出 400 套，此时，宁佳公司向戎美商贸开出增值税专用发票，金额为 152 000 元，税额为 19 760 元。10 月 15 日，宁佳公司工商银行账户收到戎美商贸按协议价扣除 10% 手续费后的款项，及手续费的增值税专用发票，注明金额 15 200 元，税额 912 元。

【业务操作】在收取手续费的委托代销业务中，委托方在向客户转让商品前能够控制该商品，因此委托方为销售业务的主要责任人。代销方在向客户转让商品前只有代理销售权利，无法控制商品，其在销售业务中为代理人。委托方在收到代销清单时按已收货应收产品销售对价确认收入。受托方在对外销售后按照代销手续费金额确认收入。委托方和受托方核算过程见表 5-7-7。

表 5-7-7　收取手续费方式的委托代销核算过程

委托方（宁佳公司）	
① 9 月 9 日，将 1 000 套婴儿被交付戎美商贸时： 借：委托代销商品——婴儿被 　贷：库存商品——婴儿被	 260 000 260 000

续表

委托方（宁佳公司）		
②9 月 30 日，收到代销清单时：		
借：应收账款——戎美商贸	171 760	
贷：主营业务收入——婴儿被		152 000
应交税费——应交增值税（销项税额）		19 760
同时结转成本：		
借：主营业务成本——婴儿被	104 000	
贷：委托代销商品——婴儿被		104 000
借：销售费用——代销手续费	15 200	
应交税费——应交增值税（进项税额）	912	
贷：应收账款——戎美商贸		16 112
③10 月 15 日，收到戎美商贸转账的 400 套婴儿被货款时：		
借：银行存款——工商银行	155 648	
贷：应收账款——戎美商贸		155 648
受托方（戎美商贸）		
①9 月 9 日，收到代销的 1000 套婴儿被时：		
借：受托代销商品——婴儿被	380 000	
贷：受托代销商品款——宁佳公司		380 000
②实际销售婴儿被时：		
借：银行存款——华夏银行	171 760	
贷：受托代销商品——婴儿被		152 000
应交税费——应交增值税（销项税额）		19 760
收到宁佳公司开具的增值税专用发票时：		
借：受托代销商品款	152 000	
应交税费——应交增值税（进项税额）	19 760	
贷：应付账款——宁佳公司		171 760
③12 月 7 日，与宁佳公司结算时：		
借：应付账款——宁佳公司	171 760	
贷：银行存款——华夏银行		155 648
其他业务收入——代销手续费		15 200
应交税费——应交增值税（销项税额）		912

六、核算附有销售退回条件的销售业务

业务5-7-7 宁佳公司 2023 年 9 月 2 日向联众公司销售 1 000 部便携式蒸汽挂烫机，不含税单位销售价格为 180 元，单位成本 120 元，当日开出的增值税专用发票注明销售金额 180 000 元，税额 23 400 元，纳税义务已经发生，挂烫机已发出，假定控制权在货物发出时转移。根据购销协议约定，联众公司应于 2023 年 10 月 8 日之前支付货款，在 2023 年 12 月 2 日之前有权退还挂烫机。宁佳公司根据过去的经验，估计该批挂烫机的退货率约为 10%。2023 年 10 月 8 日工商银行账户收到联众公司转账的 203 400 元款项。2023 年 11 月 30 日收到联众公司退回的 70 部挂烫机，宁佳公司开出红字增值税专用发票。

【业务操作】

（1）根据购销协议约定，在货物发出时确认收入、结转成本，并根据 10% 的退货率估计预计负债和应收退货成本：

借：应收账款——联众公司　　203 400
　　贷：主营业务收入——便携式蒸汽挂烫机　　162 000
　　　　预计负债——应付退货款　　18 000
　　　　应交税费——应交增值税（销项税额）　　23 400
借：主营业务成本——便携式蒸汽挂烫机　　108 000
　　应收退货成本　　12 000
　　贷：库存商品——便携式蒸汽挂烫机　　120 000

（2）2023 年 10 月 8 日收到货款：

借：银行存款——工商银行　　203 400
　　贷：应收账款——联众公司　　203 400

（3）2023 年 11 月 30 日收到联众公司退回的 70 部挂烫机：

借：库存商品——便携式蒸汽挂烫机　　8 400
　　应交税费——应交增值税（销项税额）　　1 638
　　预计负债——应付退货款　　18 000
　　贷：应收退货成本　　8 400
　　　　主营业务收入——便携式蒸汽挂烫机　　5 400
　　　　银行存款——工商银行　　14 238
借：主营业务成本——便携式蒸汽挂烫机　　3 600
　　贷：应收退货成本　　3 600

七、核算商业零售业务

业务 5-7-8　星辰卖场是一家从事家电零售的企业，2023 年 9 月 26 日从宏远数码公司购入 200 部家用投影仪，取得增值税专用发票，发票注明不含税单价为 1 800 元，计价款 360 000 元，税额 46 800 元，宏远数码公司代垫运费 150 元（增值税普通发票），当日星辰卖场以网银转账的方式支付了款项。每部投影仪的含税售价为 2 825 元。星辰卖场 10 月家用投影仪的销售情况见表 5-7-8，信用卡结算手续费率为 0.4%。

表 5-7-8　星辰卖场 10 月投影仪柜组收款结算统计表

单位：元

投影仪柜组	缴款结算				
	现金	信用卡	支付宝	微信	合计
家用投影仪	28 250	141 250	84 750	101 700	355 950

【业务操作】

（1）星辰卖场属于零售企业，采购商品时按照含税售价入库，含税售价与进价的差额计入“商品进销差价”账户。

借：库存商品——家用投影仪　　565 000
　　应交税费——应交增值税（进项税额）　　46 800
　　贷：银行存款　　406 950

商品进销差价　　204 850

（2）销售发生时，按照含税售价确认收入，并等金额结转营业成本。

借：库存现金　　28 250
银行存款　　140 685
财务费用——信用卡手续费　　565
其他货币资金——支付宝　　84 750
——微信财付通　　101 700
贷：主营业务收入——家用投影仪　　355 950

借：主营业务成本——家用投影仪　　355 950
贷：库存商品——家用投影仪　　355 950

（3）月末汇总当月营业收入并进行价税分离，从含税售价中分离出的税额 = 含税售价 ÷（1+ 增值税税率）× 增值税税率（假设当月营业总额除了上述家用投影仪的销售额外，还有空气净化器销售额 678 000 元，破壁机 271 200 元）。

借：主营业务收入——家用投影仪　　40 950
——空气净化器　　78 000
——小厨电　　31 200
贷：应交税费——应交增值税（销项税额）　　150 150

（4）月末分柜组计算商品进销差价率，并将进销差价分摊至已售商品，还原其营业成本。假设期初投影仪柜组库存商品和商品进销差价余额分别为 56 000 元和 16 800 元。因每个柜组商品进销差价率的计算方法相同，本书只以投影仪柜组为例介绍期末商品进销差价的分摊过程，空气净化器柜组和小厨电柜组的进销差价率直接给出，分别为 30% 和 35%。

根据商品进销差价率的计算公式，计算投影仪柜组的进销差价率：

$$\text{商品进销差价率} = \frac{\text{期初进销差价} + \text{本期购进商品进销差价}}{\text{期初库存商品售价} + \text{本期购进商品售价}} \times 100\%$$

$$\text{本月投影仪柜组进销差价率} = \frac{16\,800+204\,850}{56\,000+565\,000} \times 100\% = 35.69\%$$

已售商品本月应分摊的商品进销差价 = 各柜组商品售价 × 本柜组进销差价率

本月已售投影仪分摊的进销差价 =355 950 × 35.69%=127 038.56（元）

本月已售空气净化器分摊的进销差价 =678 000 × 30%=203 400（元）

本月已售破壁机分摊的进销差价 =271 200 × 35%=94 920（元）

借：商品进销差价——投影仪柜组　　127 038.56
——空气净化器　　203 400.00
——破壁机　　94 920.00
贷：主营业务成本——投影仪柜组　　127 038.56
——空气净化器　　203 400.00
——破壁机　　94 920.00

八、商业零售促销方式选择

商业零售企业常见的促销方式包括打折销售、买赠销售、奖励积分、有奖销售、满减销售等。不同的促销方案，承担的税负及最终所获净利润存在差异。

业务 5-7-9 某工厂门店计划在 2023 年国庆节展开促销活动，并提出：满 300 送 30 活动。具体方案如下：

方案一：顾客买满 300 元，立减 30 元。

方案二：顾客买满 300 元，赠送价值 30 元的赠品，赠品与销售的商品开在同一张发票上。

假设，该工厂门店产品及赠品均为自产，产品毛利率为 20%（其中：成本结构为材料成本，占总成本的 70%，制造费用及直接人工占总成本的 30%，计算进项税时只考虑材料成本），不考虑其他费用，公司为一般纳税人，税金及附加扣除率为 12%。

要求： 根据上面的条件测算两个方案的净收益以供总经理做出决策（计算过程中保留两位小数）。

【业务操作】 在满减销售方案中，营业收入为满减后的净额再作价税分离，营业成本 = 满减前的不含税收入 ×（1- 毛利率）。在买赠销售方案中，根据国家税务总局《关于确认企业所得税收入若干问题的通知》，企业以买一赠一等方式组合销售商品的，不属于捐赠，应将销售金额按各项商品的公允价值的比例来分摊确认各项销售收入，即营业总收入为正价商品的不含税价格，而营业成本则包括正价商品和赠品的成本。

从表 5-7-9 的计算结果可以看出，方案二买赠促销的净收益比方案一满减销售高出 3.85 元，即便方案二的增值税多交 1.28 元，也仍然具有优势。

表 5-7-9 促销方案净收益计算表

单位：元

项目	方案一	方案二
营业收入	238.94	265.49
销项税额	31.06	34.51
营业成本	212.39	233.63
进项税额	19.33	21.26
增值税应纳税额	11.73	13.25
税金及附加	1.41	1.59
营业利润	25.14	30.27
企业所得税	6.29	7.57
净收益	18.85	22.70

子任务 3 某一时段履行履约义务的财务处理

任务描述

确定各期履约进度，正确核算各期收入和成本。

引导问题：哪些履约义务需要在某一时段履行？

知识准备

在某一时段履行履约义务通常指提供劳务或服务的业务，通常劳务和服务的输出需要持续一定的时间，其起止时间可能在同一会计期间（不跨期），也可能不在同一会计期间，甚至不在同一年（跨期）。此时，根据成本收益配比原则，销售方需要按照一定的方法选择正确的时间确认收入。

一、在同一会计期间内履行履约义务

不跨期履行履约义务应按完成合同法在义务履行完成时确认收入，确认的金额通常为向接受劳务方已收或应收的合同或协议价款，确认原则可参照销售商品收入的确认原则，同时结转劳务成本。

二、不在同一会计期间履行履约义务

对于跨期履行的履约义务，企业应当在该段时间内按照履约进度确认收入，履约进度可以采用产出法或投入法确定。产出法是根据已转移给客户的商品对于客户的价值确定履约进度，如实际测量的完工进度、评估已实现的结果、已达到的里程、流逝的时间、已生产或已交付的单位。投入法是根据企业为履行履约义务的投入确定履约进度，如消耗的资源、花费的工时数、发生的成本、流逝的时间、使用的机器运转时数。

注意：

在选择投入法时必须排除不能体现履行履约义务的投入，比如产生的成本对履行履约义务没有帮助的部分需要排除在外，如废料、返工、计划外的人工等。

当期营业收入 = 合同总价格 × 履约进度 − 以前会计期间累计已确认的收入

当期营业成本 = 合同总成本 × 履约进度 − 以前会计期间累计已确认的成本

说明

当履约进度不能合理确定时，企业已经发生的成本预计能够得到补偿的，应当按照已经发生的且能得到补偿的成本金额确认收入，直到履约进度能够合理确定为止。

任务实施

业务5-7-10 宁佳公司于2023年10月10日与鼎鑫公司签订设备安装合同，接受一项设备安装任务，不含税合同金额为90 000元，增值税税率为9%。实际发生安装成本60 000元，

均为安装人员劳务报酬。合同于当月 20 日履行完毕，款项尚未收到。

【业务操作】该安装业务没有跨期，采用完成合同法，在义务履行完成时确认收入并结转成本。

（1）确认收入：

借：应收账款——鼎鑫公司　　98 100
　贷：主营业务收入——设备安装　　90 000
　　应交税费——应交增值税（销项税额）　　8 100

（2）结转履约成本：

借：主营业务成本——设备安装　　60 000
　贷：应付职工薪酬——短期薪酬　　60 000

说明

对于不跨期但需要持续一段时间履行的义务，企业可增设“合同履约成本”账户，用于归集日常发生的有关支出。待履约完成确认收入的同时，再将“合同履约成本”转入“主营业务成本”账户。

业务 5-7-11　宁佳公司于 2023 年 12 月 1 日与鼎鑫公司签订设备安装合同，安装期为 2 个月，不含税合同总收入 100 万元，增值税税率为 9%。合同签订当日开出全款发票，并通过工商银行账户预收安装费 75 万元，至年底实际发生安装费用 39 万元（全部为安装人员薪酬），估计还将发生安装费用 26 万元。假设宁佳公司按投入法确定履约进度。

【业务操作】该安装业务为跨期劳务，按照履约进度分期确认收入，在义务履行完成时确认收入并结转成本。

（1）2023 年 12 月 1 日预收安装费用时：

借：银行存款——工商银行　　750 000
　贷：合同负债——鼎鑫公司　　660 000
　　应交税费——应交增值税（销项税额）　　90 000

（2）2023 年 12 月发生安装费用时：

借：合同履约成本——设备安装　　390 000
　贷：应付职工薪酬——短期薪酬　　390 000

（3）2023 年 12 月 31 日确认收入时：

截至 2023 年底的合同履约进度 = 实际发生的成本占估计总成本的比例

=39/（39+26）×100%=60%

则 2023 年 12 月应确认收入 = 合同总收入 × 合同履约进度 − 以前期间确认的收入

=100×60%=60（万元）

借：合同负债——鼎鑫公司　　600 000
　贷：主营业务收入——设备安装　　600 000

（4）2023 年 12 月 31 日结转成本时：

借：主营业务成本——设备安装　　390 000
　贷：合同履约成本——设备安装　　390 000

说明

2023 年 1 月继续确认剩余收入，结转实际发生的成本，并收回余款。

思考

假设 2023 年 1 月在履行完安装义务时发现鼎鑫公司发生资金周转困难，剩余款项无法收回，应该如何处理呢？

任务八　编制销售报表

任务描述

当月宁佳公司在不同地区均产生了不同规模的销售业务，部分款项已收回。在该任务中，需要为宁佳公司设计一份月度销售统计报表和一份月度销售管理报表。

引导问题：对销售与收款业务的统计可以包括哪些数据？销售管理报表应该如何设计？其价值体现在哪里？

知识准备

销售报表是对销售相关数据的反映，企业通常根据实际需要进行日统计、周统计或者月度统计。为便于数据挖掘和分析，销售报表中的原始数据应尽可能全面、准确。一般来说，需要采集的信息包括销售日期、订单编号、商品代码及名称、销售数量、单价、金额、应收金额、回款金额、客户、是否老客户、销售区域、业务员、成本、毛利率、新客户数量、新客户销售金额、休眠客户数量、退出客户数量等。根据以上数据，企业可以利用 Excel 的数据透视表，从区域、部门、时间、客户、商品等不同维度把握销售数据。

在销售统计表的基础上，企业还可以编制销售管理报表，比如将当期销售数据与预算销售数据进行对比，与行业平均数据、行业标杆数据进行对比，以分析预算达成率或与同行的差距等信息，通过这些统计的数据，与销售等部门共同挖掘业务层面的原因，并向业务部门提供辅助决策建议。

提示

为了信息使用者更加明确、直观地了解企业某一阶段的销售情况，可以使销售报表数据可视化，即通过数据可视化工具制作销售看板，依托数据透视表、柱状图、热力图、气泡图等图形完成元表信息的传递（见图 5-8-1），并借助切片器对数据、字段进行筛选，实现可视化看板信息的动态呈现，如区域排行、产品排行、客户排行、回款占比、年度计划完成率、单日最高/低金额、销售额环比变动率、超期应收款等。数据可视化工具包括Excel、Sugar、腾讯图云、finereport、BI分析工具finebi等，随着数据可视化的推广应用，未来将会涌现更多智能化的数据可视化工具。

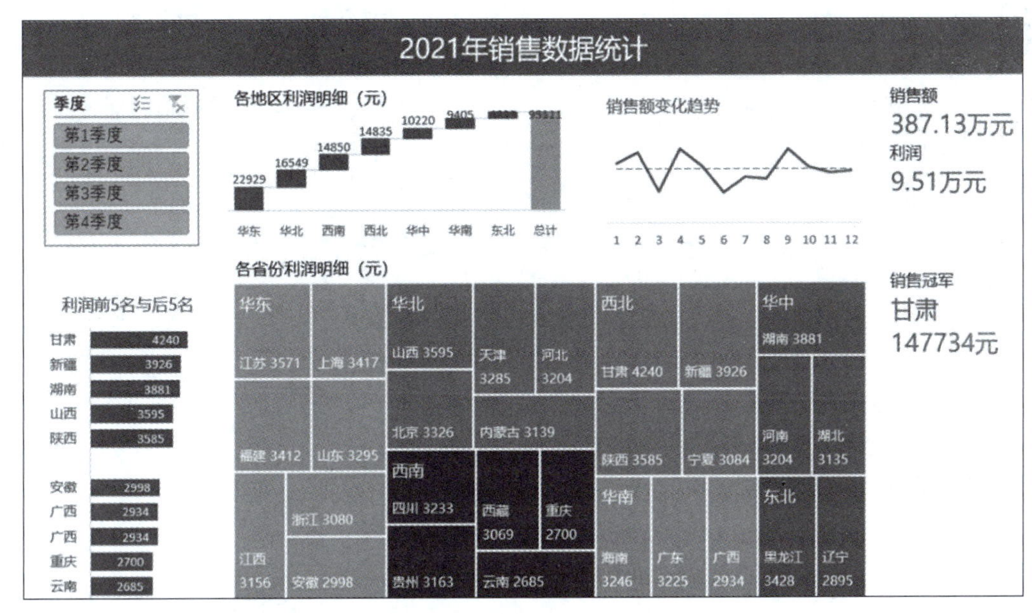

图 5-8-1 销售看板示例图

任务实施

业务 5-8-1 请小组合作，为宁佳公司设计一份月度销售统计表和一份月度销售管理报表，格式内容不限。表 5-8-1 所示为销售报表设计任务分组。

表 5-8-1 销售报表设计任务分组

<table>
<tr><td>班级</td><td></td><td>组号</td><td></td></tr>
<tr><td>组长</td><td></td><td>组员</td><td></td></tr>
<tr><td>月度销售统计报表</td><td colspan="3"></td></tr>
<tr><td>月度销售管理报表</td><td colspan="3"></td></tr>
</table>

任务九　收款及应收款项管理

任务描述

任务案例
老客户也有信用风险

收款是销售活动的最终目标，是保证企业现金循环的重要环节，尤其是对于赊销业务，企业应特别关注回款情况，如果企业应收账款平均占用额过大，回收期过长，周转速度慢，就可能造成资金周转不灵，出现坏账的概率会大大增加，在增加资金成本的同时，还将给企业带来坏账损失。因此企业需要重视收款业务的内部控制，加强对应收款项的管理。熟悉收款环节相关控制措施，对企业在通常情况下的销售回款提出合理的建议，同时对收款业务及应收账款减值业务进行正确的核算。

引导问题：应该如何加强对应收账款的管理以减少资金占用和坏账损失？

知识准备

一、收款环节管理措施

1. 现销收款的管理

企业应当按照《现金管理暂行条例》和《内部会计控制规范——货币资金》等规定，及时办理销售收款业务，取得的货币资金收入必须如实入账，不得私设“小金库”，不得账外设账，不得擅自坐支现金。现销业务的收款应由专门人员办理，销售人员应当避免接触销售现款。对于有提示付款期的持有票据，应关注票据的提示付款期，避免逾期。

2. 商业汇票收款的管理

收取商业汇票要注意查验真伪，尽量接收电子商业汇票，同时注意控制所收商业汇票的转让手数，背书转让手数越多风险越大。商业汇票应当有专人保管，其取得和贴现必须经由保管票据以外的主管人员书面批准。对于即将到期的应收票据，应及时向付款人提示付款；已贴现的应收票据应在备查簿中登记，以便日后追踪管理。

3. 应收账款的管理

企业可以从事前、事中、事后三个环节对应收账款进行控制。

（1）事前控制。事前控制主要指售前即对客户开展信用调查，确定信用等级，制订并执行差异化信用政策，尤其是对于信用等级不良的客户，应尽量避免赊销。

（2）事中控制。事中控制是在赊销业务发生后，首先企业对应收账款设置“台账”（见表 5-9-1，格式不一），及时登记每位客户的应收账款变动情况和信用额度使用情况。应收账款台账应包含客户名称、合同签订时间、合同金额、账期、回款金额、剩余催收金额、逾期天数等重要信息，其中，逾期天数可以通过 Excel 中的“DATEIF”函数自动更新；其次，企业还需建立与客户的定期对账制度（往来询证函可参考项目七中的图 7-1-3），定期与往来客户通过函证等方式核对应收账款、应收票据、预收账款等往来款项，如有不符应查明原因及时处理。

表 5-9-1　应收账款台账

序号	合同编号	摘要	客户	已收金额	未收金额	合同尾款日期	逾期天数	备注
1								
2								
…								

（3）事后控制。事后控制主要指企业应建立应收账款账龄分析制度和逾期催收制度，编制应收账款账龄分析表，对已超过正常信用期限的客户以各种方式催收货款，并建立责任人制度。对应收账款回收率的考核应放在较为重要的地位，全面提升信用管理责任人的工作积极性。

二、应收账款减值的处理

企业应健全坏账管理制度，在资产负债表日对应收款项的账面价值进行职业判断，有客观证据表明该应收款项发生减值的，如债务人发生严重财务困难、债务人违反了合同条款、逾期偿付利息或本金等，应当按备抵法估计出坏账金额，并作为坏账损失计入当期信用减值损失，形成坏账准备。单位发生的各项坏账，应查明原因，明确责任，并在履行规定的审批程序后作出会计处理。确认应收账款无法收回时，经管理层批准后将其注销，注销的应收账款应当进行备查登记，做到账销案存，已注销的坏账又收回时，应当及时入账，防止形成账外款。

知识链接

全额确认坏账的情形

在我国，各期应收账款减值金额的确定方法包括以下四种：

1. 应收账款余额百分比法

期末“坏账准备”账户应保留的余额是根据期末应收款项的余额和估计的坏账率相乘计算得出。注意当期应计提的坏账准备金额通常不等于上述计算得出的应保留余额，而是等于“坏账准备”账户期末应保留的余额减去该账户期初已有的余额，即计提坏账准备时需要考虑“坏账准备”期初余额，结果大于零，需要补提坏账准备，借记“信用减值损失”科目，贷记“坏账准备”科目；结果小于零，则反方向冲减坏账准备。

2. 账龄分析法

账龄分析法是指根据债务人所欠账款的时间长短（即账龄）来估计坏账损失的一种方法。账龄越长，发生坏账损失的可能性越大，选择的坏账比率就越高。采用账龄分析法计算坏账准备的步骤如下：

（1）将应收账款按账龄分组。

（2）确定各账龄组的估计坏账率。

（3）将各账龄组应收账款合计数与该组估计坏账率相乘，计算各账龄组的坏账准备金额。

（4）汇总各账龄组的坏账准备金额，得出当期“坏账准备”账户应保留的余额，当期应计提的坏账准备金额同样需要考虑该账户期初余额。

3. 赊销百分比法

该方法是根据企业赊销金额的一定百分比估计坏账损失。坏账百分比是根据企业以往的经验，按赊销金额中平均发生坏账损失的比率计算确定的。该方法不需要考虑坏账准备期初余额。

4. 个别认定法

个别认定法指对各个欠款客户逐一进行偿债能力和信用度调查，据以估计各个欠款客户的偿债概率（或者可收回的可能性），并以此为依据测算可能发生的坏账损失，进而确定本期期末应计提的坏账准备金额。企业可以对个别金额大、风险高的应收款项采用此法计提坏账准备。

任务实施

业务5-9-1 宁佳公司2021年开始采用应收账款余额百分比法核算坏账损失，根据历史数据，坏账损失计提比率为0.5%。

2021年末应收账款余额为2 850 000元；

2022年得知联发公司发生财务困难，应收其20 000元货款无法收回，确认为坏账，该年末应收账款余额为3 300 000元；

2023年客户联发公司财务情况好转，宁佳公司收回了已注销的其20 000元货款，该年末应收账款余额为2 990 000元。

【业务操作】

（1）2021年末按应收账款余额的0.5%提取坏账准备：

坏账准备应保持的贷方余额=2 850 000×0.5%=14 250（元）

借：信用减值损失——计提的坏账准备　　14 250

　　贷：坏账准备　　14 250

（2）2022年确认发生坏账，应冲减联发公司的应收账款20 000元，应收账款余额减少，也使得坏账准备余额相应减少：

借：坏账准备　　20 000

　　贷：应收账款——联发公司　　20 000

（3）2022年末按应收账款余额的0.5%提取坏账准备：

坏账准备应保持的贷方余额=3 300 000×0.5%=16 500（元）

在本年末计提之前，坏账准备账户余额=14 250−20 000=−5 750（元），即坏账准备有借方余额5 750元，那么：

年末应计提的坏账准备金额=16 500+5 750=22 250（元）

借：信用减值损失——计提的坏账准备　　22 250

　　贷：坏账准备　　22 250

（4）2023年已注销的坏账又收回：

借：应收账款——联发公司　　20 000

　　贷：坏账准备　　20 000

同时：

借：银行存款——工商银行　　20 000

　　贷：应收账款——联发公司　　20 000

（5）2023 年末按应收账款余额的 0.5% 计提坏账准备：

坏账准备应保持的贷方余额 =2 990 000 × 0.5%=14 950（元）

计提前坏账准备余额 =16 500+20 000=36 500（元）

则年末应冲减坏账准备金额 =36 500-14 950=21 550（元）

借：坏账准备　　21 550

　　贷：信用减值损失——计提的坏账准备　　21 550

业务 5-9-2　宁佳公司 2023 年末按账龄统计出的应收款项余额及各账龄组的坏账准备率见表 5-9-2，假设 2023 年初坏账准备账户贷方余额为 16 500 元。

表 5-9-2　账龄分析法坏账准备计提表

单位：元

账龄	未到期	0~90 天	90~180 天	180 天以上	小计
坏账准备率	0	1%	3%	10%	
联发公司		56 000		12 000	68 000
联众公司	180 000				180 000
鼎鑫公司	76 000	40 000			116 000
戎美商贸			32 000		32 000
…					…
合　计	1 492 800	701 150	688 050	108 000	2 990 000
坏账准备金额	0	7 011.50	20 641.50	10 800	38 453

【业务操作】根据账龄表统计结果，2023 年末坏账准备应保持的贷方余额为 38 453 元，而坏账准备期初余额为 16 500 元，则需补提 21 953 元。

借：信用减值损失——计提的坏账准备　　21 953

　　贷：坏账准备　　21 953

任务十　处理销售退回及销售折让

任务描述

通常由销售部门主管根据退货验收单和入库单批准退货。对销售折让同样由具有审批权限的销售人员批准后执行，并据此编制贷项通知单。财会部门根据销售退回或折让凭证，根据不同情形选择作废发票或开具增值税红字发票，并及时、准确记录。在本任务中，需要区分销售退回和销售折让，正确处理销售退回或销售折让业务。

微课

红字数电发票开具流程

❓引导问题：销售折让与商业折扣一样吗？它与销售退回又有什么区别？

知识准备

销售折让和销售退回的概念及核算要点见表 5-10-1。

表 5-10-1　销售折让、销售退回的概念及核算方法

项目	概念	核算要点
销售折让	企业因售出商品质量不合格等原因而在售价上给予的减让	①发生在销售收入确认之前的，其会计处理与商业折扣相同； ②发生在销售收入确认之后的，应在实际发生时冲减当期销售收入
销售退回	企业售出的商品由于质量、品种不符合要求等原因而发生的退货	①发生在企业确认收入之前的，只需将已计入“发出商品”账户的商品成本转回“库存商品”账户； ②如已确认收入的，不论是当年销售的，还是以前年度销售的，一般均应冲减退回当月的销售收入，同时冲减退回当月的销售成本； ③在资产负债表日及之前售出的商品在资产负债表日至财务报告批准报出日之间退回，按资产负债表日后事项处理

任务实施

业务 5-10-1　宁佳公司 2023 年 10 月 12 日销售给联发公司 500 套婴儿益智玩具，增值税专用发票上注明价款 99 000 元，税额 12 870 元，该批婴儿益智玩具的成本为 60 000 元，婴儿益智玩具已经发出，货款尚未收到。10 月 15 日联发公司验收时发现婴儿益智玩具存在瑕疵，经双方协商，同意按价格的 10% 给与销售折让。宁佳公司按流程开出增值税红字发票。要求：核算该批婴儿益智玩具的销售及销售折让业务。

【业务操作】

（1）10 月 12 日在客户联发公司取得该批婴儿益智玩具控制权时确认收入，并结转成本。

借：应收账款——联发公司　　111 870
　　贷：主营业务收入——婴儿益智玩具　　99 000
　　　　应交税费——应交增值税（销项税额）　　12 870
借：主营业务成本——婴儿益智玩具　　60 000
　　贷：库存商品——婴儿益智玩具　　60 000

（2）发生销售折让时，根据红字增值税专用发票，冲减折让当期的收入 9 900（99 000×10%）及相应的销项税额。

借：主营业务收入——婴儿益智玩具　　9 900
　　应交税费——应交增值税（销项税额）　　1 287

　　贷：应收账款——联发公司　　11 187

（3）实际收到款项时，将应收账款转入银行存款。

借：银行存款——工商银行　　100 683

　　贷：应收账款——联发公司　　100 683

业务5-10-2 宁佳公司2023年10月12日销售给联发公司500套婴儿益智玩具，增值税专用发票上注明单价198元/套，价款99 000元，税额12 870元，该批婴儿益智玩具的单位成本为120元/套，婴儿益智玩具已经发出，货款尚未收到。15日联发公司验收时发现其中200套婴儿益智玩具存在质量问题，经双方协商，同意退货。宁佳公司按流程开出增值税红字发票，退回的婴儿益智玩具已验收入库。

【业务操作】

（1）10月12日在客户联发公司取得该批婴儿益智玩具控制权时确认收入，并结转成本。

借：应收账款——联发公司　　111 870

　　贷：主营业务收入——婴儿益智玩具　　99 000

　　　　应交税费——应交增值税（销项税额）　　12 870

借：主营业务成本——婴儿益智玩具　　60 000

　　贷：库存商品——婴儿益智玩具　　60 000

（2）发生退货时，根据红字增值税专用发票，冲减退货当期的收入39 600元（99 000÷500×200）及相应的销项税额，并根据入库单冲减主营业务成本。

借：主营业务收入——婴儿益智玩具　　39 600

　　应交税费——应交增值税（销项税额）　　5 148

　　贷：应收账款——联发公司　　44 748

借：库存商品——婴儿益智玩具　　24 000

　　贷：主营业务成本——婴儿益智玩具　　24 000

（3）实际收到款项时，将应收账款转入银行存款。

借：银行存款——工商银行　　67 122

　　贷：应收账款——联发公司　　67 122

任务十一　售后质量保证及其财税处理

任务描述

售后服务是销售业务重要的环节，能够将客户权益和企业利益统一起来。良好的售后服务一方面有助于企业及时收集产品在出厂后的质量问题，另一方面能够提升客户的体验感和忠诚度，成为企业维持或扩大市场份额的重要保证。在该任务中需要熟知售后质量保证的类型，并对售后质量保证进行正确的账务处理。

微课

售后质保的辨识并核算

引导问题：一年免费包修的售后服务和延保服务的账务处理一样吗？

知识准备

根据《企业会计准则第 14 号——收入》应用指南，企业在向客户销售商品时，通常会提供质量保证。对于客户能够选择单独购买的质量保证，如延保费等，表明该质量保证构成单项履约义务，对于客户虽然不能单独购买，但如果该质量保证在向客户保证所售商品符合既定标准之外提供了一项单独服务的，也应当作为单项履约义务。作为单项履约义务的质量保证应当按照收入准则进行会计处理，并将部分交易价格分摊至该项履约义务。对于不能作为单独履约义务的质量保证，如三年包修的服务，企业应按照《企业会计准则第 13 号——或有事项》的规定进行会计处理，充分考虑或有事项有关风险和不确定性，按照最佳估计数确定预计负债的金额。

任务实施

业务 5-11-1 10 月 12 日宁佳公司向信达商贸有限公司销售 20 000 台婴儿餐具消毒机，合同含税总金额为 1 000 万元，送 10 年免费保修服务，该服务如果单独销售价格为 100 万元。发票如图 5-11-1 所示。（发货业务略）

电子发票（增值税专用发票）　　发票号码：38768964737829389000

（印章：全国统一发票监制章 国家税务总局 江苏省税务局）　　开票日期：2023年10月12日

购买方信息	名称：信达商贸有限公司 统一社会信用代码/纳税人识别号：901567204660145553	销售方信息	名称：宁佳婴童服饰有限公司 统一社会信用代码/纳税人识别号：123200004660142866

项目名称	规格型号	单位	数量	单价	金额	税率/征收率	税额
婴儿餐具消毒机	GB99-01	台	20 000	442.4779	8 849 557.52	13%	1 150 442.48
合计					¥8 849 557.52		¥1 150 442.48
价税合计（大写）	人民币壹仟万元整				（小写）¥10 000 000.00		
备注							

开票人：华璇

图 5-11-1 增值税电子专用发票

【业务操作】该项保修服务是企业向客户保证所售商品符合既定标准之外提供了一项单独

服务，构成一项单独履约义务，应将部分合同交易价格分摊至该项履约义务，在提供服务的当期确认为服务收入，预收的不含税保修服务款列为合同负债。此外，本合同约定向客户赠送 10 年保修服务，本质上是包含在商品交易价格中的增值税价外费用，应与销售商品合并按 13% 计提增值税销项税额。如果此项服务型售后质保单独收费，则需要单独按照相应服务的增值税税率计提缴纳增值税。

商品销售收入金额 =（10 000 000−1 000 000）/（1+13%）=7 964 601.77（元）

合同负债金额 =1 000 000/（1+13%）=884 955.75（元）

借：银行存款　　10 000 000

　　贷：主营业务收入——婴儿餐具消毒机　　7 964 601.77

　　　　应交税费——应交增值税（销项税额）　　1 150 442.48

　　　　合同负债　　884 955.75

在 10 年的保修期中，在提供保修服务时，应将合同负债结转为其他业务收入。借“合同负债”科目，贷“其他业务收入”科目，在保修期满时，合同负债的余额应全部转为其他业务收入。发生的维修费用借“其他业务成本”科目，贷“应付职工薪酬”或“原材料”等科目。

沿用上述案例，如果企业同时提供一年免费包修服务，不构成单独履约义务。假设企业以往的维修记录显示：发生较小的质量问题，产生的维修费用为产品含税销售收入的 1%；发生较大的质量问题，产生的维修费用为产品含税销售收入的 2%。根据技术部门预算，本月销售的产品中将有 8% 发生较小的质量问题，1% 发生较大的质量问题，其余没有质量问题不产生维修费用。则本案例应确认的预计负债金额为：（10 000 000−1 000 000）×（8%×1%+1%×2%）= 9 000（元）

借：销售费用——售后服务费　　9 000

　　贷：预计负债——售后服务费　　9 000

如果一年包修期中发生维修费，则冲减预计负债金额，同时根据维修消耗的资金、人工或材料等，贷记银行存款、应付职工薪酬、原材料等科目。包修期满预计负债仍有余额的，应按余额转销销售费用。

笔记与思考

评价反馈

序号	任务	评分标准	分值	评价			平均得分
				自评	互评	师评	
1	制订销售预测	能利用 Excel 编制销售预测	8				
2	客户信用管理	能评价客户信用等级，制订相应信用政策	8				
3	签审合同	熟悉合同审核要点	8				
4	开具发票	熟悉发票类型，意识到发票对国家税收的意义，会开具发票	8				
5	发货	能够提示发货风险	4				
6	核算销售与收款业务	会核算各类销售业务的收入、会结转成本	24				
7	编制销售报表	会编制销售统计表、销售管理表	10				
8	收款 / 应收款管理	能处理收款业务并准确核算，会应用应收账款管理办法	12				
9	处理销售退回和折让	能够正确核算销售退回和销售折让	10				
10	售后质量保证	能够区分质量保证类型，并做出准确核算	8				
合计							

项目六 企业费用

场景描述

在企业费用项目中，财务部门需要同各业务部门建立良好协作，完成部门费用预算的制订、费用的审核与报销、费用风险防范等相关业务的运营、记录及反馈，并规范公司各项费用的管理，合理控制费用支出，提高公司经济效益。

价值链流程图

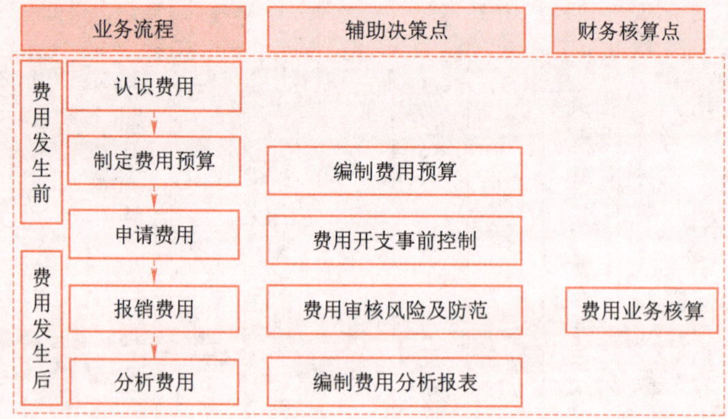

学习目标

- 能够描述费用管理流程，熟悉费用发生前后的辅助决策点和财务核算点。
- 能够辅助业务部门做出费用预算。
- 能够从不同维度对费用进行分类。
- 熟悉费用报销流程及费用审核风险。
- 能够根据费用的性质正确核算各类费用。
- 会编制费用分析表，对费用数据进行统计分析。
- 能够诚信守法、廉洁自律、遵守准则、强化服务，具备一定的风险意识和成本控制意识。

【情境引例】2022 年我国研发经费投入突破 3 万亿元

国家统计局发布数据：2022 年我国全社会研究与试验发展经费（以下简称研发经费）

继续保持两位数增长，投入总量迈上 3 万亿元新台阶；经费投入强度（研发经费与 GDP 之比）较快提升，达到 2.55%。

据介绍，2022 年，受多重超预期因素冲击，全社会研发活动受到一定影响，但企业研发费用加计扣除政策持续加力，科技奖励和激励机制不断完善，有效激发了市场主体创新活力，拉动全社会研发投入总量迈上新台阶。初步测算，2022 年我国研发经费投入达 30 870 亿元，首次突破 3 万亿元大关，比上年增长 10.4%，自"十三五"以来已连续 7 年保持两位数增长。

投入总量上规模，投入强度也较快提升。据初步测算，2022 年，我国研发经费投入强度达到 2.55%，再创新高，比上年提高 0.12 个百分点，明显高于"十三五"以来年均增幅，实现了较快提升。此外，去年基础研究经费保持增长，原始创新取得新突破。初步测算，2022 年，我国基础研究经费支出为 1 951 亿元，比上年增长 7.4%；占研发经费比重为 6.32%，连续 4 年保持 6% 以上的水平，为我国原始创新能力不断提升发挥了积极作用。

（来源：根据相关资料整理）

思考

企业的研发经费属于哪一种费用？研发费用对企业的意义何在？

任务一 认识费用

任务描述

认识费用的概念及分类，对企业发生的费用做出正确的划分。

引导问题： 你所知道的企业费用有哪些？

知识准备

费用是企业日常生产经营过程中发生的各项耗费，会导致所有者权益减少、但与向所有者分配利润无关。费用按照经济用途可以划分为经营费用和期间费用。经营费用与经营业务（如销售收入）直接相关，包括主营业务成本、其他业务成本和税金及附加；期间费用包括管理费用（含研发费用）、销售费用和财务费用。各项费用的含义及分类见表 6-1-1。

任务案例

会议用餐费属于会议费还是业务招待费

表 6-1-1 费用的含义及分类

费用类别	含 义	举 例
主营业务成本	已售商品或已提供劳务的成本	服装公司所售外套的成本等

续表

费用类别	含 义	举 例
其他业务成本	除主营业务活动以外的其他日常经营活动所发生的成本	服装公司销售多余布料的成本等
税金及附加	企业经营活动应负担的相关税费	消费税、资源税、城市维护建设税、教育费附加、房产税、车船税、土地使用税、印花税等
管理费用	为组织和管理生产经营活动而发生的费用	管理部门相关经费、业务招待费、咨询费、研究费用等
销售费用	为销售商品或提供劳务而发生的费用	广告宣传费用、免费试用品、销售运费、包装费、保险费、销售网点费用、售后支出等
财务费用	为筹集生产经营所需资金而发生的费用	利息支出、金融机构手续费、汇兑损失等

其中，管理费用是企业日常经营中的一类重要支出，名目繁多。对管理费用进行合理划分，是会计核算和企业内部管理的要求。常见管理费用明细见表 6-1-2。

拓展阅读

业务招待费你都弄明白了吗

表 6-1-2 管理费用明细

管理费用明细	说 明
办公费	CA 证书费、办公用品，如文件架、笔、计算器、打印机及耗材、标书、接线板、一次性纸杯、刻章费用等
差旅费	出差的火车票、汽车票、机票、外地住宿费、外地打车费、小额外地餐饮费等
业务招待费	招待用途的本地餐饮费、外地大额餐饮费、本地住宿费、招待用烟酒茶叶等礼品支出等
会议费	因开会发生的住宿费、餐饮费、场租费等
交通费	市内通勤费、公交费、本地打车费、网约车费、IC 卡充值票及市民卡、本地机场大巴发票
汽车费	本公司车辆过路过桥费、汽油柴油费、停车费、汽车保险费、汽车维修费、车位租赁费等
通讯费	公司抬头的电话费发票、员工姓名的电话费发票等
水电气费	水电气发票，也可能是附发票复印件的收据等
租赁费	房屋租赁费、用车服务费、汽车租赁费等
职工薪酬	管理部门人员各类薪酬、年会支出、集体聚餐、节日福利、生日福利、供暖补贴、防暑降温费、教育经费、工会经费等
劳保费	劳动保护用品支出
物业管理费	物业费、物业公共服务费支出
保险费	财产保险费（不包括汽车保险费）
修理费	机器设备、建筑等固定资产修理费（不包括汽车维修费）
快递费	邮寄费、快递费等
运输仓储费	运输费、装卸费、包装费、仓储费、物流服务费等
服务费	网络 / 技术服务费、会计服务费、律师服务费等（也可并入办公费）

任务实施

业务6-1-1 请根据下列支出项目的性质，判断其所属费用类型。

（1）2023 年 10 月 14 日，宁佳公司缴纳城建税和教育费附加共计 6 272 元。

（2）2023 年 10 月 15 日，宁佳公司报销行政部员工张铭至广州的出差费用，共计 5 820 元。

（3）2023 年 10 月 16 日，宁佳公司报销客户来本公司调研的差旅费，共计 3 660 元。

（4）2023 年 10 月 20 日，宁佳公司报销生产线员工加班工作餐费，共计 289 元。

【业务操作】根据支出项目的性质判断如下：

（1）公司缴纳 6 272 元城建税和教育费附加，属于税费范畴，应该作为税金及附加。

（2）公司报销本单位行政部门职工的出差费用 5 820 元，根据受益对象，属于管理费用中的差旅费。

（3）公司报销客户单位人员来我公司调研的差旅费 3 660 元，本质上属于接待客户，应该作为管理费用中的业务招待费。

（4）公司报销本公司营销部职工加班工作餐费 289 元，属于职工福利范畴，应该按照受益对象计入销售费用的职工薪酬项目。

任务二 制订费用预算

任务描述

宁佳公司现阶段在资金、技术、市场资源等方面都较往年有一定程度的提升，公司的战略重点也由生存转向争夺发展机会和资源。现需要结合公司战略，根据各部门业务需求，制订公司未来一年的部门费用预算。

引导问题：费用预算应该由谁制订？

知识准备

一、费用预算的概念

费用预算是指在特定时期（通常是一年）内，规定用于实现特定目标或从事特定活动的费用金额。费用预算通常是根据过去的经验和预期的业务需求来制订的，可以帮助企业管理者控制和分配资源，以达到更具成本效益的业务目标。费用预算通常包括人力成本、内部关键运营费用、明确的行政和管理费用、广告等销售费用、设备和设施费用等方面的预算。

二、编制费用预算

费用预算的编制，可以遵循“目标 ↔ 业务计划 ↔ 预算”的总体框架，由业务部门和财务部门共同完成。以宁佳公司营销部费用预算的编制过程作为示例，探讨费用预算的编制过程。宁佳公司营销部包括市场部和销售部两个部门，市场部的主要工作包括品牌建设、市场调查、制订营销策略、媒体宣传等，以提高产品的市场长期占有率、品牌知名度和美誉度；销售部则更侧重直接的销售活动，通过开发新客户、维护老客户、执行线上线下促销活动推动销售增长。其制订销售费用的具体步骤如下：

（1）确定业务目标。了解企业的销售和运营计划，并考虑经济环境和预期的市场需求，从而确定产品在未来某一时期的市场总容量及本公司市场占有率，以此确定产品的销售目标，例如销售额、销售量、利润等，这有助于确立费用预算的目的和范围。

（2）收集历史数据。收集企业预算期前一年或几年的历史费用数据，以了解企业近年的费用支出情况，制订合理的预算数值。费用中相对固定的部分可以直接引用历史数据，如物业管理费、通信费等。

（3）分析费用动因，划分费用归属。将费用按照部门进行划分，例如营销部、人力资源部、各行政管理部等发生的费用。在各部门制订费用预算时，可以再将本部门费用进行分类，分析费用动因，即业务计划，对不同类别的费用制订合理的预算。营销部的费用分类见表 6-2-1。

表 6-2-1　营销费用分类

营销费用	费用动因及预算依据
市场调研	调研形式、内容、频次
品牌 / 形象建设	品牌 / 形象塑造形式及内容
媒体 / 平台广告投放	广告投放形式、频次、价格
营销人员薪资	人数、级别、薪资构成
业务人员业绩提成	奖励制度、提成比例
渠道管理费	渠道定位、佣金、返利机制
促销推广费	促销方式、促销频次
客户拜访及维护	新老客户数量、拜访频次、样品 / 纪念品、交通食宿
仓储物流费	卖方承担的仓储物流费
应收账款成本	应收账款逾期金额及天数、资金成本、坏账损失

（4）整合预算。由财务部门收集营销部及其他各部门的费用预算并汇总，并召集各部门负责人讨论费用预算的合理性、可行性，最终形成企业整体的费用预算，以便全面了解未来预算期内的费用情况。

（5）监测预算执行。定期监测费用的支出和执行情况，及时调整预算并采取相应的措施，确保费用控制和达成预算目标。

（6）形成报告。整理所有数据并形成报告，阐述预算目标和实际执行情况之间的差距，分析原因并进行改进。

说明

每个企业的实际情况有所不同。具体的编制步骤可能会因企业的规模、行业、资金状况等因素而有所调整。

任务实施

业务 6-2-1 制订销售费用预算。宁佳公司预计下年度会发生如下销售费用：

（1）购买行业大数据及相关研究报告，预算金额为 20 万元。

（2）线上直播间费用，包含设备费、人工费、样品支出等预算金额为 40.56 万元。

（3）四名销售人员，每月底薪 5 000 元 / 人，年底双薪，提成为销售额的 1%，假设根据市场调研数据预计下年度销售收入达 13 000 万元。

（4）给批发商返点为销售收入的 1.5%。

（5）销售人员出差 220 天，每天食宿标准 380 元。

（6）仓储物流费用按销售收入的 1% 计算。

要求：请根据上述业务活动制订销售费用预算。

【业务操作】

销售费用预算编制过程及结果见表 6-2-2。

表 6-2-2 宁佳公司 ×× 年度销售费用预算表

单位：万元

费用项目	费用性质	金额
市场调研	固定	20
线上直播费用	固定	40.56
销售人员底薪	固定	26（=5 000 元 / 人 ×13 个月 ×4 人）
销售人员提成（1%）	变动	130
给批发商返利（1.5%）	变动	195
差旅费	固定	33.44（220 天 ×380 元 / 天 ×4 人）
仓储物流费（1%）	变动	130
合计		575

任务三 申请费用

任务描述

费用发生前，由费用开支经办人填写费用申请单，并由相关负责人审核。

引导问题：费用发生前有必要提出申请吗？为什么？

知识准备

费用申请单是一种文件或表格，通常由员工或部门填写，用于申请公司内部或个人的费用支出。费用申请单格式并不固定，但通常包含以下信息：申请人信息（如申请人的姓名、部门、职位等）、费用项目（如差旅费、交通费、餐饮费、办公用品费等）、预计费用金额、申请理由、审批流程及日期等。费用申请单是公司内部财务管理的重要工具，帮助企业管理费用支出，保持财务的透明度和合规性。通过填写费用申请单，企业可以更好地控制预算和审核费用支出，避免未经授权的费用支出。事前填写费用申请单也是企业内部控制的一个重要环节，在一定程度上降低税务风险和财务风险。

任务实施

业务6-3-1 12月5日，潜在客户W贸易商行一行四人将对M公司进行实地考察，行政部和销售部共计四人接待，现需申请业务招待支出。根据公司财务制度规定，业务招待的人均标准不超过80元（含酒水饮料），请根据以上信息，销售部李超群填写业务招待申请表（表6-3-1），并交由销售部经理审核。

表 6-3-1 业务招待申请表

负责接待部门	行政部 / 销售部		
来宾单位	W 贸易商行		
招待事由	客户考察		
招待人员	W 贸易商行 4 人		
陪同人员	行政部和销售部共 4 人		
招待日期	2023 年 12 月 5 日		
申请日期	2023 年 11 月 20 日		
预计支出金额	640 元	招待地点	××饭店
经办人员	李超群	部门负责人	张益宪

任务四 审核费用

任务描述

在费用发生后，经办人员将取得的费用单据交由财务部门报销，财务人员需正确审核费用单据，符合要求的单据予以报销，不符合要求的单据退回并提出完善建议。

引导问题：你所了解的费用单据有哪些？审核费用单据应关注哪些方面？

知识准备

一、费用审核存在的潜在税务风险点

费用审核的税务风险是指在费用支出的审核过程中可能存在的主观或非主观违反税法规定的行为，而导致企业面临漏缴、少缴税费的可能性，进而遭受信用损失和财务损失。在费用审核中存在的潜在风险点归纳为图 6-4-1。

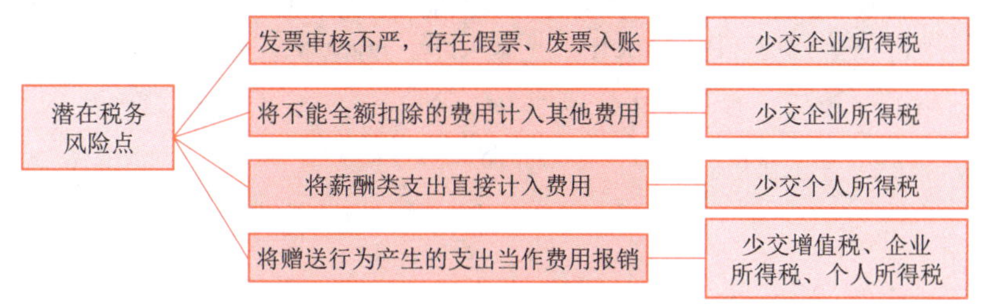

图 6-4-1　费用审核潜在税务风险点

二、费用审核要点

费用审核是企业为了规避费用风险，在报销过程中采取的控制措施，是企业内部控制的重要环节，有助于确保费用支出的合理性、准确性和合规性。费用审核要点主要包括八个方面：

（1）费用额度。主要审核该笔费用是否超预算，如果超预算是否经过特批程序。

（2）费用审批权限及流程。重点审核报销单审批人权限、审批程序和审批时间是否规范。

（3）费用标准。对设定了标准的费用项目（如住宿标准、招待标准等），财务部门需审核该笔费用是否超出公司费用标准。

（4）发票合规性。主要审核发票的真伪，要素是否齐全，货物或应税劳务名称是否规范，发票金额、发票印章等是否正确。注意：假票、私票、无税号、不清晰、数量单价不明、应备注未备注、自行打印销货清单的发票，以及重复打印的电子发票、数电发票不能报销。

（5）费用真实性及合理性。主要审核该笔费用是否存在虚开发票列支费用、是否匹配本公司业务和运营。

（6）报销时限。重点审核费用发生的时间（开票时间）与报销时间的间隔是否符合公司规定。

（7）单据填写准确性。重点审核报销单据中费用项目与附件内容是否一致，报销部门、报销日期和报销事由是否正确。

（8）附件完整性。财务部门主要审核附件与费用的关联性和逻辑性。所附单据必须能够证明业务真实发生，并合理合规。比如会议费报销，业务部门须提供证明会议真实召开的有力证明材料，比如会议通知、会议现场签到表、现场图片、支付凭证等。

任务实施

业务6-4-1 审核差旅费报销单据（图 6-4-2~ 图 6-4-5），并对审核无误的报销单据进行会计处理。

差旅费报销单

报销日期		2023.10.25		预算科目		销售费用	专项名称		差旅费	预算科目	2023-XSCL	
部门		销售部		出差人		张为	出差事由			参加广交会		
出发		到达		交通费			住宿费			其他费用		
日期	地点	日期	地点	交通工具	单据张数	金额	天数	单据张数	金额	项目	单据	金额
10-20	南京	10-20	广州	飞机	1	1 900.00	3	1	1 113.00	行李费		
10-23	广州	10-23	南京	飞机	1	1 850.00				市内车费		
										出租		
										手续费		
							现金付讫			出差补贴		720.00
										节约奖励		
合计						3 750.00			1 113.00			720.00
报销金额	人民币（大写）	ⓧ伍仟伍佰捌拾叁元整							预借款			
	人民币（小写）	￥5 583.00			补领不足		￥5 583.00		归还多余			

主管： 审核： 报销人：张为 部门：销售部

图 6-4-2 差旅费报销单

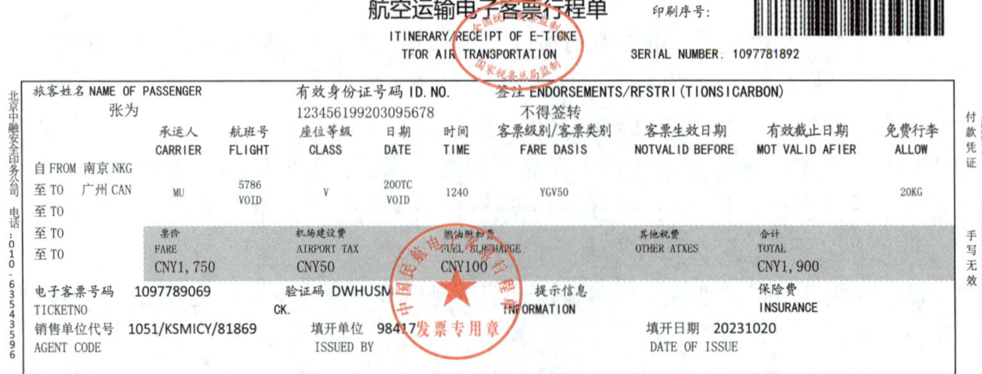
航空运输电子客票行程单 印刷序号：
ITINERARY/RECEIPT OF E-TICKE TFOR AIR TRANSPORTATION
SERIAL NUMBER. 1097781892

旅客姓名 NAME OF PASSENGER 张为
有效身份证号码 ID. NO. 123456199203095678
签注 ENDORSEMENTS/RFSTRI(TIONSICARBON) 不得签转

	承运人 CARRIER	航班号 FLIGHT	座位等级 CLASS	日期 DATE	时间 TIME	客票级别/客票类别 FARE DASIS	客票生效日期 NOTVALID BEFORE	有效截止日期 MOT VALID AFIER	免费行李 ALLOW
自 FROM 南京 NKG									
至 TO 广州 CAN	MU	5786 VOID	V	200TC VOID	1240	YGV50			20KG
至 TO									
至 TO									
至 TO									

票价 FARE	机场建设费 AIRPORT TAX	燃油附加费 FUEL SURCHARGE	其他税费 OTHER ATXES	合计 TOTAL
CNY1,750	CNY50	CNY100		CNY1,900

电子客票号码 TICKETNO 1097789069 验证码 CK. DWHUSM 提示信息 INFORMATION 保险费 INSURANCE
销售单位代号 AGENT CODE 1051/KSMICY/81869 填开单位 ISSUED BY 98417 填开日期 DATE OF ISSUE 20231020
北京中融安全印务公司 电话：010-63543596
付款凭证 RECEIPT 手写无效 INVALID IN HANDWRITING
验真网址：WWW.TRAVELSKY.COM 服务热线：400-815-8888 短信验真：发送 JP 至 10669018 请旅客乘机前认真阅读《旅客须知》及承运人的运输总条件内容
The Important Notice and the general conditions of carriage must be read before travelling.

图 6-4-3 航空运输电子客票行程单

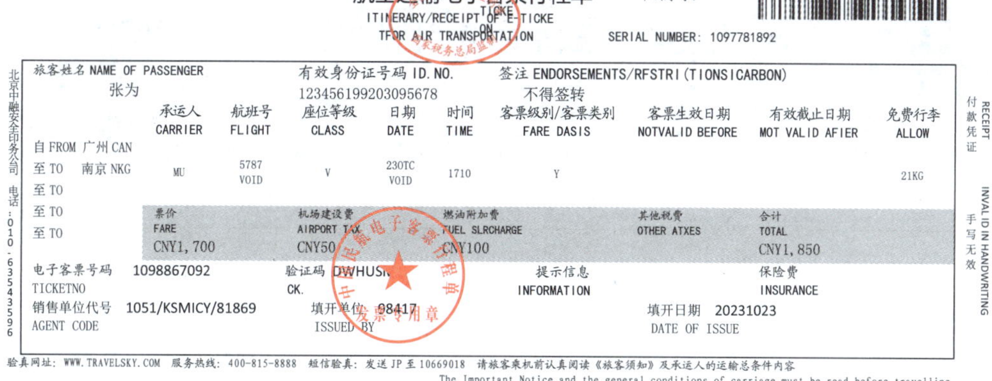

航空运输电子客票行程单　　印刷序号:

ITINERARY/RECEIPT OF E-TICKET FOR AIR TRANSPORTATION　　SERIAL NUMBER: 1097781892

旅客姓名 NAME OF PASSENGER：张为　　有效身份证号码 ID. NO.：123456199203095678　　签注 ENDORSEMENTS/RFSTRI(TIONS)CARBON)：不得签转

	承运人 CARRIER	航班号 FLIGHT	座位等级 CLASS	日期 DATE	时间 TIME	客票级别/客票类别 FARE DASIS	客票生效日期 NOTVALID BEFORE	有效截止日期 MOT VALID AFIER	免费行李 ALLOW
自 FROM 广州 CAN									
至 TO 南京 NKG	MU	5787 VOID	V	230TC VOID	1710	Y			21KG
至 TO									
至 TO									
至 TO									

票价 FARE	机场建设费 AIRPORT TAX	燃油附加费 FUEL SLRCHARGE	其他税费 OTHER ATXES	合计 TOTAL
CNY1,700	CNY50	CNY100		CNY1,850

电子客票号码 TICKETNO：1098867092　　验证码 CK.：DWHUSK　　提示信息 INFORMATION　　保险费 INSURANCE

销售单位代号 AGENT CODE：1051/KSMICY/81869　　填开单位 ISSUED BY：98417　　填开日期 DATE OF ISSUE：20231023

北京中融安全印务公司　电话：010-63543596

付款凭证 RECEIPT　手写无效 INVALID IN HANDWRITING

验真网址：WWW.TRAVELSKY.COM　服务热线：400-815-8888　短信验真：发送 JP 至 10669018　请旅客乘机前认真阅读《旅客须知》及承运人的运输总条件内容

The Important Notice and the general conditions of carriage must be read before travelling.

图 6-4-4　航空运输电子客票行程单

电子发票(增值税专用发票)

发票号码：13276896473782938996

开票日期：2023年10月23日

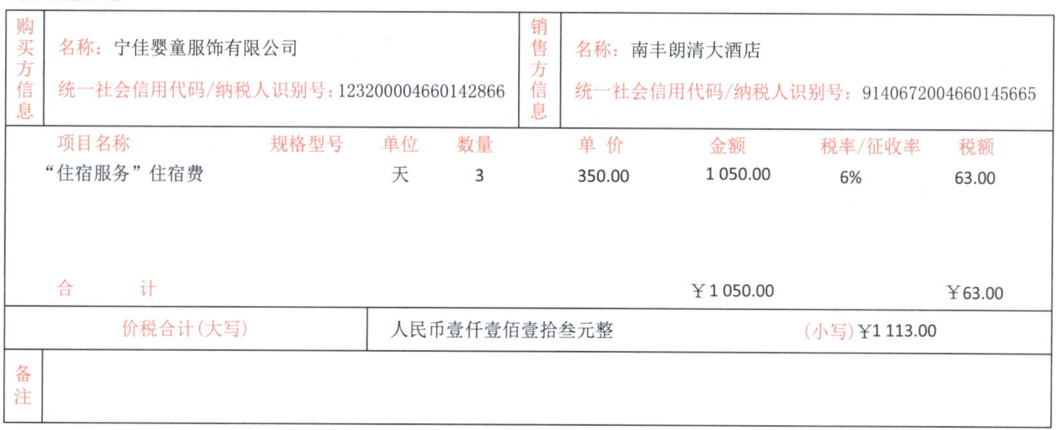

购买方信息	名称：宁佳婴童服饰有限公司 统一社会信用代码/纳税人识别号：123200004660142866	销售方信息	名称：南丰朗清大酒店 统一社会信用代码/纳税人识别号：9140672004660145665

项目名称	规格型号	单位	数量	单价	金额	税率/征收率	税额
"住宿服务"住宿费		天	3	350.00	1 050.00	6%	63.00
合　　计					￥1 050.00		￥63.00
价税合计(大写)	人民币壹仟壹佰壹拾叁元整				(小写)￥1 113.00		
备注							

开票人：杨怡琪

图 6-4-5　住宿费增值税电子专用发票

【业务操作】根据费用审核八大要点审核差旅费报销单据，重点查看报销单是否经过审批流程、费用是否超标、发票是否合规、报销单金额与附件是否一致。本业务中原始单据基本完备，但尚未经过相关负责人审核，不能予以报销，应退回完善。

在业务人员履行审批手续后，财务人员收下报销单据，据以入账，并将差旅费款项通过银行转入报销人账户。注意取得住宿费增值税专用发票按票面税额抵扣进项税额，同时，机票中的票价和燃油附加费以 9% 的税率计算抵扣进项税额。

借：销售费用——差旅费　　5 218.62

　　应交税费——应交增值税（进项税额）　　364.38

　　贷：银行存款——工商银行　　5 583

业务 6-4-2　审核办公用品报销单据（见图 6-4-6），并对审核无误的报销单据进行会计处理。

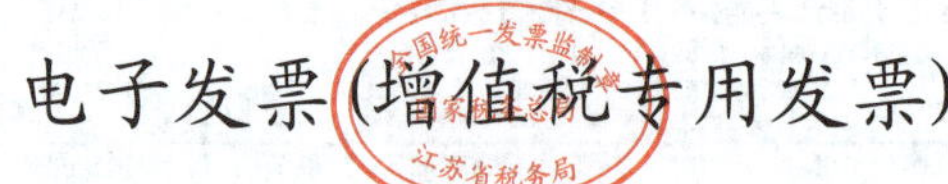

电子发票(增值税专用发票)

发票号码：13276896473782937446

开票日期：2023年10月26日

购买方信息	名称：宁佳婴童服饰有限公司 统一社会信用代码/纳税人识别号：123200004660142866		销售方信息	名称：育新文化用品有限公司 统一社会信用代码/纳税人识别号：9980672004660145554			
项目名称	规格型号	单位	数量	单价	金额	税率/征收率	税额
办公用品					5 200.00	13%	676.00
合计					¥5 200.00		¥676.00
价税合计(大写)	人民币伍仟捌佰柒拾陆元整				(小写)¥5 876.00		
备注							

开票人：陈程

图 6-4-6　办公用品增值税电子专用发票

【业务操作】本业务单据存在如下两个主要问题：一是缺少费用报销单及审批流程，财务不能保证费用真实性，存在税务风险；二是发票只笼统开具办公用品缺少明细清单。根据有关规定，如果开具汇总办公用品、食品等发票，必须附上税控系统开出的“销售货物或者提供应税劳务清单”，并加盖发票专用章，否则无法报销。因此这张费用单据需要退回重开。按要求完善后做如下会计分录：

借：管理费用——办公用品　　5 200

　　应交税费——应交增值税（进项税额）　　676

　　贷：银行存款——中国工商银行江宁支行　　5 876

业务 6-4-3　审核宠物零食报销单据（见图 6-4-7），并对审核无误的报销单据进行会计处理。

电子发票(普通发票)

发票号码：12276896473782938416

开票日期：2023年10月27日

购买方信息	名称：宁佳婴童服饰有限公司 统一社会信用代码/纳税人识别号：123200004660142866		销售方信息	名称：上海麦乐迪宠物零食有限公司 统一社会信用代码/纳税人识别号：4500672004660141389			
项目名称	规格型号	单位	数量	单价	金额	税率/征收率	税额
“其他零食”餐麦乐迪猫饼干	60g	盒	100	23.00	2 300.00	13%	299.00
合计					¥2 300.00		¥299.00
价税合计(大写)	人民币贰仟伍佰玖拾玖元整				(小写)¥2 599.00		
备注							

开票人：李莉

图 6-4-7　宠物零食增值税电子普通发票

【业务操作】宁佳公司是一家婴童服饰的生产与销售企业，宠物零食与公司生产经营业务无关，不能作为公司费用入账，不予报销。

业务6-4-4　审核酒的报销单据（见图6-4-8），并对审核无误的报销单据进行会计处理。

电子发票(普通发票)

发票号码：12276896473782936656

开票日期：2023年10月27日

购买方信息	名称：宁佳婴童服饰有限公司 统一社会信用代码/纳税人识别号：123200004660142866				销售方信息	名称：上海大成烟酒代理有限公司 统一社会信用代码/纳税人识别号：4500672004660146659	
项目名称	规格型号	单位	数量	单价	金额	税率/征收率	税额
“酒”茅台飞天	500ml	瓶	4	1 415.00	5 660.00	13%	735.80
合　计					¥5 660.00		¥735.80
价税合计（大写）	人民币陆仟叁佰玖拾伍元捌角整				（小写）¥6 395.80		
备注							

开票人：李佳妮

图6-4-8　白酒增值税电子普通发票

【业务操作】经办业务人员持发票报销业务招待费，该费用单据存在的主要问题包括：①缺少费用报销单和审批流程；②费用超标；③附件不完整，用途不明，真实性及合理性存疑，如果是业务招待则缺少业务招待审批单，如果是赠送客户，则须先办理入库手续，以防止资产费用化，赠出时再作出库处理，并视同销售补交增值税，并为受赠人代扣代缴个人所得税。因此该费用单据不符合要求，应退回修改。

待票据完善后，财务部门再根据票据进行职业判断，做出相应的会计处理。若四瓶白酒用于招待，需要根据企业财务制度来判断是否超出招待标准，如果超出标准则只能按标准报销，超出部分不予报销。国家实施的“八项规定”中明确规定，政府部门公务接待不得使用公款购买高档酒水、名贵烟草等奢侈品，不得在公务活动中安排饮酒环节。现阶段我国国有企业的招待用酒标准为白酒每500毫升、红酒每750毫升不超过500元，其他企业可以参照执行。如果按照这个标准，这张业务招待用酒的消费严重超标了，只能按照标准报销。

借：管理费用——业务招待费　　2 000.00

　　贷：银行存款——工商银行　　2 000.00

若为赠送客户用酒，则需作视同销售处理。

借：营业外支出——捐赠支出　　6 395.80

　　贷：库存商品——酒　　5 660.00

　　　　应交税费——应交增值税（销项税额）　　735.80

同时应为客户按偶然所得的20%计算并代扣代缴个人所得税。

借：营业外支出——捐赠代扣个税　　1 279.16
　　贷：应交税费——应交个人所得税　　1 279.16

业务6-4-5 审核维修报销单据（见图6-4-9），并对审核无误的报销单据进行会计处理。

收　条

今收到宁佳婴童服饰有限公司支付的墙面维修费400元整。

收款人：林骏

2023.11.8

图6-4-9　修理费收条

【业务操作】通常收条不能作为原始凭证报销入账，但如果费用真实发生，且提供服务一方为个人，且不能提供发票，那么在收条金额不超过500元，且收条书写规范的情况下，财务人员可以将该收条作为费用凭证。

该业务中费用真实发生，金额不超过500元，但是缺少收款人身份证信息。补齐后可作如下分录：

借：管理费用——维修费　　400.00
　　贷：库存现金　　400.00

任务五　分析费用

任务描述

对宁佳公司近三年发生的各项费用进行分析，并提出管理和优化措施。

引导问题：费用分析可以从哪些方面入手？

知识准备

费用分析是对企业的费用进行分析和评估，旨在理解费用的构成和变动，并对费用进行管理和优化。费用分析可以帮助企业找出费用优化与管理的潜在机会，费用分析可以从以下方面开展：

1. 费销比分析

费销比用于观察企业各项费用与营业收入的关系，计算方法是将各项费用分别除以营业收入，用百分比表示。这个指标数值越低，表示企业能够以更低的费用来获得相对较高的营业收入，反之则表示企业的费用较高，可以作为企业费用管理的重点研究对象。

2. 费用内部构成分析

费用内部构成分析是对某类费用的发生明细进行进一步分析，比如，企业通过计算发现销售费用的费销比较高，那么企业需要重点关注销售费用，分析其内部构成，找出占比较高的费用项目，并与销售部门共同研究该费用项目的发生动因及其成效，进而制订优化策略。

3. 费用变动情况分析

比较不同期间的费用水平，计算费用增长率，进而判断费用是否在逐年上升或者下降。如果费用增长率过高，则需要审查费用构成，并结合企业具体经营情况和行业特点进行综合分析，寻找降低费用的方案。

4. 费用实际发生额与预算金额的差异分析

在预算周期结束时，企业需要将实际发生额与预算金额进行对比分析，以了解费用支出与预算的偏差。对于超出预算的费用项目需要重点分析，以找到控制费用的方法。

任务实施

业务6-5-1　表 6-5-1 为宁佳公司近三年收入和各项费用数据（财务费用与企业融资策略相关，此处暂不讨论），请分析该公司近三年费销比、实际费用和预算费用的差异。

表 6-5-1　宁佳公司近三年收入和费用数据

单位：元

项目	T1	T2	T3
营业收入	100 685 331	118 015 266	159 577 329
营业成本	72 559 786	85 710 730	126 378 296
税金及附加	335 181	540 872	614 238
管理费用	6 41 814	6 699 803	5 589 376
销售费用	5 649 406	5 738 100	5 783 203

【业务操作】

1. 费销比分析

根据表 6-5-1 数据，计算近三年各项费用的费销比，见表 6-5-2。

表 6-5-2　宁佳公司近三年费用构成及占比分析

项目	T1	T2	T3
营业收入	100%	100%	100%
营业成本	72.07%	72.63%	79.20%
税金及附加	0.33%	0.46%	0.38%
管理费用	6.50%	5.68%	3.50%
销售费用	5.61%	4.86%	3.62%

从表 6-5-2 可以看出，宁佳公司的费用主要包括营业成本、税金及附加、管理费用和销

售费用。在所有费用中占比最大的是营业成本，近三年均超过 70%，且逐年呈递增趋势，这也说明如果公司想要对费用进行管控，那么营业成本可能是较好的突破口。管理费用和销售费用占营业收入的比重为个位数，且均呈现下降趋势，说明宁佳公司近年来对这两类费用的管控有一定成效。当然对于费用的分析，还需要继续抽丝剥茧，分析每一类费用的明细构成，比如占比较高的营业成本中，具体是材料成本还是人工成本或者是制造费用较高，进而挖掘异常数据，结合具体问题提出优化方案。

2. 实际与预算差异分析

将 T3 年度费用实际发生数与预算数进行比较，算出差异率，结果见表 6-5-3。

表 6-5-3　宁佳公司 T3 年度实际费用与预算费用差异分析

金额单位：元

项目	预算数	实际数	差异	差异率
营业成本	112 338 699	126 378 296	14 039 597	12.50%
税金及附加	600 352	614 238	13 886	2.31%
管理费用	5 607 936	5 589 376	–18 560	–0.33%
销售费用	5 750 000	5 783 203	33 203	0.58%

从表 6-5-3 数据可以看出，宁佳公司 T3 年度除了管理费用的实际支出低于预算之外，其他费用均超预算了，其中营业成本的超支比例最大，说明公司在采购和生产环节的成本控制还存在一定的改善空间。

笔记与思考

评价反馈

序号	任务	评分标准	分值	评价			平均得分
				自评	互评	师评	
1	认识各类费用	能从不同维度对费用进行划分	10				
2	制订费用预算	能利用 Excel 编制费用预算	10				
3	申请费用	能够填制 / 审核费用申请表	10				
4	审核费用	能够准确审核各类费用单据，控制税务风险，并根据审核后的单据进行会计核算	40				
5	分析费用	能够对费销比、费用构成、费用变动情况、费用实际发生额与预算金额进行差异分析，并找到费用管控突破口	30				
合　计							

项目七 期末业务

场景描述

在期末业务中，财务部门需要完成产品成本计算、计提利息、计提折旧和摊销、财产清查、税费核算、结转损益、利润分配、对账结账，并编制财务报告和其他经营分析报告，进行阶段性总结分析（产品成本计算、计提利息、计提折旧和摊销在前面的项目中已有介绍，对账结账、整理会计档案在其他课程有专门训练，编制财务报告与经营分析单独作为一个项目介绍，本项目均不再赘述）。

期末业务模块

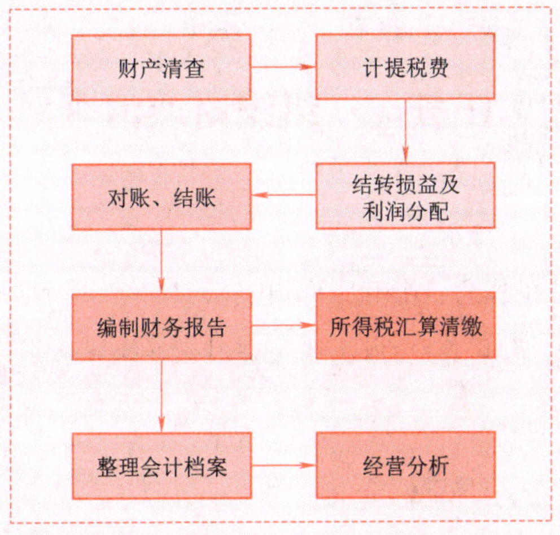

学习目标

- 熟悉财务期末工作任务。
- 掌握期末业务的处理流程与方法。
- 能够准确核算财产清查、计提税费、结转损益、利润分配等各项期末业务。
- 能够爱岗敬业、遵守准则、强化服务，具备工匠精神和大数据思维意识。

【情境引例】税收数据带你回眸"十三五"经济社会发展（节选部分）

数据一：助企"减负"，新增减税降费累计超 7.6 万亿元

这是 2020 年减税降费成绩单——全年为市场主体减负超过 2.6 万亿元，其中减免社保费 1.7 万亿元。国家税务总局数据显示，"十三五"时期新增减税降费规模累计超过 7.6 万亿元。

随着一系列减税降费政策落实落地，2016 年至 2019 年，我国宏观税负（即一般公共预算收入中税收收入占 GDP 比重）分别为 17.47%、17.35%、17.01% 和 16.02%，2020 年进一步降至 15.2%，比 2015 年降低近 3 个百分点。

数据二：支持创新，相关减税累计超 2.5 万亿元

近年来，国家支持科技创新的税收政策不断优化完善，有力促进企业加大研发投入力度，引导创新资源向企业集聚。税收数据显示，"十三五"时期，我国鼓励科技创新税收政策减免金额年均增长 28.5%，累计减税 2.54 万亿元。享受研发费用加计扣除政策的企业户数由 2015 年的 5.3 万户提升至 2019 年的 33.9 万户，减免税额由 726 亿元提升至 3 552 亿元，2020 年达到 3 600 亿元。

（来源：根据相关资料整理）

思考

我国为企业减税降负的税收红包的意义何在？

任务一　组织财产清查

任务描述

明确财产清查的概念、作用及工作内容，对资产进行期末盘点并报批处理。

任务案例

财产清查守好企业资产

引导问题：你印象中的财产盘点是什么样的场景？

知识准备

一、财产清查的概念

财产清查是指根据账簿记录，对企业的各项财产进行实地盘点或核对账目，查明各项财产的实存数，确定实存数与账存数是否相符，并据以调整会计账簿，保证账实相符的一种专门方法，用以加强对财产的管理与控制，解决账实不符的问题。财产清查按清查范围分为全面清查和局部清查，按清查时间分为定期清查和不定期清查。

二、财产清查的步骤

财产清查涉及多部门协作，财务部门根据需求确定清查对象和清查方法，并与仓库协同制订盘点计划，交由总经理审核。在盘点过程中为提高盘点结果的准确率，一般需经过初盘、复盘两轮盘点，并将各盘点物资的实存数与其账存数核对，将核对结果记录在盘点表中，对于账实不符的情况需调查不符原因，形成盘点报告，交由总经理审核，形成决策意见，并依此进行账务调整，以保证账实相符。最后一步由财务和仓库对当次盘点活动进行总结。图 7-1-1 所示为财产清查一般步骤。

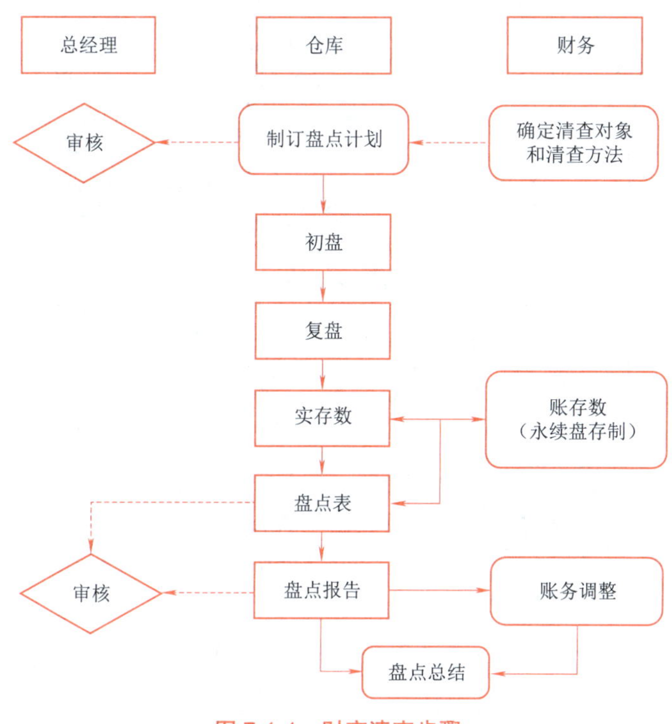

图 7-1-1　财产清查步骤

三、财产清查对象及方法

（1）现金、存货、固定资产等可实地清点的资产：应将此类资产的账载记录（明细账）与实物盘点结果核对，可以采用的实物盘点方法包括实地盘点法、技术盘点法、抽样盘点法等，见表 7-1-1。

表 7-1-1　实物资产清查方法

清查方法	方法要点	适用范围
实地盘点法	手工或使用计量工具对财产物资进行逐一清点，以确定其实有数量	可逐一清点计量的实物资产，如现金、厂房中的设备
技术盘点法	使用专业技术或智能化工具（如物联网技术、AI 影像识别技术等）对财产物资进行测算，以确定其实有数量	难以逐一清点的财产物资，如海洋生物资产、高危环境下的财产物资
抽样盘点法	选择一定的样本盘点，以推测实物资产总体实有数量	单位价值较小，数量多的实物资产，如成箱的零件

财产清查结果需填写盘点报告，反映实存和账载信息，并进行对比，盘盈或盘亏需查明原因并提交审批作出处理决定。

（2）银行存款：将其银行存款日记账记录与银行对账单记录进行核对（见图 7-1-2），主要方法为人工勾选核对，或使用财务机器人自动对账。

银行存款日记账

2023年		凭证	摘要	借方	贷方	余额
月	日					
9	1	略	略			10 000
	3			20 000		30 000
	5			① 52 000		82 000
	11				10 000	72 000
	20				30 000	42 000
	23				② 2 000	40 000
	31					40 000

银行对账单

2023年		凭证	摘要	借方	贷方	余额
月	日					
9	1	略	略			10 000
	3				20 000	30 000
	6				③ 50 000	80 000
	11			10 000		70 000
	20			30 000		40 000
	25			④ 5 000		35 000
	31					35 000

图 7-1-2　银行存款清查方法

当银行存款日记账和银行对账单不符时，首先考虑的是可能存在未达账项。未达账项是指对于同一项业务，企业与银行之间一方已登记入账，另一方由于没有接到有关结算凭证而尚未记账的事项。未达账项的四种情况：企业已收银行未收、企业已付银行未付、银行已收企业未收、银行已付企业未付。此时需要通过编制银行存款余额调节表（见表 7-1-2）来排除未达账项，如果调节后的存款余额不一致就表明存在错账，需要进一步查找错账原因并及时调整。（此部分内容基础会计课程已做介绍。）

表 7-1-2　银行存款余额调节表

年　月　日　　　　　　　　　　　　单位：

项　目	金　额	项　目	金　额
企业银行存款日记账金额		银行对账单金额	
加：银行已收企业未收		加：企业已收银行未收	
减：银行已付企业未付		减：企业已付银行未付	
调节后的存款金额		调节后的存款金额	

（3）往来款项：将其账载明细金额与往来询证函（图 7-1-3）结果核对。

往来询证函

× × 公司：

根据我单位账簿记录，贵公司与我单位往来款项如下：

结账日期	欠贵公司	贵公司欠
2023 年 9 月 30 日		323 000 元

请贵公司核对无误后签章寄回，如有不符，请将情况（包括时间、内容、金额、不符原因）告知。

单位（签章）

2023 年 9 月 30 日

（注：本函仅用于对账，如结账日期后已付清，仍请函复）

（回函）

× × 单位：

来函收悉，在来信所述的结账日，本公司与贵单位的往来账目经核对：

☐相符　　☐不符（附清单）

单位（签章）

年　月　日

图 7-1-3　往来款项询证函样本

往来款项清查结果同样需要编写清查报告（表 7-1-3），反映核对结果是否相符，核对不符则需查明不符金额及不符原因，并提交审批做出处理。

表 7-1-3　往来款项清查报告

年　月　日　　　　金额单位：

账户		对方记录金额	清查结果		不符原因			备注
名称	金额		相符	不符金额	未达款项	争议款项	其他	
处理决定：　　总经理：								

主管：　　清查人：　　记账会计：

四、清查结果的核算方法

1. 库存现金盘盈盘亏的会计处理

库存现金盘盈盘亏通过“待处理财产损溢”账户核算。批准处理的现金盘盈，如果无法查明原因则计入“营业外收入”账户，属于应付未付款项，则在账面增加一笔其他应付款；批准处理的现金盘亏，无法查明原因则计入“管理费用”账户，能够由责任人赔偿的部分计入“其他应收款”账户。核算过程见表 7-1-4。

表 7-1-4　库存现金清查会计处理

现金盘盈（实存数 > 账面数）	
查明原因前： 借：库存现金 　　贷：待处理财产损溢	批准处理时： 借：待处理财产损溢 　　贷：营业外收入 　　　　其他应付款
现金盘亏（实存数 < 账面数）	
查明原因前： 借：待处理财产损溢 　　贷：库存现金	批准处理时： 借：管理费用 　　其他应收款 　　贷：待处理财产损溢

2. 存货盘盈盘亏的会计处理

存货盘盈或盘亏在查明原因前均通过“待处理财产损溢”账户调整账面余额，批准处理的盘盈冲减“管理费用”账户，而盘亏则需要区分不同原因计入不同的账户。属于定额内损耗造成的，计入“管理费用”账户；计量收发差错或管理不善造成的，属于责任人或保险赔偿的部分计入“其他应收款”账户，其余计入“管理费用”账户，注意管理原因造成的存货盘亏损失还需转出进项税额；自然灾害造成的盘亏净额计入“营业外支出”账户。核算过程见表 7-1-5。

表 7-1-5　存货清查会计处理

存货盘盈（实存数 > 账面数）	
查明原因前： 借：原材料或库存商品等科目 　　贷：待处理财产损溢	批准处理时： 借：待处理财产损溢 　　贷：管理费用
存货盘亏（实存数 < 账面数）	
查明原因前： 借：待处理财产损溢 　　贷：原材料或库存商品等科目	批准处理时： 借：管理费用 　　其他应收款 　　营业外支出 　　贷：待处理财产损溢 　　　　应交税费——应交增值税（进项税额转出）

3. 固定资产盘盈盘亏的会计处理

企业应当定期或至少于每年年末对固定资产进行清查盘点，并填制固定资产清查报告，对出现的盘盈或盘亏按照规定程序报批处理。

（1）固定资产盘盈的会计处理，较其他财产的盘盈处理有较大不同，应当作重要的前期差错账务处理，通过“以前年度损益调整”账户进行会计处理，见表 7-1-6。

表 7-1-6 固定资产盘盈的会计处理

未批准处理前	借：固定资产 （重置成本 × 成新率） 贷：以前年度损益调整
调整应交所得税	借：以前年度损益调整 （重置成本 × 成新率 × 所得税税率） 贷：应交税费——应交所得税
结转以前年度损益调整	借：以前年度损益调整 贷：盈余公积 （按净收益的 10% 计提） 利润分配——未分配利润

（2）固定资产盘亏的会计处理，依然通过“待处理财产损溢”进行会计处理，见表 7-1-7。

表 7-1-7 固定资产盘亏会计处理

未批准处理前	借：待处理财产损溢——待处理固定资产损溢 累计折旧 贷：固定资产
批准处理后	借：其他应收款——× × 营业外支出——盘亏损失 贷：待处理财产损溢——待处理固定资产损溢

任务实施

业务 7-1-1 宁佳公司 10 月 31 日例行库存现金清查，请根据库存现金盘点报告（表 7-1-8）作出会计处理。

表 7-1-8 库存现金盘点报告

单位名称：宁佳婴童服饰有限公司　　2023 年 10 月 31 日　　金额单位：元

实存金额	账载金额	对比结果		原因
		盘盈	盘亏	
5 260.00	5 500.00		240.00	出纳安全意识不强导致现金丢失。
现金使用情况：（1）库存现金限额：6 000.00 （2）白条抵库情况：无 （3）违反规定的现金支出情况：无 （4）其他违规行为：无				
处理决定： 由出纳个人承担盘亏损失。 总经理：徐亮				
财务负责人：赵燕	盘点人：陈星		出纳：闵园园	

【业务操作】现金清查账实不符的结果有盘盈和盘亏，在财务中需要通过“待处理财产损溢”账户调节账上现金的记录，盘盈时借记“库存现金”账户，贷记“待处理财产损溢”账户，盘亏时作相反分录。查明原因后冲减“待处理财产损溢”账户的同时，分情况计入不同账户。

（1）盘盈时无法查明原因，计入“营业外收入”账户。

（2）盘盈因为应付但未付、少付个人或单位款，计入“其他应付款”账户。

（3）盘亏时无法查明原因，计入“管理费用”账户。

（4）盘亏时有明确责任人，计入“其他应收款”账户。

本业务为现金盘亏，且有明确责任人，则：

借：待处理财产损溢——待处理流动资产损溢　　240

　　贷：库存现金　　240

借：其他应收款——闵园园　　240

　　贷：待处理财产损溢——待处理流动资产损溢　　240

业务 7-1-2 宁佳公司 10 月 31 日例行存货清查，请根据存货盘点报告（见表 7-1-9）作出会计处理。

表 7-1-9　存货　盘点报告

2023 年 10 月 31 日　　金额单位：元

类别	名称	单位	单价	数量		盘盈		盘亏		原因
				账载	实存	数量	金额	数量	金额	
…										管理不善
辅料	树脂拉链	根	4.3	4 020	4 000			20	86.00	
…										
合计									86.00	

处理决定：

挂管理费用，并转出进项税额。

总经理：徐亮

主管：赵燕　　盘点人：陈星　　保管人：李杰富

【业务操作】存货清查账实不符也通过“待处理财产损溢”账户调节存货账面记录，盘盈时借记存货类科目，贷记“待处理财产损溢”账户，盘亏时作相反分录。查明原因后冲减“待处理财产损溢”账户的同时，分情况计入不同账户。

（1）盘盈时无法查明原因，冲减“管理费用”账户。

（2）盘亏时因计量误差或管理原因，计入“管理费用”账户，同时转出进项税额。

（3）盘亏原因为不可抗力因素导致，计入“营业外支出”账户。

（4）盘亏时有明确责任人或能够获得保险赔款，计入“其他应收款”账户。

本业务中存货因管理不善盘亏，则：

借：待处理财产损溢——待处理流动资产损溢　　97.18

　　贷：原材料——树脂拉链　　86

　　　　应交税费——应交增值税（进项税额转出）　　11.18

借：管理费用——其他　　97.18

　　贷：待处理财产损溢——待处理流动资产损溢　　97.18

任务二　处理期末税费

目前我国的税种大致分为流转类税费（如增值税、消费税、附加税费、关税）、所得类税费（如企业所得税、个人所得税）、财产类税费（如房产税、契税和车船税）、资源类税费（如资源税、土地使用税、烟叶税、环境保护税）、行为目的类税费（如印花税、车辆购置税、船舶吨税、耕地占用税和土地增值税）。但并非每个企业都涉及所有税种，其中增值税、附加税费、印花税、企业所得税、个人所得税较为常见。本任务将通过几个子任务分别介绍。

子任务1　增值税业务

任务描述

熟悉一般纳税人和小规模纳税人的增值税征收机理，计算宁佳公司2023年10月应纳增值税额，并作出准确的会计处理。

引导问题：是否每一家企业都会缴纳增值税?

知识准备

一、增值税的概念

增值税是指对我国境内销售货物，提供加工修理修配劳务、应税服务，销售无形资产和不动产以及进口货物的单位和个人，就其实现的增值额征收的一种价外流转税。

二、增值税纳税人分类

增值税纳税人按照企业规模和会计核算制度是否健全，分为一般纳税人和小规模纳税人。二者划分标准主要是年应征增值税销售额，年应征增值税销售额超过500万元（含500万元）为增值税一般纳税人，年应征增值税销售额低于500万元为增值税小规模纳税人。此外，一般纳税人会计核算制度通常较为健全。

1. 一般纳税人增值税业务

（1）计税方式：采用购进扣税法按月申报，即每月应纳增值税额 = 当月销项税额 – 当月认证可抵扣进项税额。

销项税额是指一般纳税人发生应税行为，按照销售额和增值税税率计算并收取的增值税额。计算公式为：

销项税额 = 不含税销售额 × 税率

或者

销项税额 = 组成计税价格 × 税率

进项税额是指纳税人购进货物、加工修理修配劳务、服务、无形资产或者不动产，支付或者负担的增值税额。

进项税额 = 不含税购买价格 × 增值税税率

购进农产品可抵扣的进项税额 = 收购价 × 扣除率

注意：

进项税额并非都可以抵扣，可抵扣进项税额的合法凭证包括：从销售方取得增值税专用发票、税控机动车销售统一发票，从海关取得海关进口增值税专用缴款书，从税务机关或者境内代理人取得的解缴税款的中华人民共和国税收缴款凭证、收费公路通行费发票、标明乘坐人身份的机票、火车票、汽车票、船票、农产品收购（销售）发票等。

提示

不能抵扣增值税进项税额的情形

①未按规定取得合法的抵扣凭证。

②购进货物用于简易计税项目、用于免税项目、用于集体福利或者个人消费时，若购入时即能认定不能抵扣，则进项税直接计入货物或接受劳务的成本；若购入后改变用途用于以上情况的，则转出进项税额，即贷记“应交税费——应交增值税（进项税额转出）”科目。

③购进货物发生非正常损失时，也需转出进项税额。非正常损失指因管理不善造成被盗、丢失、霉烂变质的损失，及被执法部门依法没收或强令自行销毁的货物。

知识链接

会计中的视同销售

提示

视同销售的情形

①将自产、委托加工的货物用于集体福利或者个人消费、对外投资、无偿赠送或分配给股东，代售、寄售等，应视同销售，计算销项税额，贷记“应交税费——应交增值税（销项税额）”科目，注意：自产产品用于不动产在建工程不再视同销售。

②将外购的货物用于对外投资、无偿赠送或分配给股东。

（2）增值税率（含简易征收率）：一般纳税人增值税税率有多档，详见表 7-2-1。

表 7-2-1　一般纳税人增值税税率（征收率）表

增值税项目		税率
销售或进口货物，提供加工、修理修配劳务		13%
现代服务业	有形动产租赁	13%
销售或进口粮食等农产品、食用植物油、食用盐、自来水、暖气、冷气、热水、煤气、石油液化气、天然气、二甲醚、沼气、居民用煤炭制品、图书、报纸、杂志、音像制品、电子出版物、饲料、化肥、农药、农机、农膜及国务院规定的其他货物		9%

续表

增值税项目		税率
交通运输服务（陆路、水路、航空航天、管道、无运输工具承运、高速通行费）		9%
邮政服务		9%
建筑服务		9%
销售不动产		9%
转让土地使用权		9%
现代服务业	不动产租赁	9%
电信服务业	基础电信服务	9%
	增值电信服务	6%
金融服务业		6%
现代服务业	研发和技术服务、信息技术服务、文化创意服务、物流辅助服务、鉴证咨询服务、广播影视服务、商务辅助服务、其他现代服务	6%
生活服务业	文化体育服务、教育医疗服务、旅游娱乐服务、餐饮住宿服务、居民日常服务、其他生活服务	6%
销售无形资产	转让技术、商标、著作权、商誉、自然资源和其他权益性无形资产使用权或所有权	6%
购进农产品进项税额扣除率	购进用于生产或委托加工 13% 税率货物的农产品	10%
	购进直接用于销售的农产品或生产加工低税率货物的农产品	9%
出口货物（国务院另有规定的除外）、跨境提供国务院规定范围内的服务、无形资产		零税率
销售货物、劳务，提供的跨境应税行为，符合免税条件的		免税
销售 2016 年 4 月 30 日前取得的不动产、土地使用权、选择差额纳税的劳务派遣服务、安全保护服务、人力资源外包服务、房地产开发企业销售或出租自行开发的房地产老项目		5%
清包工服务或甲供工程的建筑服务、试点前开工的高速公路车辆通行费		3%
销售 2009 年 1 月 1 日前购进的固定资产（动产）、销售旧货		3% 减按 2%
个体工商户和其他个人出租住房		5% 减按 1.5%

（3）一般纳税人增值税业务的核算：一般纳税人通过“应交税费”账户核算增值税业务，下设二级明细账户如图 7-2-1 左侧文本框所列，其中“应交增值税”二级明细下账户下又设若干三级明细。通常二级账户中的预交增值税，三级账户中的进项税额、已交税金、转出未交增值税、减免税款在发生时借记“应交税费”账户，其他明细账户在发生相关业务时均贷记“应交税费”账户，具体核算办法见业务操作。

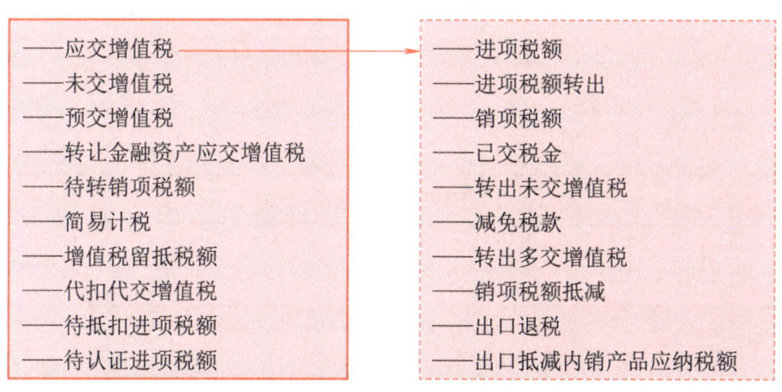

图 7-2-1 增值税核算“双十”账户

2. 小规模纳税人增值税业务

（1）计税方式：按月或按季直接计算缴纳。

应纳增值税额 = 不含税销售额 × 征收率

（2）征收率：通常为3%，转让、出租不动产按全额的5%计税，同时需关注财政部、税务局颁发的税收优惠政策，如《财政部、税务总局关于明确增值税小规模纳税人减免增值税等政策的公告》中就有这样一条：自2023年1月1日至2027年12月31日，增值税小规模纳税人适用3%征收率的应税销售收入，减按1%征收率征收增值税；适用3%预征率的预缴增值税项目，减按1%预征率预缴增值税。

（3）小规模纳税人增值税业务的核算：小规模纳税人增值税业务的核算账户较为简单，主要通过“应交税费——应交增值税”账户核算销售产品或提供劳务产生的增值税，无须设置三级账户，购进货物的增值税一律不准抵扣，而是计入采购成本。小规模纳税人如果有金融资产投资业务，还需要“应交税费——转让金融商品应交增值税”账户核算在转让金融资产时应交的增值税。

任务实施

一、一般纳税人增值税业务的核算

业务7-2-1　宁佳公司2023年10月10日购进一批5号布料，取得增值税专用发票（见图7-2-2），布料已验收入库（收料单见图7-2-3），款项尚未支付，公司采用实际成本法核算原材料。要求核算增值税相关业务。

电子发票(增值税专用发票)　　发票号码：13276896473782931111

开票日期：2023年10月10日

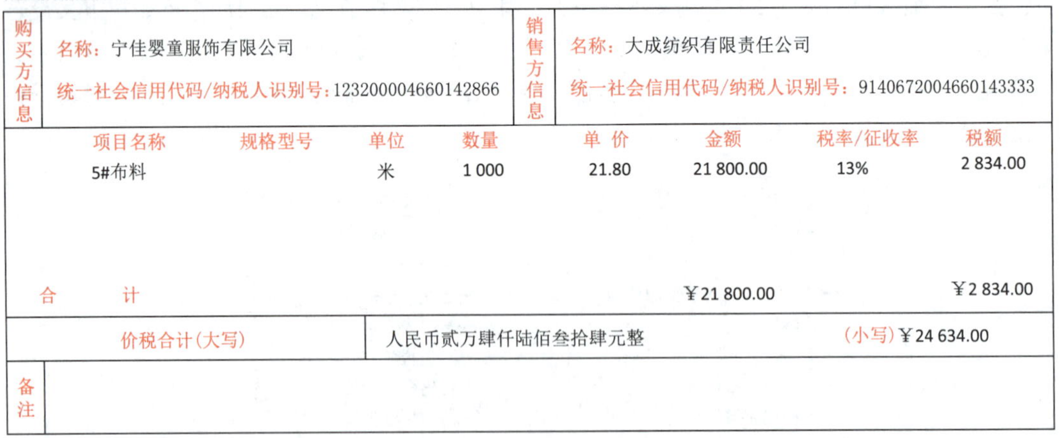

购买方信息	名称：宁佳婴童服饰有限公司 统一社会信用代码/纳税人识别号：123200004660142866	销售方信息	名称：大成纺织有限责任公司 统一社会信用代码/纳税人识别号：9140672004660143333

项目名称	规格型号	单位	数量	单价	金额	税率/征收率	税额
5#布料		米	1 000	21.80	21 800.00	13%	2 834.00
合　计					￥21 800.00		￥2 834.00

价税合计(大写)	人民币贰万肆仟陆佰叁拾肆元整	(小写)￥24 634.00
备注		

开票人：张茜

图7-2-2　增值税电子专用发票

收料单

发票号码：86237899　　2023 年 10 月 10 日　　编号：SM005

供应单位：大成纺织有限公司　　收料仓库：材料仓库

材料类别：原料

材料 / 编号	物料名称	规格型号	单位	数量		实际成本					第一联存根
				应收	实收	买价		运杂费	其他	合计	
						单价	金额				
SM005	5 号布料	5#	米	1 000	1 000	21.80	21 800.00			21 800.00	
合计										21 800.00	

采购员：李想　　检验员：薛益　　记账员：仲源　　保管员：李杰喜

图 7-2-3　收料单

【业务操作】一般纳税人采购业务取得增值税专用发票，可以抵扣应交增值税，因此按发票中的税额借记“应交税费——应交增值税（进项税额）”账户。

借：原材料——5 号布料　　21 800

　应交税费——应交增值税（进项税额）　　2 834

　贷：应付账款——大成纺织有限公司　　24 634

业务 7-2-2　宁佳公司 2023 年 10 月 23 日向信达商贸销售 1 000 件婴儿连体衣，开出增值税专用发票（见图 7-2-4），出库单如图 7-2-5 所示。商品已被客户接收，款项未收。要求核算增值税相关业务。

电子发票(增值税专用发票)

发票号码：38768964437829389l0

开票日期：2023年10月23日

购买方信息	名称：信达商贸有限公司 统一社会信用代码/纳税人识别号：901567204660145553	销售方信息	名称：宁佳婴童服饰有限公司 统一社会信用代码/纳税人识别号：123200004660142866

项目名称	规格型号	单位	数量	单价	金额	税率/征收率	税额
婴儿连体衣	90 cm	套	1 000	58.00	58 000.00	13%	7 540.00
合计					¥58 000.00		¥7 540.00
价税合计(大写)	人民币陆万伍仟伍佰肆拾元整				(小写)¥65 540.00		
备注							

开票人：华璇

图 7-2-4　增值税电子专用发票

出库单　　No.09486

2023年10月23日

购货单位：信达商贸　　发货仓库：产成品库

产品编号	品名及规格	单位	数量	单位成本	总成本	用途	备注
P203	婴儿连体衣 12M	套	1 000	38.50	38 500.00	销售	
合计金额：人民币叁万捌仟伍佰元整					¥ 38 500.00		

第二联记账联

仓库主管：龚汇仁　记账：　保管：李杰喜　经手人：李健　制单：丁一燕

图 7-2-5　出库单

【业务操作】销售业务无论开出的是增值税专用发票还是普通发票，均应核算并缴纳增值税，按发票税额贷记“应交税费——应交增值税（销项税额）”账户。

借：应收账款——信达商贸　65 540

　贷：主营业务收入——婴儿连体衣　58 000

　　应交税费——应交增值税（销项税额）　7 540

借：主营业务成本——婴儿连体衣　38 500

　贷：库存商品——婴儿连体衣　38 500

业务 7-2-3　宁佳公司2023年10月12日通过思源工程扶贫基金会向川西山区捐赠自产的1 000件婴儿棉服，取得公共事业捐赠统一票据（见图7-2-6），货物已出库（见图7-2-7）。要求核算增值税相关业务。

公益事业捐赠统一票据

UNIFED INVOICE OF DONATION FOR PUBLIC WELFARE

国　财 00201　　2023年10月12日

捐赠人 Donor：宁佳婴童服饰有限公司

捐赠项目 For purpose	实物（外币）种类 Material Object（Currency）	数量 Amount	千	百	十	万	千	百	十	元	角	分
川西山区暖心工程	婴童棉服	1 000套			1	6	0	0	0	0	0	0
金额合计（小写）In Figures				¥	1	6	0	0	0	0	0	0
金额合计（大写）In Words		仟　佰壹拾陆万零仟零佰零拾零元零角零分										

（印章：思源工程扶贫基金会 财务专用章）

接受单位（盖章）：Receiver’s Seal　　复核人：Verified by　　开票人：Handling Person

感谢您对公益事业的支持！Thank you for support of public welfare!

图 7-2-6　公共事业捐赠统一票据

出库单　　No.09486

2023 年 10 月 12 日

购货单位：思源工程扶贫基金会　　发货仓库：产成品库

产品编号	品名及规格	单位	数量	单位成本	总成本	用途	备注
P100	婴儿棉服 120 cm	套	1 000	120.00	120 000.00	公益捐赠	
合计金额：人民币壹拾贰万元整				¥ 120 000.00			

仓库主管：龚汇仁　记账：　保管：李杰喜　经手人：李健　制单：丁一燕

图 7-2-7　出库单

【业务操作】自产产品对外捐赠需要视同销售确认销项税额，按照市场公允计价计算并贷记“应交税费——应交增值税（销项税额）”，同时按产品成本贷记“库存商品”，捐赠支出借记“营业外支出”。

借：营业外支出——公益捐赠支出　　140 080.00

　贷：库存商品——婴儿棉服　　120 000.00

　　应交税费——应交增值税（销项税额）　　20 080.00

业务 7-2-4　宁佳公司 2023 年 10 月 16 日对税控设备进行系统维护，发生 318 元支出，取得增值税普通发票（见图 7-2-8），款项暂未支付。要求核算减免税款。

电子发票(普通发票)

发票号码：12276896473782938336

开票日期：2023年10月16日

购买方信息	名称：宁佳婴童服饰有限公司 统一社会信用代码/纳税人识别号：123200004660142866	销售方信息	名称：海联软件开发有限公司 统一社会信用代码/纳税人识别号：4922672004660141386

项目名称	规格型号	单位	数量	单价	金额	税率/征收率	税额
“税控设备”税控系统维护费		次	1	300.00	300.00	6%	18.00
合　　计					¥300.00		¥18.00
价税合计(大写)	人民币叁佰壹拾捌元整				(小写)¥318.00		
备注							

开票人：李想

图 7-2-8　税控设备增值税电子普通发票

【业务操作】按照现行税法政策，购买税控设备及税控设备维护支出，均可全额抵减增值税应纳税额，借记“应交税费——应交增值税（减免税款）”。

借：管理费用——税控设备维护费　　318

贷：应付账款——海联软件开发有限公司　318

在纳税申报时少缴纳的增值税做如下会计处理：

借：应交税费——应交增值税（减免税款）　318

贷：管理费用——税控设备维护费　318

业务7-2-5 宁佳公司2023年10月31日计算当月应交增值税，并转出到“应交税费——未交增值税”。

【业务操作】查询当月“应交税费”有关增值税的明细账户余额，计算当月应交增值税金额。假设经统计，宁佳公司当月销项税额为1 196 000元，进项税额为790 500元（当月选择全部认证抵扣），进项税额转出金额为2 980元，减免税款金额为318元，则当月应交增值税＝1 196 000－790 500+2 980－318=408 162（元），并做分录：

借：应交税费——应交增值税（转出未交增值税）　408 162

贷：应交税费——未交增值税　408 162

次月15日前申报缴纳时，根据电子缴税付款凭证：

借：应交税费——未交增值税　408 162

贷：银行存款——中国工商银行江宁支行　408 162

说明

当月已交的增值税无须转入未交增值税，直接借记“应交税费——应交增值税（已交税金）”账户，贷记“银行存款”账户。

二、小规模纳税人增值税业务的核算

业务7-2-6 宁佳公司下属的M子公司是小规模纳税人，2023年10月10日从一般纳税人甲供应商处购进商品一批，取得增值税普通发票，价款20 000元，增值税2 600元，款项暂未支付。10月15日向丙客户销售该批商品，开出增值税普通发票，价款33 000元，税额990元，款未收。（发票等原始凭证略）

【业务操作】小规模纳税人购进货物无论取得何种发票，进项税额均不能抵扣，支付的增值税计入采购成本。销售时按不含税销售额乘以征税率计算应交增值税，在贷方登记。（说明：小规模纳税人购进货物时要向销售方明确发票类型为普票。）

（1）购入商品时：

借：库存商品　22 600

贷：应付账款——甲供应商　22 600

（2）销售商品时：

借：应收账款——丙客户　33 990

贷：主营业务收入　33 000

应交税费——应交增值税　990

（3）缴纳增值税时，根据电子缴税付款凭证：

借：应交税费——应交增值税　990

贷：银行存款　990

子任务 2 消费税业务

任务描述

熟悉消费税征收原理，计算公司 2023 年 10 月应纳消费税额，并作出准确的会计处理。

引导问题：你了解消费税征收的背景和意义吗？

知识准备

一、消费税的概念

消费税是指对在我国境内从事生产销售、委托加工及进口应税消费品的单位和个人，就其应税消费品的销售额或销售数量征收的一种流转税。国家通过对某些商品征收消费税，提高商品价格，以达到控制市场需求的目的，从而在一定程度上引导消费结构。

应税消费品可分为三类：对健康无益类（烟、酒），环境不友好类（鞭炮烟火、木制一次性筷子、实木地板、成品油、摩托车、小汽车、电池、涂料），奢侈品（高档化妆品、贵重首饰及珠宝玉石、高尔夫球及球具、高档手表、游艇）。

二、消费税计税方式

（1）从价征收：应纳税额=不含税销售额（或组成计税价格）× 税率。

（2）从量征收（黄酒、啤酒、成品油）：应纳税额=销售数量 × 单位税额。

（3）复合征收（卷烟、白酒）：应纳税额=不含税销售额 × 税率 + 销售数量 × 单位税额。

说明

消费税的税率及计算详见税费计算与申报课程。

三、征收环节

消费税征收环节分为单环节征收和双环节征收，具体见表 7-2-2。

表 7-2-2 消费税征税环节

应税消费品	纳税环节次数	征收环节
大部分应税消费品	单环节征收	生产销售 / 委托加工 / 进口
金银首饰（含铂金）、钻石及钻石饰品	单环节征收	零售环节
卷烟	双环节征收	生产销售、委托加工、进口 + 批发
超豪华小汽车	双环节征收	生产销售、委托加工、进口 + 零售

四、消费税的业务的核算

大部分情况下应交的消费税借记“税金及附加”账户，贷记“应交税费——应交消费税”账户。自产自用非应税消费品、收回后直接出售的委托加工应税消费品等情况下应交的消费税，计入相关资产成本，收回后连续加工应税消费品的委托加工环节应交的消费税，可抵扣后续应税消费品的消费税，借记“应交税费——应交消费税”账户。

任务实施

业务 7-2-7 赛亚化工股份有限公司是一家生产涂料的一般纳税人企业，2023 年 10 月 12 日向东营工程有限责任公司出售高挥发性 CF170 涂料 2 000 kg，开出增值税专用发票（见图 7-2-9），货物已出库（出库单略、成本结转略），款项暂未收到。

电子发票(增值税专用发票)

发票号码：3876896443782938910

开票日期：2023年10月12日

购买方信息	名称：东营工程有限责任公司 统一社会信用代码/纳税人识别号：123200004660142866	销售方信息	名称：赛亚化工股份有限公司 统一社会信用代码/纳税人识别号：9865672004660145888

项目名称	规格型号	单位	数量	单价	金额	税率/征收率	税额
CF170涂料	CF170	kg	2 000	118.00	236 000.00	13%	30 680.00
合计					¥236 000.00		¥30 680.00
价税合计(大写)	人民币贰拾陆万陆仟陆佰捌拾元整					(小写)	¥266 680.00
备注							

开票人：李华新

图 7-2-9　增值税电子专用发票

【业务操作】高挥发性涂料属于应税消费品，在确认增值税的同时，还需要在生产出厂环节按不含税售价的 4% 缴纳消费税，计入“税金及附加”账户。

借：应收账款——东营工程有限公司　　266 680

　　贷：主营业务收入——CF170 涂料　　236 000

　　　　应交税费——应交增值税（销项税额）　　30 680

借：税金及附加　　9 440

　　贷：应交税费——应交消费税　　9 440

业务 7-2-8 2023 年 10 月 15 日赛亚化工股份有限公司委托鑫恒工业材料有限公司加工一批高挥发性 CF170 涂料，收回后直接用于出售。相关原始凭证见图 7-2-10~ 图 7-2-12。

委托加工发料单

加工合同：　WW121　　2023 年 10 月 15 日　　发料仓库：材料仓库

加工单位：　鑫恒工业材料有限公司

材料类别	名称及规格	计量单位	实发数量	单价	金额
原料	树脂	kg	5 000	10.80	54 000.00
原料	溶剂	kg	1 800	1.50	2 700.00
原料	颜料	kg	3 000	8.90	26 700.00
合计					83 400.00

记账联

仓库主管：龚汇仁　　发料人：李杰喜

图 7-2-10　委托加工发料单

电子发票（增值税专用发票）

发票号码：38768964437829388008

开票日期：2023年10月15日

购买方信息	名称：赛亚化工股份有限公司 统一社会信用代码/纳税人识别号：986567200466014588 8	销售方信息	名称：鑫恒工业材料有限责任公司 统一社会信用代码/纳税人识别号：901567204660133288

项目名称	规格型号	单位	数量	单价	金额	税率/征收率	税额
“劳务”加工费		次	1	26 800.00	26 800.00	13%	3 484.00
合　计					￥26 800.00		￥3 484.00
价税合计（大写）	人民币叁万零贰佰捌拾肆元整				（小写）￥30 284.00		
备注							

开票人：关玲玲

图 7-2-11　增值税电子专用发票

入　库　单　　NO2334

送货厂商：鑫恒工业材料有限公司

物料类别：☐原材料　☑成品　☐其他　　2023 年 10 月 28 日

品名 / 品牌	订单号	规格	数量	单位	单价	金额	备注
CF170 涂料	WW121	CF170	3 500	kg	32.797 6	114 791.67	委外收回
合　计						114 791.67	

主管：　　品管：　　仓库：李杰喜　　送货人：张都

图 7-2-12　入库单

【业务操作】委托加工的物资为应税消费品，委托方需要在委托加工环节由受托方代收代缴消费税。收回后直接用于出售的，缴纳的消费税计入委托加工物资成本，在收回后销售时不再重复征收消费税。如果收回后作为原料继续加工成应税消费品，则在委托加工环节支付的消费税可以作为后续应税消费品的可抵扣税费，借记“应交税费——应交消费税”账户。本业务分录如下：

（1）发出委托加工材料：

借：委托加工物资——CF170 涂料　　83 400
　贷：原材料——树脂　　54 000
　　原材料——溶剂　　2 700
　　原材料——颜料　　26 700

（2）支付加工费、增值税、消费税：

应交消费税 = 组成计税价格 × 消费税税率
= （材料成本 + 加工费）÷（1– 消费税税率）× 消费税税率
= （83 400+26 800）÷（1–4%）× 4%=4 591.67（元）

借：委托加工物资——CF170 涂料　　31 391.67
　应交税费——应交增值税（进项税额）　　3 484.00
　贷：应付账款——鑫恒工业材料有限公司　　34 875.67

（3）收回加工完成的物资：

借：库存商品——CF170 涂料　　114 791.67
　贷：委托加工物资——CF170 涂料　　114 791.67

次月根据电子缴税付款凭证做缴纳消费税的会计处理，借记“应交税费——应交消费税”账户，贷记“银行存款”账户。

子任务 3　其他税费业务

任务描述

熟悉其他税费的征收机理，计算宁佳公司 2023 年 10 月应纳各项税额，并作出准确的会计处理。

知识准备

知识链接

印花税纳税义务人

其他税费包括城市维护建设税、教育附加费、企业所得税、个人所得税、资源税、车辆购置税、耕地占用税、契税、土地增值税、房产税、印花税、土地使用税、车船税、关税、环境保护税。以上税种的计算方法本书不再赘述。计提税费时会计处理见表 7-2-3，缴纳税费时根据电子缴税付款凭证借记“应交税费”账户，贷记“银行存款”账户。

表 7-2-3 其他税费核算账户

税 种	借记账户	贷记账户
城市维护建设税、教育附加费、资源税、房产税、印花税、土地使用税、车船税、环境保护税、房地产企业的土地增值税	税金及附加	应交税费
企业所得税	所得税费用	应交税费
车辆购置税、耕地占用税、契税、关税	资产类科目	银行存款
个人所得税	应付职工薪酬	应交税费

任务实施

业务7-2-9 10月31日，宁佳公司根据当期应交增值税计提附加税费，并做出准确核算。

【业务操作】附加税费包括城市维护建设税、教育费附加和地方教育费附加，三种税费均是以当期应交增值税和消费税的合计数为计税依据，乘以相应税率，本业务中宁佳公司不存在消费税，当月应交增值税金额为408 162元。计算过程见表7-2-4。

表 7-2-4 城市维护建设税、教育费附加、地方教育费附加

税 种	计税依据	税 率	应缴金额
城市维护建设税	增值税	7%	28 571.34
	消费税	7%	0
教育费附加	增值税	3%	12 244.86
	消费税	3%	0
地方教育费附加	增值税	2%	8 163.24
	消费税	2%	0
合计			48 979.44

审核：赵辉　　　　　编制：陈芳

根据计提表格做附加税费的会计分录：

借：税金及附加　　48 979.44

　贷：应交税费——应交城市维护建设税　　28 571.34

　　应交税费——应交教育费附加　　12 244.86

　　应交税费——应交地方教育费附加　　8 163.24

次月根据电子缴税付款凭证：

借：应交税费——应交城市维护建设税　　28 571.34

　应交税费——应交教育费附加　　12 244.86

　应交税费——应交地方教育费附加　　8 163.24

　贷：银行存款——中国工商银行江宁支行　　48 979.44

业务7-2-10 10月31日宁佳公司本月发生以下与印花税相关的业务，要求汇总计算当

月应交印花税，并作出相关会计处理。

（1）销售自产产品，签订销售合同，合同注明销售额为 6 620 000 元。

（2）出租设备一台，签订财产租赁合同，合同约定年租金 180 000 元，租赁期两年。

（3）签订受托加工合同，为合作单位加工工作服。根据合同规定，由合作单位提供面料和主要衬料 4 000 000 元，本企业代垫辅料 20 000 元并收取加工费 40 000 元。

已知：购销合同印花税税率为 0.3‰，财产租赁合同印花税税率为 1‰，加工承揽合同印花税税率为 0.3‰。

【业务操作】当月应交印花税 =6 620 000 × 0.3‰+180 000 × 2 × 1‰+（20 000+40 000）× 0.3‰

=2 364（元）

借：税金及附加　　2 364

　　贷：应交税费——应交印花税　　2 364

说明

企业所得税费用的核算见本项目任务三“结转损益及利润分配”。

任务案例

依法纳税才能走得更远

子任务 4　税务优化典型案例

任务描述

在合法合规的前提下，对不同案例情境进行事前税务优化，以降低企业纳税风险，保持税负稳定。

引导问题：你如何看待部分明星和网红主播通过违规操作偷逃税款的行为？

任务案例

滥用税收注地被严查

知识准备

拓展阅读

2023 年小微企业优惠政策一览表

一、税务优化的概念

税务优化，是指企业纳税人在具有合理商业目的且合法的前提下，通过事先对企业各环节相应经营模式（采购对象、销售方式、销售价格、投资地点、企业重组等）的改变，以减轻企业税收负担、降低企业税收风险的活动。税务优化具有合法性、事前筹划性和明确目的性。

二、税务优化基本方法

（1）业务分拆法：通过拆分企业部分业务，实现供应链重构，或者拆分合同达到税务优化目的，常见于增值税、企业所得税、房产税等税种的优化。

（2）合理运用税收优惠政策法：政府为了促进经济发展、调整产业结构、吸引投资、支持中小微企业发展等，对纳税人实施了减免税负政策，包括免征、降低税率、减免税额、税收补贴等形式。企业可以关注国家税务总局动态发布的税收优惠政策，以降低企业税负。

（3）选择合适的组织形式：法人单位和非法人单位在涉及的税种和享受的优惠政策方面存在差异，企业可以利用这种差异进行税务优化。

任务实施

业务7-2-11　A公司是集成电路的生产制造厂商，生产零部件并组装后对外销售，适用的企业所得税税率为25%，2023年利润总额为8 000万元，不考虑其他因素应纳所得税额=8 000万元 ×25%=2 000万元。根据财税〔2020〕38号文件，在中国（上海）自贸试验区临港片区内从事集成电路、人工智能、生物医药、民用航空等关键领域核心环节相关产品（技术）业务，并开展实质性生产或研发活动的法人企业，自设立之日起五年内减按15%的税率征收企业所得税。要求：为这家企业设计所得税税务优化方案。

【业务操作】公司可以利用国家税收优惠政策中的税率差，将公司原部分业务以分拆的方式达到降低税务的目的。具体做法为：A公司在上海自贸试验区临港片区注册一家新公司B，承接A公司原业务中的组装业务（注意,B公司务必有实质性运营）。A公司生产零部件并销售给B公司，假设实现利润总额3 500万元；B公司组装零部件再对外销售，假设利润总额为4 500万元，两家公司汇总后的利润总额与未拆分前A公司的利润总额相同。但此时的应纳所得税额=3 500万元 ×25%+4 500万元 ×15%=1 550万元，较原方案减税450万元。税收优化方案对比见表7-2-5。

表7-2-5　税收优化方案对比

税费	原方案	优化方案
企业所得税	8 000万元 ×25%=2 000万元	3 500万元 ×25%+4 500万元 ×15%=1 550万元
节税金额	450万元	

业务7-2-12　某乳品公司是一家一般纳税人企业，由牧场和加工厂两部分组成。牧场养牛生产原奶；加工厂把原奶加工成各种奶制品对外销售。企业年收入5 100万元，计算出销项税额为663万元，企业进项税额90万元，应交增值税573万元。要求：为这家企业设计增值税税务优化方案。

【业务操作】该乳品公司进项税额较少的原因在于其主要原材料由自有牧场提供，而不是通过外购。如果将牧场分离出去，这样加工厂购进牧场鲜牛奶，可以作为农产品采购处理，按照10%的扣除率计算可抵扣的进项税额，而牧场自产自销未经加工的鲜奶，符合农业生产者自产农产品的增值税税收优惠条件，可以享受增值税免税待遇，这样可以大大降低企业的增值税税负。假设牛奶的收购成本占销售收入5 100万元的60%，不考虑其他进项税额，两种方案下应交增值税的金额及节税效果见表7-2-6。

表7-2-6　税收优化方案对比

增值税	原方案	优化方案
销项税额	5 100万元 ×13%=663万元	5 100万元 ×13%+0=663万元

续表

增值税	原方案	优化方案
进项税额	90 万元	90 万元 +5 100 万元 ×60%×10%=396 万元
应交增值税	573 万元	267 万元
节税金额	306 万元	

业务 7-2-13 甲公司为增值税一般纳税人，2023 年 5 月将一间自有仓库对外出租，不含税租金为 50 000 元 / 月。该租赁属于不动产租赁，适用增值税税率 9%。当期销项税额 = 50 000 元 ×9%=4 500 元。要求：为这家企业设计增值税税务优化方案。

【业务操作】甲公司可以考虑增值税自身的税率差，出租不动产适用 9% 的增值税税率，而提供仓储服务则属于现代服务业，适用 6% 的增值税税率。因此，只需要改变租赁形式即可实现减税，即将纯出租仓库改为提供仓储服务，为仓库配备一名仓管人员，每月支付工资 5 000 元 . 假设此时仓储服务费为 55 000 元 / 月，则节税效果见表 7-2-7。

表 7-2-7　税收优化方案对比

税费	原方案	优化方案
增值税	50 000 元 ×9%=4 500 元	55 000 元 ×6%=3 300 元
节税金额	1 200 元	

业务 7-2-14 某一般纳税人企业将 2015 年取得的厂区对外出租，其中的厂房连同设备设施等每年租金是 2 000 万元，并据此签订了房产租赁合同。

该合同未区分厂房和其中的设备时，因厂区为 2015 年取得，在 2016 年 4 月 30 日前，所以可以适用简易计税的方法，按 5% 计征增值税，应交增值税 =2 000 万元 ×5%=100 万元，应交房产税 =2 000 万元 ×12%=240 万元，可见厂房中的设备等也交了 12% 的房产税，税负较重。要求：对增值税和房产税进行税务优化。

【业务操作】设备和绿化等附属设施出租时无须缴纳房产税，因此可以将厂房和设备、设施分开签订租赁合同，租金总额不变。假设厂房租金 1 000 万元，设备租金 800 万元，附属设施租金 200 万元，两方案应纳的房产税和增值税见表 7-2-8。

表 7-2-8　税收优化方案对比

税费	原方案	优化方案
增值税	2 000 万元 ×5%=100 万元	（1000+200）万元 ×5%+800 万元 ×13%=164 万元
房产税	2 000 万元 ×12%=240 万元	1 000 万元 ×12%=120 万元
合计	340 万元	284 万元
节税金额	56 万元	

以上是部分典型的税务优化案例，还有其他有关个人所得税年终奖的税务优化、通过改变企业组织形式进行税务优化、通过选择供应商进行税务优化等做法。但是无论是哪一种税务优化，合法合规是最基本的要求，企业应及时关注税收政策的变化，避免滥用、误用税收优惠政策，给企业带来税务风险。依法纳税是每一位公民和企业应尽的义务。

任务三 结转损益与利润分配

任务描述

2023 年 12 月 31 日，结转当月损益，并对 2023 年利润进行分配。

引导问题：企业可以选择将当年的净利润全部用于分配吗？

知识准备

一、损益的概念

损益是指企业在某一会计期间进行生产经营活动所取得的财务成果，具体表现为盈利或亏损。损益类账户分为收入大类和费用大类，收入大类包括主营业务收入、其他业务收入、其他收益、投资收益、公允价值变动损益、营业外收入，费用大类包括营业成本、税金及附加、销售费用、管理费用、财务费用、资产减值损失、信用减值损失、营业外支出和所得税费用。

二、结转损益的方法

结转损益就是将当期损益类账户的余额转入“本年利润”账户的过程。我国普遍采用账结法结转损益，具体做法是每月月末都要在账上汇总出各损益类账户的余额，结转记入“本年利润”账户，其中，收入类账户余额使本年利润增加，结转时贷记“本年利润”账户，费用类账户余额使本年利润减少，结转时借记“本年利润”账户，结转后“本年利润”账户的本月余额，反映当月实现的盈利或发生的亏损，对各季（月）度实现的盈利，需计算预缴企业所得税，产生的所得税费用同样需要结转计入“本年利润”账户。年度终了，“本年利润”账户的余额反映本年累计实现的利润或发生的亏损，将一次性结转计入“利润分配——未分配利润”账户。

三、利润分配顺序及其核算方法

利润分配通常在年末进行。将“本年利润”账户全年累计的余额转入“利润分配”账户，可以汇总得出年末可供分配的利润余额。

可供分配利润 = 年初未分配利润（亏损为“–”）+ 本年利润转入 + 其他转入

对可供分配的利润按照以下顺序进行分配：

1. 提取盈余公积

盈余公积是企业按规定从净利润中提取的资本积累，有积谷防灾的意思，包括法定盈余公积和任意盈余公积。公司制企业，按当年弥补完以前年度亏损的净利润的 10% 提取，非公司制可以超过 10%，借记“利润分配”账户，贷记“盈余公积”账户。法定盈余公积累计额已达注册资本 50% 时可以不再提取。任意盈余公积不做强制要求。提取盈余公积时借记“利润分配——提取盈余公积”账户，贷记“盈余公积”账户。

2. 向投资者分配利润

按股东大会决议或管理层决议，对可供分配的利润进行分配，借记“利润分配——应付利润（或应付股利）”账户，贷记“应付股利”或“应付利润”账户。

3. 转作资本（股本）

分派股票股利的形式转作股本，借记“利润分配——转作股本的股利”账户，贷记“股本”或“实收资本”账户。转增之后未分配利润余额不得低于注册资本的 25%，且未分配利润转增资本形成的自然人部分需要代扣代缴个税，借记“应付利润”账户，贷记“应交税费”账户。

四、企业所得税汇算清缴

企业所得税汇算清缴是指纳税人在纳税年度终了后规定时期内（通常为五个月内），依照税收法律、法规、规章及其他有关企业所得税的规定，自行计算全年应纳税所得额和应纳所得税额，根据月度或季度预缴的所得税数额，确定该年度应补或者应退税额，并填写年度企业所得税纳税申报表，向主管税务机关办理年度企业所得税纳税申报、提供税务机关要求提供的有关资料、结清全年应补或应退企业所得税税款的行为。应补应退税款通过“以前年度损益调整”账户核算。

所得税汇算清缴需要在账面对税会差异进行调整。税会差异按照随时间推移是否消失为标准可以划分为非暂时行差异和暂时性差异。其中非暂时性差异（见表 7-3-1）无须确认递延所得税费用，只影响当期所得税费用；暂时性差异（见表 7-3-2）需要确认递延所得税费用。

表 7-3-1　所得税非暂时性差异列表

<table>
<tr><th>差异形式</th><th colspan="2">差异举例</th><th>对所得税影响</th></tr>
<tr><td>属会计收益，但不属应税收益</td><td colspan="2">国债利息收益、对外投资分回的已税收益</td><td>调减当期应交所得税</td></tr>
<tr><td>不属会计收益，但属应税收益</td><td colspan="2">同一控制下的非货币性资产交换、售后回购</td><td>调增当期应交所得税</td></tr>
<tr><td rowspan="2">属会计费用或损失，但税法不允许作为费用或损失扣除</td><td>标准不同</td><td>超过税法确认标准的利息支出、职工福利费、工会经费、业务招待费</td><td rowspan="2">调增当期应交所得税</td></tr>
<tr><td>范围不同</td><td>违法经营的罚款或被没收财物的损失、税款的滞纳金和罚款、非救济性和非公益性捐赠和赞助支出</td></tr>
<tr><td>不属会计费用，但税法允许扣除</td><td colspan="2">研发支出的加计扣除</td><td>调减当期应交所得税</td></tr>
</table>

表 7-3-2　所得税暂时性差异列表

差异形式	差异举例	对所得税影响
会计作为当期收益，税法在以后才允许确认为收益	期末公允价值上涨	调减当期应交所得税，贷记“递延所得税负债”

续表

差异形式	差异举例	对所得税影响
会计作为以后的收益，税法却要求确认为当期收益	房屋的预售款、未确认收入的销售等	调增当期应交所得税，借记“递延所得税资产”
会计作为当期费用或损失，税法却待以后才确认	产品保修费，计提的资产减值准备，超过税法确认标准的广告宣传费、公益捐赠、职工教育经费，期末公允价值下跌	调增当期应交所得税，借记“递延所得税资产”
会计以后才确认的费用或损失，税法却允许于当期确认	税法规定的固定资产折旧期限短于会计采用的折旧期限。 不满足税法确认条件的长期待摊费用。	调减当期应交所得税，贷记“递延所得税负债”

递延所得税费用的计量基于资产负债表债务法，即从资产负债表出发，通过比较资产和负债的账面价值及其计税基础，将两者之间的差额分别确定为应纳税暂时性差异和可抵扣暂时性差异，从而确认相关的递延所得税负债和递延所得税资产，进而计算出递延所得税费用。

1. 账面价值

账面价值是指按照企业会计准则要求列报的资产或负债金额，如固定资产账面价值就是固定资产原值扣除按企业会计制度规定的折旧方法计算的累计折旧和固定资产减值准备后的净额。

2. 计税基础

计税基础是指按照税法要求重新计算的资产或负债金额。具体来看：

（1）资产的计税基础：是指企业收回资产账面价值的过程中，计算应纳税所得额时按照税法规定可以自应税经济利益中抵扣的金额。比如固定资产的计税基础就是固定资产在使用过程中按照税法规定未来期间能够转为费用的金额，由于税法对可能发生的固定资产减值准备暂不作认定，因此固定资产的计税基础就是用原值扣除按照税法认定的折旧方法计算的累计折旧后的净额。

资产的计税基础＝未来期间税法允许税前扣除的金额
　　　　　　　＝资产取得成本－以前期间已累计税前扣除的金额

（2）负债的计税基础：是指负债的账面价值减去未来期间计算应纳税所得额时按照税法规定可予抵扣的金额。比如预提保证型售后质保时，会计上产生预计负债，这一负债的计税基础就是它的账面价值扣除未来期间发生售后质保支出而能够在税前扣除的金额。

负债的计税基础＝负债账面价值－未来期间负债兑付时税法允许税前扣除的金额

3. 暂时性差异

暂时性差异就是资产或负债的账面价值与其计税基础的差额。分为可抵扣暂时性差异和应纳税暂时性差异。

（1）可抵扣暂时性差异：未来期间可以允许纳税调减的暂时性差异，该差异乘以所得税税率即为递延所得税资产。

（2）应纳税暂时性差异：未来期间需要纳税调增的暂时性差异，该差异乘以所得税税率即为递延所得税负债。

根据递延所得税资产和递延所得税负债的变化情况，可以计算出本年递延所得税费用，计算公式如下：

递延所得税费用 =（递延所得税负债期末余额 − 递延所得税负债期初余额）−（递延所得税资产期末余额 − 递延所得税资产期初余额）

任务实施

一、核算结转损益业务

业务 7-3-1 汇总 2023 年 10 月份宁佳公司各损益账户发生额，汇总各损益类账户结转前的余额见表 7-3-3，要求对损益进行结转。

表 7-3-3　2023 年 10 月宁佳公司损益账户余额表

单位：元

账户名称	结转前余额	账户名称	结转前余额
主营业务收入	9 200 000（贷）	主营业务成本	7 258 000（借）
其他业务收入	556 000（贷）	其他业务成本	303 000（借）
投资收益	203 000（贷）	税金及附加	113 000（借）
公允价值变动损益	30 600（贷）	销售费用	460 000（借）
营业外收入	10 000（贷）	管理费用	350 000（借）
		财务费用	120 000（借）
		信用减值损失	76 000（借）
		营业外支出	5 000（借）

【业务操作】

（1）结转收入类账户余额：

借：主营业务收入　9 200 000
　　其他业务收入　556 000
　　投资收益　203 000
　　公允价值变动损益　30 600
　　营业外收入　10 000
　贷：本年利润　9 999 600

（2）结转费用类账户余额：

借：本年利润　8 685 000
　贷：主营业务成本　7 258 000
　　　其他业务成本　303 000
　　　税金及附加　113 000
　　　销售费用　460 000
　　　管理费用　350 000
　　　财务费用　120 000
　　　信用减值损失　76 000
　　　营业外支出　5 000

结转后 10 月份本年利润账户贷方增加 9 999 600 元，借方发生 8 685 000 元，为贷方结余 1 314 600 元，表明当月盈利，需要计算缴纳所得税费用。依照税法规定，企业分月（季）预缴所得税时，通常按照当月（季）的实际利润计算应纳税额预缴。计算公式为：

月（季）预缴企业所得税税额 = 月（季）应纳税所得额 × 适用税率

宁佳公司 10 月份所得税费用 =1 314 600 × 25%=328 650（元），再将所得税费用结转计入“本年利润”账户，做损益的二次结转。

借：所得税费用　　328 650
　　贷：应交税费——所得税　　328 650

借：本年利润　　328 650
　　贷：所得税费用　　328 650

二、核算利润分配业务

业务 7-3-2　2023 年 12 月 31 日，宁佳公司“本年利润”账户年末结转前贷方余额为 16 056 900 元，“利润分配——未分配利润”账户年初余额为贷方 87 669 065 元。要求：将本年利润余额从反方向转入利润分配，并按净利润的 10% 计提法定盈余公积（以前年度没有未弥补亏损），向投资人分配利润 400 000 元。要求：对利润分配业务进行核算。

【业务操作】

（1）结转本年利润：

借：本年利润　　16 056 900
　　贷：利润分配——未分配利润　　16 056 900

（2）提取盈余公积：

盈余公积 = 弥补亏损后的净利润 × 10%=16 056 900 × 10%=1 605 690（元）

借：利润分配——提取法定盈余公积　　1 605 690
　　贷：盈余公积——法定盈余公积　　1 605 690

（3）分配利润：

借：利润分配——应付利润　　400 000
　　贷：应付利润　　400 000

（4）结转利润分配其他明细账户：

借：利润分配——未分配利润　　2 005 690
　　贷：利润分配——提取法定盈余公积　　1 605 690
　　　　　　　　——应付利润　　400 000

经过利润分配后：

年末未分配利润 = 利润分配年初余额 + 本年利润转入 − 提取的盈余公积 − 分配的利润 =87 669 065+16 056 900−1 605 690−400 000=101 720 275（元），这将是下一年度可供分配利润的年初数。

三、核算年末企业所得税费用

业务 7-3-3　2023 年度宁佳公司营业收入 5 000 万元，税前利润总额为 3 620 万元，所得税税率为 25%。全年实发工资薪金为 500 万元，职工福利 75 万元，工会经费 7 万元，职工教育经费 42 万元，业务招待费 40 万元。此外，公司当年有国债利息收入 100 万元，营业外支出中有 10 万元为赞助支出，交易性金融资产公允价值上升了 56 万元，计提存货跌价准备 286 万元，计提保证型售后质量保证 78 万元，均已计入会计利润，1~12 月已预缴企业所得税 720 万元。假定公司全年无其他纳税调整事项。要求对 2023 年所得税费用进行核算。

【业务操作】企业所得税纳税调整事项见表 7-3-4。

表 7-3-4　所得税纳税调整计算表

项　目	说　明
一、纳税调增事项	
1. 超过规定标准项目	最高扣除标准
（1）工资支出	据实扣除
（2）职工福利费	工资的 14%
（3）职工教育经费	工资的 8%，超过部分准予以后年度结转扣除
（4）工会经费	工资的 2%
（5）利息支出	金融机构据实扣除，非金融机构按同类标准扣除
（6）业务招待费	发生额的 60%，且不超过销售（营业）收入的 5‰
（7）公益救济性捐赠	年度利润总额的 12%，超过部分可以后三年扣除
（8）广告和业务宣传费	年度销售收入的 15%，超过部分可以后结转扣除
2. 不允许扣除项目	
（1）资本性支出	
（2）违法经营罚款和被没收财务损失	
（3）税收滞纳金、行政性罚金、罚款	
（4）非公益救济性捐赠	对企业捐赠、未通过公益性机构的捐赠
（5）各种赞助支出	
（6）与收入无关的支出	个人消费、超出规定的员工商业保险等
（7）其他	如未经核定的各类减值损失
3. 应税收益项目	
少计或未计应税收益	
4. 其他	
二、纳税调整减少额	
（1）弥补亏损	
（2）联营企业分回利润	
（3）境外收益	
（4）股息收入	
（5）治理“三废”收益	
（6）技术转让收益	
（7）国库券（国债）利息收入	
（8）国家补贴收入	
（9）无形资产摊销及费用化研发支出加计扣除	200%
（10）其他	

本业务中职工福利费、工会经费、职工教育经费、业务招待费、国债利息收入、赞助支出、交易性金融资产公允价值变动、存货跌价准备、保证型售后质保都属于纳税调整事项，计算调整额的过程见表 7-3-5。

表 7-3-5 纳税调整项目计算表

单位：万元

调整项目	会计列支	税法列支	纳税调整
职工福利费	75	500 × 14%=70	+5
工会经费	7	500 × 2%=10	0
职工教育经费	42	500 × 8%=40	+2（可以后期间继续扣除）
业务招待费	40	40 × 60%=24 与 5 000 × 5‰=25 取低	+16
国债利息收入	100	0（免税）	−100
赞助支出	10	0（不允许扣除）	+10
公允价值增加	56	0	−56
存货跌价准备	286	0	+286
保证型售后质保	78	0	+78

应纳税所得额 =3 620+5+2+16−100+10−56+286+78=3 861（万元）

当期应交所得税 =3 861 × 25%−720=245.25（万元）

其中，超支的职工教育经费 2 万元可以在未来三年内继续抵扣，计提的存货跌价准备 286 万元和计提的保证型售后质保 78 万元，税法上在当期均不可税前扣除，应调增当期应纳税所得额，但是在未来期间可以税前扣除，因此这三项会使未来期间应纳税所得额减少，形成可抵扣暂时性差异，从而增加递延所得税资产，递延所得税资产金额 =（2+286+78）× 25%=91.50（万元）；而交易性金融资产公允价值上升 56 万元，税法上当期无需确认收益，需调减当期应纳税所得额，未来期间产生实质性收益再调增应纳税所得额，这就形成了应纳税暂时性差异，从而增加递延所得负债，递延所得税负债金额 =56 × 25%=14（万元）。

借：以前年度损益调整　　1 677 500

　　递延所得税资产　　915 000

　　贷：应交税费——应交所得税　　2 452 500

　　　　递延所得税负债　　140 000

笔记与思考

评价反馈

序号	任务	评分标准	分值	评价			平均得分
				自评	互评	师评	
1	明确期末业务	熟知期末各项业务	10				
2	财产清查	能够对库存现金、银行存款、往来款项、存货、固定资产等进行盘点并处理	20				
3	计提税费	能够准确计提并核算各项税费	20				
4	结转损益	能够准确汇总各项收入、费用类损益，并结转至本年利润	20				
5	利润分配	熟悉利润分配顺序，能正确计算年末未分配利润，准确核算利润分配业务	20				
6	年末所得税费用	能够计算当期所得税费用和递延所得税费用	10				
合　计							

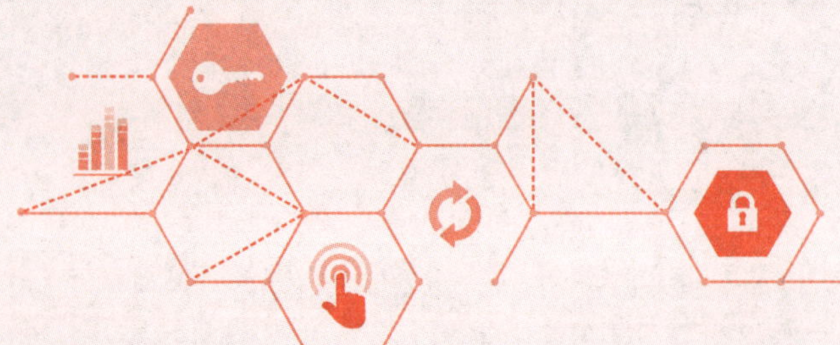

项目八 数据呈现

场景描述

在数据呈现项目中，财务部门需要编制资产负债表、利润表、现金流量表和所有者权益变动表四张财务报表，并进行简要的经营分析。

数据呈现项目

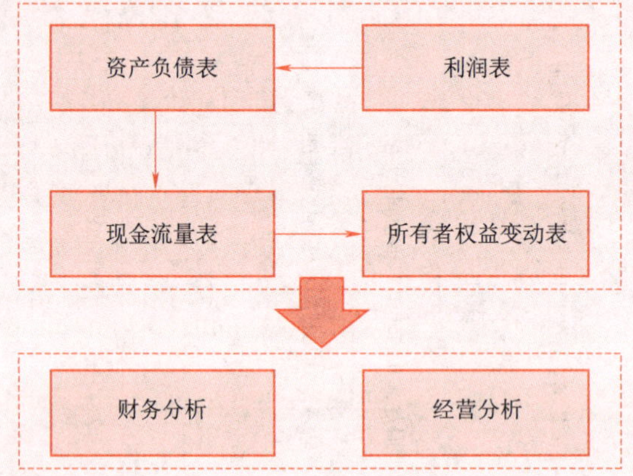

学习目标

- 熟练掌握四大财务报表的内容、结构和编制方法。
- 会编制资产负债表、利润表、现金流量表、所有者权益变动表。
- 熟悉经营分析的内容和方法。
- 能够爱岗敬业、遵守准则、强化服务，具备终身学习意识和大数据思维。

【情境引例】上市公司年报披露

为了规范上市公司及其他信息披露义务人的信息披露行为，加强信息披露事务管理，保护投资者合法权益，根据《中华人民共和国公司法》《中华人民共和国证券法》的规定，上市公司应当定期披露年度报告、中期报告及对投资者作出价值判断和投资决策有重大影响的信息。年度报告应当在每个会计年度结束之日起四个月内编制完成并披露，中期报告应当在每个会计年度的上半年结束之日起两个月内编制完成并披露。

拓展阅读

华为一报一会制度

2023 年 4 月 29 日，A 股 2022 年报全部披露完毕。数据显示，在 A 股市场 5 164 家上市公司中，有 5 157 家 A 股上市公司披露了 2022 年年度业绩，2022 年全年实现营业总收入 71.62 万亿元，同比增长 6.41%；实现归母净利润 5.22 万亿元，同比增长 1.034%。其中，2022 年共有 2 452 家公司实现归母净利润正增长，占比 47.55%。

（来源：根据相关资料编写）

思考

本案中，上市公司披露的营业收入和归母净利润数据来自哪一张财务报表？营业收入和净利润增速不同可能是什么原因？

任务一　编制财务报告

任务描述

2023 年 12 月 31 日，宁佳公司在完成对账结账后编制财务报告。

引导问题：财务报告反映哪些信息才能满足信息使用者的需求？在哪里查阅上市公司财务报告？

知识准备

一、财务报告概述

1. 财务报告的概念

财务报告是指企业对外提供的反映企业某一特定日期的财务状况和某一会计期间的经营成果、现金流量等会计信息的文件。财务报告按披露的内容不同可分为资产负债表、利润表、现金流量表、所有者权益变动表及报表附注（四表一注），以及其他财务报告。其中，财务报表[①]按编制时间不同，分为月报、季报、半年报和年报，半年报通常要求在半年度终了 2 个月内公开披露，年报在年度终了 4 个月内公开披露。按编制主体不同，分为个别财务报表和合并财务报表。

① 财务报告中的报表称为财务报表。

2. 财务报表编制要求

（1）列报基础：企业应当以持续经营为基础，遵循会计准则、会计制度，真实、完整报送。

（2）列报的一致性：财务报表项目的列报应当在各个会计期间保持一致，不得随意变更。

（3）根据重要性原则选择列报项目：企业在编制财务报表的过程中，应当考虑报表项目的重要性，不重要的事项可以合并列报，比如其他流动资产就是把不重要的流动资产进行汇总后列示。

（4）列报项目金额不得随意抵销：财务报表中的资产项目和负债项目的金额、收入项目和费用项目的金额不得相互抵销，但其他会计准则另有规定的除外。

下列两种情况以净额列示，不属于抵销：

①资产项目按扣除减值准备后的净额列示，不属于抵销。

②非日常活动产生的损益，如处置固定资产，以处置收益扣减费用后的净额列示，不属于抵销。

（5）比较信息的列报：当期财务报表的列报，至少应当提供所有列报项目上一可比会计期间的比较数据以及与理解当期财务报表相关的说明。

二、财务报表的编制

（一）编制资产负债表

1. 资产负债表的概念

资产负债表是反映企业在某一特定日期（如月末、季末、年末等）财务状况的报表，即在某一静态时点，企业拥有的经济资源、承担的偿还义务和所有者对净资产的权益。

2. 资产负债表的结构

资产负债表由表头和表体构成，表体为账户式结构（见表 8-1-1），分为左右两部分，左边按流动性列示企业所有的资产，右边包括按流动性列示的负债和按照稳定性排列的所有者权益。左右两部分金额满足“资产 = 负债 + 所有者权益”的会计等式。

3. 资产负债表的编制方法

微课

编制资产负债表

（1）根据总账账户余额直接填列。包括以下项目：

①资产类：交易性金融资产、开发支出（资本化支出）、长期待摊费用、递延所得税资产。

②负债类：短期借款、交易性金融负债、应付职工薪酬、应交税费、预计负债、递延收益、递延所得税负债。

③所有者权益类：实收资本（股本）、其他权益工具、资本公积、库存股、其他综合收益、盈余公积、年报中的未分配利润。

（2）根据若干个总账账户余额合计数填列，包括以下项目：

①货币资金：银行存款 + 其他货币资金 + 库存现金。

②存货：原材料 + 材料采购 + 包装物 + 低值易耗品 + 委托加工物资 + 材料成本差异 + 生产成本 + 制造费用 + 应收退货成本 + 劳务成本 + 合同履约成本 + 库存商品 + 发出商品 + 委托代销商品等 + 受托代销商品 – 受托代销商品款 – 存货跌价准备 – 商品进销差价 – 合同履约成本减值准备。

表 8-1-1　资产负债表

纳税人识别号：　　　　税款所属期：　　年　月　日至　年　月　日　　　　会企 01 表
编制单位（章）：　　　填表日期：　　年　月　日　　　　单位：元

资产	行次	期末余额	年初余额	负债和所有者权益（或股东权益）	行次	期末余额	年初余额
流动资产：	1			流动负债：	1		
货币资金	2			短期借款	2		
交易性金融资产	3			交易性金融负债	3		
衍生金融资产	4			衍生金融负债	4		
应收票据及应收账款	5			应付票据及应付账款	5		
预付账款	6			预收账款	6		
其他应收款	7			合同负债	7		
存货	8			应付职工薪酬	8		
合同资产	9			应交税费	9		
持有待售资产	10			其他应付款	10		
一年内到期的非流动资产	11			持有待售负债	11		
其他流动资产	12			一年内到期的非流动负债	12		
流动资产合计	13			其他流动负债	13		
非流动资产：	14			流动负债合计	14		
债权投资	15			非流动负债：	15		
其他债权投资	16			长期借款	16		
长期应收款	17			应付债券	17		
长期股权投资	18			长期应付款	18		
其他权益工具投资	19			预计负债	19		
其他非流动金融资产	20			递延收益	20		
投资性房地产	21			递延所得税负债	21		
固定资产	22			其他非流动负债	22		
在建工程	23			非流动负债合计	23		
生产性生物资产	24			负债合计	24		
油气资产	25			所有者权益（或股东权益）：	25		
无形资产	26			实收资本	26		
开发支出	27			其他权益工具	27		
商誉	28			资本公积	28		
长期待摊费用	29			减：库存股	29		
递延所得税资产	30			其他综合收益	30		
其他非流动资产	31			盈余公积	31		
非流动资产合计	32			未分配利润	32		
	33			所有者权益（或股东权益）合计	33		
资产总计	34			负债和所有者权益（或股东权益）总计	34		

单位负责人：　　　　主管会计工作负责人：　　　　会计机构负责人：

③其他流动资产：合同取得成本 +“应交增值税”、“未交增值税”、“待抵扣进项税额”、“待认证进项税额”、“增值税留抵税额”等明细科目期末借方余额 +“待处理流动资产损溢”。

④长期应收款：长期应收款 – 未实现融资收益 – 对应的坏账准备。

⑤在建工程：在建工程 + 工程物资 – 在建工程减值准备。

⑥其他应付款：应付利息 + 应付股利 + 其他应付款。

⑦未分配利润：本年利润 + 利润分配。

（3）根据明细账户余额分析填列，包括以下项目：

①应收票据及应收账款：“应收票据”期末余额 +“应收账款”所属明细账户的期末借方余额 +“预收账款”所属明细账户的期末借方余额 –“坏账准备”中有关应收票据、应收账款计提的部分。（实务中也有上市公司的财务报表将“应收票据”和“应收账款”分列两个项目）

②预付账款：预付账款和应付账款所属明细账借方余额合计 – 对应的坏账准备。

③应付票据及应付账款：应付票据、应付账款和预付账款三个账户所属明细账的贷方余额合计。

④预收账款：预收账款和应收账款两个账户所属明细账贷方余额合计。

（4）根据总账账户和明细账户的余额分析填列，包括以下项目：

①债权投资：债权投资 – 对应的信用减值准备 – 一年内将到期的部分。

②其他债权投资：其他债权投资 – 对应的信用减值准备 – 一年内将到期的部分。

③其他权益工具投资：其他权益工具投资 – 一年内将要到期的部分。

④长期借款：长期借款 – 一年内将要到期的部分。

⑤应付债券：应付债券 – 一年内将要到期的部分。

⑥长期应付款：长期应付款 – 未确认融资费用 – 一年内将要到期的部分 + 专项应付款。

（5）根据总账账户与其备抵账户抵销后的净额填列，主要包括：

①大部分需要计提减值准备的资产类项目。

②需要计提折旧或摊销的资产。注意：固定资产项目的填列：固定资产 – 累计折旧 – 固定资产减值准备 ± 固定资产清理。

（二）编制利润表

1. 利润表的概念

利润表是反映企业在一定会计期间（如月度、季度或年度）经营成果的动态财务报表。

2. 利润表的结构

微课

编制利润表

我国利润表采用多步式结构（见表 8-1-2），反映利润的不同层次，有助于对利润质量进行分析。多步式是通过对当期的收益、支出项目按性质加以归类，按利润形成的主要环节列示一些中间性利润指标，分步计算当期净损益，直至最后反映出企业综合业绩。其中：营业利润是与经营活动密切相关的经营成果，具有相对的可持续性和稳定性；利润总额是在营业利润基础上加上了营业外收支净额；净利润等于利润总额减去所得税费用。

表 8-1-2 利润表

纳税人识别号： 税款所属期： 年 月 日至 年 月 日 会企 02 表
编制单位（章）： 填表日期： 年 月 日 单位：元

项目	行次	本月数	本年累计
一、营业收入	1		
减：营业成本	2		
税金及附加	3		
销售费用	4		
管理费用	5		
研发费用	6		
财务费用	7		
其中：利息费用	8		
利息收入	9		
资产减值损失	10		
信用减值损失	11		
加：其他收益	12		
投资收益（损失以“–”号填列）	13		
其中：对联营企业和合营企业的投资收益	14		
公允价值变动收益（损失以“–”号填列）	15		
资产处置收益（损失以“–”号填列）	16		
二、营业利润（损失以“–”号填列）	17		
加：营业外收入	18		
减：营业外支出	19		
三、利润总额（亏损总额以“–”号填列）	20		
减：所得税费用	21		
四、净利润（净亏损以“–”号填列）	22		
（一）持续经营净利润（净亏损以“–”号填列）	23		
（二）终止经营净利润（净亏损以“–”号填列）	24		
五、其他综合收益的税后净额	25		
（一）不能重分类进损益的其他综合收益	26		
1. 重新计量设定受益计划变动额	27		
2. 权益法下不能转损益的其他综合收益	28		
3. 其他权益工具投资公允价值变动	29		
4. 企业自身信用风险公允价值变动	30		
……	31		
（二）将重分类进损益的其他综合收益	32		
1. 权益法下可转损益的其他综合收益	33		
2. 其他债权投资公允价值变动	34		
3. 金融资产重分类计入其他综合收益的金额	35		
4. 其他债权投资信用减值准备	36		
5. 现金流量套期储备	37		
6. 外币财务报表折算差额	38		
……	39		
六、综合收益总额	40		
七、每股收益	41		
（一）基本每股收益	42		
（二）稀释每股收益	43		

单位负责人： 主管会计工作负责人： 会计机构负责人：

3. 利润表的编制方法

利润表本月数应当按相关账户的本月发生额分析填列或表内计算填列。本年累计数为年初至本月止相关账户的累计发生额分析填列或表内计算填列。各项目填列说明见表 8-1-3。

表 8-1-3　利润表项目填列说明

项目	填列说明
营业收入	“主营业务收入”和“其他业务收入”账户发生额分析填列
营业成本	“主营业务成本”和“其他业务成本”账户的发生额分析填列
税金及附加	“税金及附加”账户的发生额填列
销售费用	“销售费用”账户的发生额填列
管理费用	“管理费用”账户的发生额扣除研发支出费用化支出后填列
研发费用	“管理费用”账户中“研发支出”明细账户的发生额分析填列
财务费用	“财务费用”账户发生额分析填列。结转前为贷方余额，用“—”填列
资产减值损失	“资产减值损失”账户的发生额分析填列
信用减值损失	“信用减值损失”账户的发生额分析填列
其他收益	“其他收益”账户的发生额分析填列
投资收益	“投资收益”账户发生额分析填列；若为投资损失，以“—”号填列
公允价值变动收益	“公允价值变动损益”账户发生额分析填列；若为损失，以“—”号填列
资产处置收益	“资产处置收益”账户发生额分析填列；若为损失，以“—”号填列
营业利润	营业利润＝营业收入－营业成本－税金及附加－销售费用－管理费用－研发费用－财务费用－资产减值损失－信用减值损失＋其他收益＋投资收益（－投资损失）＋公允价值变动收益（－公允价值变动损失）＋资产处置收益（－资产处置损失）。若为亏损，用“—”号填列
营业外收入	“营业外收入”账户发生额分析填列
营业外支出	“营业外支出”账户发生额分析填列
利润总额	营业利润＋营业外收入－营业外支出；若为亏损，用“-”号填列
所得税费用	“所得税费用”账户的发生额分析填列
净利润	利润总额－所得税费用；若为亏损，用“-”号填列
其他综合收益的税后净额	其他综合收益余额 ×（1－所得税税率）
综合收益总额	净利润＋其他综合收益的税后净额
每股收益	基本每股收益 稀释每股收益

（三）编制现金流量表

1. 现金流量表的概念

现金流量表，是反映企业在一定会计期间现金和现金等价物流入和流出的报表。其中现金包括企业库存现金及可以随时用于支付的存款，包括库存现金、银行存款和其他货币资金等。现金等价物是指持有期限短（一般指三个月内到期）、流动性强、易于转换为已知金额、现金价值变动风险小的债券投资。

2. 现金流量表的结构

现金流量表按照不同活动分类，包括经营活动、投资活动和筹资活动，分别列示各项活动的现金流入项目、现金流出项目及现金流量净额（见表 8-1-4）。在这三个主要部分之后，现金流量表通常还会包括汇率变动对现金的影响以及期初现金及现金等价物余额和期末现金及现金等价物余额等附加信息。

表 8-1-4 现金流量表

纳税人识别号： 税款所属期： 年 月 日至 年 月 日 会企 03 表
编制单位（章）： 填表日期： 年 月 日 单位：元

项 目	行次	本月金额	上期金额
一、经营活动产生的现金流量	1		
销售商品、提供劳务收到的现金	2		
收到的税费返还	3		
收到的其他与经营活动有关的现金	4		
经营活动现金流入小计	5		
购买商品、接受劳务支付的现金	6		
支付给员工以及为员工支付的现金	7		
支付的各项税费	8		
支付的其他与经营活动有关的现金	9		
经营活动现金流出小计	10		
经营活动产生的现金流量净额	11		
二、投资活动产生的现金流量	12		
收回投资收到的现金	13		
取得投资收益收到的现金	14		
处置固定资产、无形资产和其他长期资产所收到的现金净额	15		
处置子公司及其他营业单位收到的现金净额	16		
收到的其他与投资活动有关的现金	17		
投资活动现金流入小计	18		
购建固定资产、无形资产和其他长期资产所支付的现金	19		
投资支付的现金	20		
取得子公司与其他营业单位支付的现金净额	21		
支付的其他与投资活动有关的现金	22		
投资活动现金流出小计	23		
投资活动产生的现金流量净额	24		
三、筹资活动产生的现金流量	25		
吸收投资收到的现金	26		
取得借款收到的现金	27		
收到的其他与筹资活动有关的现金	28		
筹资活动现金流入小计	29		
偿还债务支付的现金	30		
分配股利、利润或偿付利息支付的现金	31		
支付的其他与筹资活动有关的现金	32		
筹资活动现金流出小计	33		
筹资活动产生的现金流量净额	34		
四、汇率变动对现金及现金等价物的影响	35		
五、现金及现金等价物净增加额	36		
加：期初现金及现金等价物余额	37		
六、期末现金及现金等价物余额	38		

单位负责人： 主管会计工作负责人： 会计机构负责人：

3. 现金流量表的编制方法

编制现金流量表的关键是能够准确识别每一笔涉及现金流量变化的业务，是属于现金流量表中哪一类活动的哪一个项目，以便于在日常财务工作中进行现金流量的归类和统计，生成现金流量表。现金流量表常见项目的计算如下：

（1）经营活动现金流量项目的编制。经营活动是指企业投资活动和筹资活动以外的所有交易和事项，主要包括销售商品或提供劳务、购买商品、接受劳务、支付工资和交纳税款等流入和流出的现金和现金等价物。

①“销售商品、提供劳务收到的现金”项目，包括：本期收到的销售价款（含预收、应收回款）、销项税额、商业汇票贴现所得、代销业务的价税合计，减去退货、折让支付的现金，减去垫付费用。注意不包含投资性房地产租金收入及其他租赁收入的价税。

②“收到的税费返还”项目，包括企业收到返还的各种税费，如收到的增值税、所得税、消费税、关税和教育费附加返还款等。

③“收到其他与经营活动有关的现金”项目，包括：经营租赁收到的租金（如投资性房地产租金）、除税费返还外的其他政府补助收入、罚款收入、流动资产损失现金赔偿收入、存款利息收入、回款中收回的垫付费用等。

④“购买商品、接受劳务支付的现金”项目，包括：本期购买本期支付的现金（包括增值税进项税额，下同）、前期购买本期支付的现金、本期预付款项、企业代购代销业务支付的现金，减去本期发生的购货退回收到的现金。注意购买的商品包含车间水电费支出、服务；银行汇票有余款退回需扣除。

⑤“支付给职工以及为职工支付的现金”项目，反映企业实际支付给职工的工资、资金、各种津贴和补贴等货币薪酬（包括代扣代缴的职工个人所得税、个人承担的社保）。注意支付给在建工程人员及研发人员的薪酬在“购建固定资产、无形资产和其他长期资产支付的现金”项目反映，支付给离退休人员的各项费用在“支付其他与经营活动有关的现金”项目反映。

⑥“支付的各项税费”项目，反映企业本年发生并支付、以前各年发生本年支付以及预交的各项税费，包括所得税、增值税、消费税、印花税、房产税、土地增值税、车船税、教育费附加等。注意不包括计入固定资产价值、实际支付的耕地占用税、契税、车辆购置税、本期退回的增值税、所得税、代扣代缴的个税。

⑦“支付其他与经营活动有关的现金”项目，包括：企业短期租赁支付的租金、支付的差旅费、办公费、水电费、业务招待费、保险费、咨询费、广告费、销售运费、垫付费用、罚款支出、捐赠支出、离退休人员费用等。

（2）投资活动现金流量项目的编制。投资活动，是指企业长期资产的购建和不包括在现金等价物范围内的投资及其处置活动，主要包括购建固定资产、处置子公司及其他营业单位等流入和流出的现金和现金等价物。

①“收回投资收到的现金”项目，反映企业出售、转让或到期收回除现金等价物以外的对其他企业金融资产和长期股权投资的权益。注意不包括收回的现金股利和利息、收回的非现金资产和处置子公司及其他营业单位收到的现金净额。

②“取得投资收益收到的现金”项目，包括企业除现金及现金等价物以外的对其他企业

的金融资产、长期股权投资等分回的现金股利和利息等。注意，不包括股票股利、垫付的已到付息期但尚未收到的利息和已宣告但尚未发放的现金股利。

③“处置固定资产、无形资产和其他长期资产收回的现金净额”项目，反映企业处置固定资产、无形资产和其他长期资产所取得的现金（包括因长期资产毁损而收到的保险赔偿收入），减去为处置这些资产而支付的有关费用后的净额。注意，如果金额为负数，在“支付的其他与投资活动有关的现金”项目中反映。

④“处置子公司及其他营业单位收到的现金净额”项目，反映企业处置子公司及其他营业单位所取得的现金，减去相关处置费用以及子公司及其他营业单位持有的现金和现金等价物后的净额。金额重大，单独列示。

⑤“收到的其他与投资活动有关的现金”项目，包括收回购买股票和债券时垫付的已宣告但尚未发放的现金股利或已到付息期但尚未收到的债券利息。

⑥“购建固定资产、无形资产和其他长期资产支付的现金”项目，包括购建固定资产、无形资产和其他长期资产所支付的现金（含增值税款、契税等）、用现金支付的应由在建工程和无形资产负担的职工薪酬。注意，不包括为购建固定资产而发生的借款利息资本化部分、融资租入固定资产支付的租赁费。

⑦“投资支付的现金”项目，企业取得金融资产和长期股权投资所支付的现金以及支付的佣金、手续费等附加费用。注意不包括购入 3 个月内国债即现金等价物支付的现金、垫付的现金股利和利息、取得子公司及其他营业单位支付的现金净额。

⑧“取得子公司及其他营业单位支付的现金净额”项目，反映企业购买子公司及其他营业单位的出价中以现金支付的部分，减去子公司及其他营业单位持有的现金和现金等价物后的净额。金额巨大单独列示。

⑨“支付其他与投资活动有关的现金”项目，反映企业除上述项目外收到或支付的其他与投资活动有关的现金，金额较大的应当单独列示。如垫付的已宣告但尚未发放的现金股利、已到付息期但尚未收到的利息，处置长期资产等收到的现金净额为负数的金额。

（3）筹资活动现金流量项目的编制。筹资活动，是指导致企业资本及债务规模和构成发生变化的活动，主要包括吸收投资、发行股票、发行债券、分配利润、偿还本金及利息等流入和流出的现金和现金等价物。偿付应付账款、应付票据等属于经营活动，不属于筹资活动。

①“吸收投资收到的现金”项目，反映企业以发行股票、股份等方式筹集资金实际收到的款项，减去支付的佣金、手续费、宣传费、咨询费、印刷费等直接发行费用后的净额。不含审计费等间接费用。

②“取得借款收到的现金”项目，反映企业举借短期、长期借款而收到的现金，含发行债券收到的现金净额。

③“收到其他与筹资活动有关的现金”项目，反映企业除上述①②项目外收到或支付的其他与筹资活动有关的现金，金额较大的应当单独列示。

④“偿还债务支付的现金”项目，反映企业为偿还债务本金而支付的现金。注意企业支付的借款利息和债券利息在“分配股利、利润或偿付利息支付的现金”项目反映。

⑤“分配股利、利润或偿付利息支付的现金”项目，反映企业实际支付的现金股

利、支付给其他投资单位的利润或用现金支付的借款利息、债券利息。注意，包含资本化利息。

⑥“支付其他与筹资活动有关的现金”项目，反映企业除上述④⑤项目外收到或支付的其他与筹资活动有关的现金，如发行股票债券的审计费等间接费用、融资租入固定资产的租金、以分期付款方式购建固定资产、无形资产等各期支付的现金。金额较大的应当单独列示。

（4）现金及现金等价物净增加情况，是将经营活动现金流量净额、投资活动现金流量净额和筹资活动现金流量净额及汇率变动对现金及现金等价物的影响额汇总后得出。

（5）期末现金及现金等价物余额，就是将现金及现金等价物净增加额加上期初现金及现金等价物余额的结果。

4. 编制所有者权益变动表

（1）所有者权益变动表的概念。所有者权益变动表，是指反映企业在一定会计期间所有者权益构成及增减变化情况的动态财务报表，不仅包括所有者权益总量的增减变动，还包括所有者权益增减变动的结构性信息。

（2）所有者权益变动表的结构。我国企业的所有者权益变动表为“棋盘式”（见表 8-1-5）。横向按所有者权益构成项目划分为实收资本（或股本）、资本公积、其他综合收益、盈余公积、未分配利润、所有者权益合计，包括“本年金额”和“上年金额”。纵向反映各项所有者权益的变动情况，包括上年年末余额、本年年初余额、本年增减变动金额、本年年末余额。

（3）所有者权益变动表的编制方法。所有者权益变动表的编制需要查询资产负债表中所有者权益各个项目的数据，以及利润表中其他综合收益和净利润项目的数据。

①年初所有者权益的变动：查询上一年度资产负债表中所有者权益各个项目的年末金额，分别填入横向各所有者权益项目的上年年末余额。如果存在会计政策变更和前期差错更正，则需要追溯调整，从而影响年初盈余公积和未分配利润。所有者权益各项目的上年年末余额加上会计政策变更和前期差错更正的影响额，得到各所有者权益的本年年初余额。

②本年所有者权益的变动：查询本年资产负债表中所有者权益项目的年末和年初金额的差，以及利润表中其他综合收益、净利润，分别在横向和纵向相关栏目中同时分析填写。比如，要填写“综合收益总额”项目，可以查询利润表中当年的“净利润”和“其他综合收益”项目的数据，分别填在该行的“未分配利润”和“其他综合收益”单元格中；再如，填写“提取盈余公积”项目，可以查询资产负债表中“盈余公积”的期末和期初差额，分别在所有者权益变动表“提取盈余公积”这一行的“盈余公积”和“未分配利润”单元格中填一正一负两个金额。依次类推可知，其他项目的填写也是需要关注发生的经济业务所带来的所有者权益项目发生了怎样的变动。

③本年年末余额：横向各所有者权益项目的本年年末余额等于该项目本年年初余额加上该项目本年增减变动金额。

表 8-1-5　所有者权益变动表

会企 04 表

编制单位：　　　　　　　　　　　　______ 年度　　　　　　　　　　　　单位：

项目	本年金额							上年金额						
	实收资本（或股本）	资本公积	减：库存股	其他综合收益	盈余公积	未分配利润	所有者权益合计	实收资本（或股本）	资本公积	减：库存股	其他综合收益	盈余公积	未分配利润	所有者权益合计
一、上年年末余额														
加：会计政策变更														
前期差错更正														
二、本年年初余额														
三、本年增减变动金额（减少以“–”号填列）														
（一）综合收益总额														
（二）所有者投入和减少资本														
1. 所有者投入资本														
2. 股份支付计入所有者权益的金额														
3. 其他														
（三）利润分配														
1. 提取盈余公积														
2. 对所有者（或股东）的分配														
3. 其他														
（四）所有者权益内部结转														
1. 资本公积转增资本（股本）														
2. 盈余公积转增资本（股本）														
3. 盈余公积弥补亏损														
4. 其他														
四、本年年末余额														

任务实施

一、编制资产负债表

业务8-1-1 根据宁佳公司2022年资产负债表的期末数据（作为2023年资产负债表年初余额，略）、2023年科目余额及部分账户明细账（数据见表8-1-6），编制宁佳公司2023年资产负债表。

表8-1-6 2023年宁佳公司科目余额及部分明细数据

单位：元

账户名称	借方余额	贷方余额	账户名称	借方余额	贷方余额
库存现金	2 000		工程物资	30 000	
银行存款	230 600		在建工程	620 000	
其他货币资金	80 000		无形资产	1260 000	
交易性金融资产	118 000		累计摊销		60 000
应收票据	245 000		长期待摊费用		
应收账款	310 000		生产成本	883 000	
——A公司	120 000		短期借款		650 000
——B公司	240 000		应付票据		320 000
——C公司		50 000	应付账款		480 000
坏账准备		4 250	——华光公司		140 000
——应收账款		3 250	——常兴公司		360 000
——其他应收款		1 000	——宏达公司	20 000	
其他应收款	86 000		预收账款		20 000
预付账款	80 000		——W公司	8 000	
——M公司	120 000		——T公司		28 000
——Y公司		40 000	其他应付款		150 000
材料采购	460 000		应付职工薪酬		76 000
原材料	673 000		应交税费		87 000
包装物	23 000		应付股利		380 000
低值易耗品	140 000		长期借款		1 600 000
库存商品	256 000		其中：一年内到期的长期借款		300 000
材料成本差异	4 050		实收资本		9 000 000
存货跌价准备		13 000	资本公积		560 000
长期股权投资	509 600		盈余公积		750 000
固定资产	9 960 000		利润分配		900 000
累计折旧		860 000			
固定资产减值准备		60 000			

【业务操作】根据资产负债表各项目适用的编制方法可以编制出资产负债表（见表 8-1-7）。

表 8-1-7　资产负债表

编制单位：宁佳公司　　2023 年 12 月 31 日　　单位：元

资产	期末余额	年初余额	负债和所有者权益	期末余额	年初余额
流动资产：		（略）	流动负债：		（略）
货币资金	312 600		短期借款	650 000	
交易性金融资产	118 000		交易性金融负债		
应收票据及应收账款	609 750		应付票据及应付账款	860 000	
预付款项	140 000		预收款项	78 000	
其他应收款	85 000		应付职工薪酬	76 000	
存货	2 426 050		应交税费	87 000	
一年内到期的非流动资产	0		其他应付款	530 000	
其他流动资产	0		一年内到期的非流动负债	300 000	
流动资产合计	3 691 400		其他流动负债		
非流动资产：			流动负债合计	2 581 000	
可供出售金融资产	0		非流动负债：		
持有至到期投资	0		长期借款	1 300 000	
长期应收款	0		应付债券		
长期股权投资	509 600		长期应付款		
投资性房地产	0		预计负债		
固定资产	9 040 000		递延所得税负债		
在建工程	650 000		其他非流动负债		
生产性生物资产	0		非流动负债合计	1 300 000	
油气资产	0		负债合计	3 881 000	
无形资产	1 200 000		所有者权益：		
开发支出	0		实收资本	9 000 000	
商誉	0		资本公积	560 000	
长期待摊费用	0		减：库存股		
递延所得税资产	0		盈余公积	750 000	
其他非流动资产	0		未分配利润	900 000	
非流动资产合计	11 399 600		所有者权益合计	11 210 000	
资产总计	15 091 000		负债和所有者权益合计	15 091 000	

二、编制利润表

业务8-1-2 根据宁佳公司2023年11月利润表（略）和2023年12月损益类账户发生额汇总表（见表8-1-8），编制宁佳公司2023年度利润表。

表 8-1-8 2023 年 12 月损益账户发生额

单位：元

账户名称	借方发生额	贷方发生额
主营业务收入		12 700 000
主营业务成本	9 640 000	
税金及附加	210 000	
其他业务收入		580 000
其他业务成本	350 000	
销售费用	940 000	
管理费用	760 000	
财务费用	118 000	
信用减值损失	10 000	
资产减值损失	20 000	
公允价值变动损益		20 000
投资收益		180 000
营业外收入		46 000
营业外支出	81 000	

说明：投资收益中包括国债利息收入6 500元，营业外支出中包括税收滞纳金20 000元，无其他纳税调整事项。（所得税税率25%）

【业务操作】根据利润表各项目计算方法，填制利润表（见表8-1-9）。

表 8-1-9 利润表

编制单位：宁佳公司　　　　2023年12月　　　　单位：元

项　目	本期金额	本年累计
一、营业收入	13 280 000	（略）
减：营业成本	9 990 000	
税金及附加	210 000	
销售费用	940 000	
管理费用	760 000	
财务费用	118 000	
信用减值损失	10 000	
资产减值损失	20 000	
加：公允价值变动收益（损失以“–”号填列）	20 000	
投资收益（损失以“–”号填列）	180 000	
其中：对联营企业和合营企业的投资收益		

续表

项　目	本期金额	本年累计
二、营业利润（亏损以“–”号填列）	1 432 000	
加：营业外收入	46 000	
减：营业外支出	81 000	
其中：非流动资产处置损失		
三、利润总额（亏损总额以“–”号填列）	1 397 000	
减：所得税费用	352 625	
四、净利润（净亏损以“–”号填列）	1 044 375	
五、每股收益		
（一）基本每股收益		
（二）稀释每股收益		

注：所得税费用 =（1 397 000–6 500+20 000）×25% =352 625（元）。

三、编制所有者权益变动表

业务 8-1-3 根据 2023 年 12 月 31 日资产负债表中“应付股利”的年初年末数据（见表 8-1-10），填写所有者权益变动表中相关项目。

表 8-1-10　资产负债表“应付股利”项目数据

单位：元

负债和所有者权益	行	期末余额	年初余额
…			
应付股利		512 000.00	

【业务操作】资产负债表“应付股利”期末余额比年初余额增加 512 000 元，说明公司当年分配股利金额为 512 000 元。向股东分配股利这笔业务会减少所有者权益的“未分配利润”项目，填列见表 8-1-11。

表 8-1-11　所有者权益变动表节选

单位：元

项目	本年金额							上年金额
	实收资本（或股本）	资本公积	减：库存股	其他综合收益	盈余公积	未分配利润	所有者权益合计	…
…								
2. 对所有者（或股东）的分配						–512 000		

任务二　简要经营分析

任务描述

了解经营分析的内容，能够对特定业务进行经营分析，并提出优化对策。

引导问题：你了解经营分析和财务分析的区别吗？

知识准备

一、经营分析的概念

经营分析是指在大数据时代，对企业的产品或服务、市场需求、供应商、客户群体、竞争对手、宏观经济等因素进行全方位整合分析。一方面为企业的未来发展提供更加准确可靠的预测；另一方面，用数据透视各业务环节可能存在的问题，进而帮助企业制订更为科学的经营决策。经营分析的目的是帮助企业管理层了解当前的经营状况，发现问题，并提供决策所需的信息。

二、经营分析的维度

1. 基于利润或利润率下滑的经营分析

（1）市场和客户分析：确定企业主要市场及核心客户，分析其需求、行为特征、购买力。重点分析产品滞销、热销产品缺货、丢单等可能情形的原因。

（2）竞争对手分析：评估所在行业的发展趋势、市场规模和竞争态势，了解行业面临的机会和挑战。重点分析竞争对手的产品和服务特点、市场策略及其对本企业的影响。

（3）企业成本费用管控情况分析：对成本费用进行全流程分析，即从产品研发环节的初始设计开始，到采购、生产、销售及产品售后服务等全流程的成本进行分析。重点观察成本费用收入结构（各项成本费用占收入的比重）、费销比、实际费用与预算费用差异等指标，找出成本费用控制不力的原因。同时，因费用的明细项目较多，在分析费用时要尽可能细化，比如销售费用包括运费、包装费、市场推广宣传费、业务提成、职工薪酬、销售场所费用、返点等，这就需要分析销售费用的增长主要源于哪几种费用项目，这些费用项目是属于固定费用还是变动费用，是属于预算内项目还是临时性增项等。

2. 基于现金流量紧张的经营分析

（1）客户信用政策合理性分析：如果企业在销售中过度放宽信用政策，给客户提供过长的账期或高比例的赊销，可能会增加坏账风险和现金回收周期，导致现金流量紧张。因此企业应对不同信用等级的客户制订不同的信用政策，包括信用额度和信用期限。在分析时，要重点考查客户信用政策的制订是否建立在有效的客户信用评估机制的基础之上。

（2）应收账款账龄分析：应收账款占用资金也会导致企业现金流量紧张。通过账龄分析，企业可以及时了解应收账款逾期分布情况，评估坏账风险。经营分析人员可以重点考查中长期逾期账款（逾期超过 30 天），并关注短期逾期账款（逾期 30 天以内），通过调研了解各笔应收账款逾期的原因，与业务部门沟通制订解决对策。

（3）付款政策分析：付款政策的设计应考虑企业的现金流状况和资金利用效率。适当的付款政策可以确保现金流稳定，降低资金占用成本。分析时可以重点关注预付采购业务和现付采购业务，调查了解供应商反馈和合作状况，评估付款政策对供应链的影响，并判断当期付款政策是否可以调整。

（4）融资渠道分析：企业选择了不合适的融资渠道，或者无法及时获得必要的融资支持，例如贷款、股权融资等，也会导致现金流紧张。经营分析人员需了解企业资金来源，各类资金成本，并测算综合资本成本，分析当前的融资渠道是否合理。对于无法获得融资的情况需要调查了解原因，并根据具体情况制订对策。

（5）不良库存分析：如果企业没有有效管理库存，导致库存积压或过期，会占用大量现金，并增加仓储和管理成本，造成现金流紧张。经营分析人员需要了解滞库存货信息，分析滞库原因，并测算滞库存货的成本，找出合适的处理办法。

（6）资本性支出合理性分析：如果企业在资本支出计划中没有合理评估、预算和规划，并控制好投资节奏，可能会导致资金长期占用，从而影响现金流量。经营分析人员需要关注资本性支出的立项评估情况。

3. 基于风险的经营分析

（1）宏观风险评估：分析宏观经济风险、政策风险、政治风险等对企业的潜在影响，制订适应性的风险对策和应对措施，减少宏观风险对企业的影响。

（2）中微观风险识别和评估：识别和评估企业面临的市场风险、竞争风险、财务风险、法律风险等，并制订恰当的风险应对和调整策略。

三、经营分析的步骤

（1）发现问题，聚焦主题。通过财务分析发现的指标异常，或者在日常工作中的观察了解，发现业务活动存在的问题。

（2）量化问题。将发现的问题用数字呈现出来，比如应收账款逾期，会给企业带来多大的资金成本，对利润的影响有多少等。

（3）组建项目小组。项目小组需跨部门组建，包括财务部门和相关业务部门人员，并由主管领导或者总经理协调。

（4）调研分析。根据“提出疑问→收集资料→评估资料→得出结论”的步骤，通过实地调研、人员访谈、外部走访等方式，立足于业务的具体场景，收集信息，找到关键要素。

（5）提出改善措施解决问题。根据前期的调研和分析结果，制订改善措施和行动计划，并跟踪落实。

（6）风险防范。经营分析在描绘业务痛点被解决时可能获得的收益的同时，应提示行动计划可能存在的阻碍和风险，提醒业务部门做好应对。

任务实施

业务8-2-1 宁佳公司财务人员了解到，近两个月以来，客户大部分都集中在月末下单，导致销售部门、生产部门、仓储部门的员工月末工作强度加大，月中较为空闲。要求：财务和业务共同研究该现象对企业的影响，并提出解决策略。

【业务操作】

（1）发现问题的表象，即订单集中在月末，可能导致的后果包括：生产、仓储等部门员工工作量不均衡，存在月末加班现象；物流成本增加；客户在绩效考核的特殊时间点下单，所要求的价格折扣、返点、赞助、赠品等事项增加、账期也要求延长。

（2）量化问题。

①月末订单占总订单的比重：通过统计得出每月最后 10 天订单金额占全月订单的 50%。

②测算月末加班可能产生的加班费、照明费等费用的增加额：通过查询职工薪酬明细，每月最后 10 天涉及相关部门 18 名员工加班，每日加班费 150 元，导致人力成本增加 27 000 元。照明费用忽略不计。

③销售费用增长额。计算当月最后 10 天销售费用的费销比和当月前 20 天销售费用的费销比，并将二者进行对比分析，见表 8-2-1。

表 8-2-1　销售费用增加额测算表

项目	最后 10 天	前 20 天
营业收入	512 万元	500 万元
销售费用	101 万元	52 万元
费销比	19.73%	10.4%
费销比差异	9.33%	
按年营业收入 10 000 万元测算，每月最后 10 天的营业收入所增加的销售费用为：10 000×50%×9.33%=466.5（万元），该金额接近于当年净利润金额		

（3）跨部门组建项目小组，研究如何让客户不集中在月末下单。可以从对内激励和对外习惯养成两个角度实施。比如可以适当提高对销售人员在月中签订合同的激励额度，也通过主动给与月中下单的客户相对优惠的条件和宽松的信用政策，待客户采购行为稳定后再逐步回归市场水平。

（4）跟踪落实，对上述策略的有效性进行跟踪反馈，并及时总结，提出改进措施。

业务 8-2-2 宁佳公司某种主要材料由多家供应商进行供货，请分析该现象可能导致的结果，并提出优化措施。

【业务操作】

（1）发现问题表象，即多家供应商供应同种主要材料，可能会导致采购成本上升。

（2）量化问题，查询该材料当月在各供应商处的采购量、采购单价和采购金额。统计结果见表 8-2-2。

表 8-2-2　× 材料 10 月采购数据统计表

项　目	A 供应商	B 供应商	C 供应商	合　计
采购量（件）	3 600	1 100	2 200	6 900
采购报价（元 / 件）	82	77	76	—
商业折扣政策	＞5 000 件，30% ＞2 000 件，15% ≤2 000 件，0	＞3 000 件，15% ≤2 000 件，0	15%	—
采购成交价（元 / 件）	69.7	77	64.6	—
采购金额（元）	250 920	84 700	142 120	477 740

根据表 8-2-2 数据，三家供应商的商业折扣条件不同，其中 A、B 两家公司的价格折扣均与采购量关联，那么如果宁佳公司选择其中一家进行集中采购，会享受更优惠的价格。

如果 10 月该材料全部从 A 供应商处采购，则可享受 30% 的商业折扣，最终采购成本为 396 060 元，比现有采购成本减少 81 680 元。

如果 10 月该材料全部从 B 供应商处采购，则可享受 15% 的商业折扣，最终采购成本为 451 605 元，比现有采购成本减少 26 135 元。

如果 10 月该材料全部从 C 供应商处采购，则可享受 15% 的商业折扣，最终采购成本为 445 740 元，比现有采购成本减少 32 000 元。

（3）组建采购项目小组，对供应商进行供货绩效评价，特别关注不同供应商的质量异常批次，交付及时性、价格年降比率等指标，如果 A 供应商评价不低的情况下，则可以与 A 供应商建立合作伙伴关系，向 A 供应商集中采购，以提高采购的稳定性并有效控制采购成本。

（4）跟踪落实，根据市场变化情况，及时提出改进措施。

笔记与思考

评价反馈

序号	任务	评分标准	分值	评价			平均得分
				自评	互评	师评	
1	编制资产负债表	熟悉资产负债表内容及结构，能熟练编制资产负债表	30				
2	编制利润表	熟悉利润表内容及结构，能熟练编制利润表	30				
3	编制现金流量表	熟悉现金流量表内容及结构，能准确区分三大活动的业务，掌握编制现金流量表主表的方法	20				
4	编制所有者权益表	熟悉所有者权益变动表内容及结构，掌握编制所有者权益变动表的方法	20				
5	经营分析	了解经营分析与财务分析的关系，知道经营分析的维度	10				
合计							

参考文献

[1] 财政部会计资格中心 . 中级会计实务 [M]. 北京 : 经济科学出版社 ,2022.

[2] 中华人民共和国财政部 . 企业会计准则 : 2023 年版 [M]. 上海 : 立信会计出版社 ,2022.

[3] 高丽萍 . 财务会计实务 [M].4 版 . 北京 : 高等教育出版社 ,2022.

[4] 龚莉 , 黄怡琴 . 企业经营分析 [M]. 北京 : 人民邮电出版社 ,2022.